Arbeitshilfe Religion inklusiv

Grundstufe und Sekundarstufe I

Wolfhard Schweiker
Basisband: Einführung, Grundlagen und Methoden

Im Auftrag der Religionspädagogischen Projektentwicklung in Baden und Württemberg (RPE) herausgegeben von Hartmut Rupp und Stefan Hermann

Calwer Verlag Stuttgart

Der Autor

Dr. Wolfhard Schweiker, Dipl. Sonderpädagoge und Pfarrer, ist Dozent am Pädagogisch-Theologischen Zentrum der Ev. Landeskirche in Württemberg und Lehrbeauftragter an der Fakultät für Sonderpädagogik Reutlingen der Pädagogischen Hochschule Ludwigsburg.

Danksagung

Ein herzlicher Dank geht an die Kolleginnen und Kollegen, die bei der Erstellung dieses Bandes aus der Perspektive ihres Praxisfeldes fachlich beraten oder Ideen beigetragen haben: Friedrich Erdmann-Barocka, Vera Härle, Birgit Hövel, Kurt-Martin Hölzle, Margit Metzger (Medien), Andreas Nicht, Hans-Dieter Schäfer, Christine Schmid, Silke Wolfram und Brigitte Zeeh-Silva. Mein besonderes Dankschön gilt meiner Kollegin PD Dr. Anita Müller-Friese.

Bild- und Textnachweis sind jeweils an entsprechender Stelle vermerkt.
Leider war es nicht möglich, alle Urheber zu ermitteln. Betroffene Inhaber/innen von urheberrechtlichen Ansprüchen bitten wir, sich beim Verlag zu melden.

Abkürzungen

LuL	Lehrerinnen und Lehrer
SuS	Schülerinnen und Schüler
ILEP	Individueller Lern- und Entwicklungsplan
UN-BRK	Konvention der Vereinten Nationen über die Rechte von Menschen mit Behinderung

Bibliografische Information Der Deutschen Bibliothek

Die Deutsche Bibliothek verzeichnet diese Publikation in
der Deutschen Nationalbibliografie; detaillierte bibliografische
Daten sind im Internet über *http://dnb.ddb.de* abrufbar.

ISBN 978–3–7668–4212–1

Satz und Herstellung: Karin Klopfer, Calwer Verlag
Umschlaggestaltung: Rainer E. Rühl, Alsheim
Zeichnungen: Angelica Guckes, Leinfelden-Echterdingen
Druck und Verarbeitung: AZ Druck und Datentechnik GmbH, Kempten

Internet: www.calwer.com
E-Mail: info@calwer.com

Inhalt

Vorwort

Innerer Dialog

Ich sitze über meinem Unterricht. Es ist schon spät. Zwei Stunden sind noch vorzubereiten. Müdigkeit drückt auf meine Augenlider. Die Bibel-Einheit bei den Fünfern liegt mir im Magen. Ob ich das Telefonspiel zur mündlichen Überlieferung machen soll? Doch da bleibt mir Olaf bestimmt nicht ruhig sitzen, fängt dann wieder ein Gezänke mit Kevin an, trotz Ritalin. Und Svenja, diese intelligente Nudel, ist garantiert unterfordert. Für sie brauche ich etwas richtig Anspruchsvolles, was zum Lesen und Denken. Sonst fängt sie wieder an, den Klassenkasper zu machen. Ich mag gar nicht an die letzte Stunde denken ... Oder heißt das Kasperin?

Egal, die Mischung der Klasse hat's jedenfalls in sich! Allein schon die verschiedenen Milieus und Kulturen. Das reicht mir. Und dann drücken sie mir nächstes Jahr auch noch ein Mädchen mit Lernschwierigkeiten aufs Auge, die dazu noch schlecht hört. Wie soll das gehen? Da kann ich mich ja gleich neben sie setzen, Einzelbetreuung machen, ihr ins Ohr brüllen. Muss ich jetzt auch noch Sonderschule spielen? Und wenn eine Förderkraft dazu käme ... Meine Klasse mit ihr teilen?

Ach ja, mein Unterricht ... was soll ich morgen nun machen? Das Telefonspiel? Mit Hörproblemen wäre das sowieso gestrichen. Okay, sie ist ja noch nicht da! Aber wie mach' ich's denn – morgen?

Wie kann Religionsunterricht in einer bunt gemischten Lerngruppe gelingen? Was muss ich als Lehrkraft berücksichtigen? Welche didaktischen Grundsätze sind für mich leitend? Auf welche methodischen Zugänge und Ressourcen kann ich mich stützen? Wie gelingt es mir, meinen Schülerinnen und Schülern (SuS) in ihrer individuellen Verschiedenheit gerecht zu werden?

Die »Arbeitshilfen Religion inklusiv« für den konfessionellen Religionsunterricht stellen sich der Herausforderung, Religion in heterogenen Lerngruppen der Klassen 1–9 zieldifferent und inklusiv zu unterrichten.

Die bunte Vielfalt unserer pluralen Welt und multikulturellen Gesellschaft hat im Zuge der Globalisierung längst die Klassenzimmer erreicht. In ihnen werden Schülerinnen und Schüler (SuS) unterschiedlicher Milieus, Kulturen, Lebensalter, religiöser Sozialisationen und Begabungen unterrichtet – ganz gleich, ob dies als wünschenswert empfunden wird oder nicht!

Mit der Unterzeichnung der UN-Konvention über die Rechte von Menschen mit Behinderung (UN-BRK) hat sich die Bundesregierung im März 2009 verpflichtet, ein »inklusives Bildungssystem auf allen Ebenen« zu gewährleisten (Beauftragter 2010, 35). Damit ist das Recht von SuS mit Behinderung auf ungeteilte Teilhabe und auf Nichtaussonderung im Schulwesen gestärkt. Die Verpflichtung, dieses grundlegende Menschenrecht an unseren Schulen zu realisieren, wird die Schulklassen, das Lehren und Lernen, aber auch die Schulen verändern. SuS mit Behinderungen und besonderen Bedürfnissen werden in Zukunft gleichberechtigt mit dabei sein. Mit diesem Veränderungsprozess verknüpft sich auch die Hoffnung, dass unser Land nach den PISA-Fortschritten der letzten Jahre in Kürze auch im Feld der »sozialen Gerechtigkeit« aus dem Mittelmaß heraustreten wird (Platz 15 OECD).

Das Lernen in heterogenen Gruppen drängt sich nicht nur aufgrund der Pluralität unserer Gesellschaft, der allgemeinen Menschenrechte und des christlichen Menschenbildes unausweichlich auf. Gemeinsames Lernen ist auch aus pädagogischen und religionspädagogischen Gründen unverzichtbar. Denn in einer Berufs- und Lebenswirklichkeit, in der ich Geschäftspartner/innen oder Mitmenschen aus aller Welt begegne, mit ihnen skype, chatte, maile, simse, live streame, muss ich mich auf den Umgang mit Diversität verstehen. Es bedeutet: Ich muss den Umgang mit der Andersartigkeit des Anderen einüben und die Verständigung über Grenzen hinweg erlernen. Wie könnte ich dies leichter tun als in einer Lerngruppe, in der Diversität real gelebt und im täglichen »Miteinander der Verschiedenen« (Müller-Friese 1996) praktisch erlernt wird. Durch das selbstverständliche Miteinander werden zentrale Kompetenzen erworben: Berührungsängste gegenüber dem Fremden werden abgebaut, Handlungssicherheiten im Umgang mit Andersartigkeit angeeignet, Haltungen der Wertschätzung gegenüber

Menschen aller Couleur erworben, vielfältige Kommunikationsformen erlernt und ein Verständnis für fremde Glaubensformen und Religionen aufgebaut.

Auf der Ebene des Bekenntnisses zur Inklusion und zur Bildungsgerechtigkeit herrscht ein breiter gesellschaftlicher Konsens. Niemand möchte Selektion, Ausgrenzung, Stigmatisierung und soziale Diskriminierung. Der Deutsche Bildungsrat (1974) bekennt sich schon seit fast vier Jahrzehnten zur integrativen Beschulung. Die EKD-Synode hat im Herbst 2010 ein klares Plädoyer verabschiedet: »*Bildungsgerechtigkeit ist unvereinbar mit Ausgrenzung* – deshalb fordern wir umfassende Neuansätze für eine inklusive Bildung« (EKD 2010, 6). Zuvor hatten sich viele Verbände, auch kirchliche, eindeutig positioniert. Exemplarisch sei die Stellungnahme der Evangelischen Landeskirchen in Baden und Württemberg zitiert: »Wir arbeiten mit an Wegen zu einer schulischen Differenzierung ohne Stigmatisierung. Wir wollen längeres gemeinsames Lernen durch noch weiterzuentwickelnde Differenzierungskonzepte ermöglichen – möglichst bis zur 10. Klasse« (Ev. Landeskirchen in BW 2009, 8)

Geht es um die bildungspolitische Verwirklichung dieser Bekenntnisse und die Realisierung vor Ort, ist von diesem gesellschaftlichen Konsens nicht überall dieselbe Entschlossenheit zu spüren. Doch gerade in der politischen und pädagogischen Verwirklichung des gemeinsamen Lernens ohne Separierung und Stigmatisierung liegen die konkreten Herausforderungen.

Die »Arbeitshilfen Religion inklusiv« sind ein erster fachdidaktischer Beitrag. Sie geben LuL Informationen, Unterrichtsideen und Materialien an die Hand, die den gemeinsamen RU der Verschiedenen motivieren und erleichtern wollen. Sie sind *ein* Baustein, wohl wissend, dass dieses Papier nicht das Leben ersetzen kann. Es macht weder den kollegialen Austausch noch die persönliche Qualifizierung überflüssig. Die »Arbeitshilfen« sind auch kein Ersatz für inklusive Bemühungen in anderen Feldern wie z. B. der Bildungspolitik, der Ausbildung oder der Forschung. Vielmehr bleibt das Gelingen des inklusiven RU auf die Entwicklungen in diesen Feldern angewiesen.

- □ Der erste Band dieser Arbeitshilfen bietet eine Einführung in das inklusive Unterrichten im konfessionellen RU.
- □ Im ersten Kapitel werden die Grundlagen des inklusiven RU entfaltet. Was ist mit Inklusion und einer inklusiven Religionspädagogik der Vielfalt gemeint? Welche rechtlichen, theologischen und pädagogischen Begründungen sprechen für diese Praxis? Wie sieht es mit den Befürchtungen, Bedenken und den wissenschaftlich-empirischen Erfahrungen aus?
- □ Im zweiten Kapitel werden inklusive Lernvoraussetzungen beschrieben. Was verändert sich im Blick auf das Lernen der SuS, die Rolle der LuL und die Organisation der Schule?
- □ Das dritte Kapitel entfaltet sechs Grundprinzipien einer inklusiven Didaktik und zeigt auf, wie sie für Schule und Unterricht relevant werden können.
- □ Im vierten Kapitel werden geeignete religionspädagogische Unterrichtskonzepte daraufhin untersucht, welche Aspekte sich eignen, einen gemeinsamen RU zu ermöglichen, der dem Einzelnen in seiner Verschiedenheit und der Gruppe in ihrem Gemeinschaftsbedürfnis gerecht wird.
- □ Das umfangreichste Kapitel fünf bietet eine Vielzahl an Methoden, Übungen und Unterrichtstipps, die das inklusive Lernen im RU unterstützen. Wie gelingt es, dass sich aus Einzelgängern eine Gruppe bildet? Was hilft, dass Wahrnehmung trotz Einschränkungen geschärft werden kann? Wie kann handlungsorientiert gearbeitet werden und wie können mit unterschiedlichen Kommunikationsformen Sprachbarrieren überwunden werden? Und was kann man tun, damit Intelligenz und Hochbegabte nicht auf der Strecke bleiben?
- □ Abschließend werden Medien für den inklusiven RU vorgestellt: Filme, Arbeitsmittel, Links und Literatur.

Dieser erste Band ist als ein theoretisches und praktisches Nachschlagewerk für die Unterrichtsideen der folgenden Praxisbände gedacht. Er liefert das konzeptionelle Fundament und die methodisch-didaktischen Grundlagen für die Unterrichtshilfen. In den folgenden Bänden wird immer wieder auf Methoden und Zusammenhänge dieses ersten Bandes verwiesen.

Die Bände zwei und folgende bieten inklusive Unterrichtsideen zu jeweils ein bis zwei religiösen Dimensionen aus den Bildungsplänen. Mit den Themen »Bibel« sowie »Welt und Verantwortung« beginnend folgen in den nächsten Jahren die Dimensionen »Kirche und Religionen«, »Jesus Christus« sowie »Gott« und »Mensch«.

Zu wünschen ist, dass diese Unterrichtsmaterialien dazu ermutigen, über Grenzen hinweg die Besonderheit eines jeden Menschen wertzuschätzen, die Gemeinsamkeiten zu suchen und die Unterschiede als Bereicherung für Lernprozesse zu nutzen. Wo dies geschieht, könnte ein alter Menschheitstraum hier und da ein bisschen öfter Wirklichkeit werden: Shalom trotz Diversität und Differenz!

»Wir haben einen Traum
Eines Tages werden wir alle merken,
dass wir zusammengehören.
Ob wir nun jung sind oder älter,
ob wir stark behindert werden oder schwächer,
ob wir tüchtiger sind oder weniger.

Wir werden merken, dass alle Stärken und Schwächen haben.
Wir werden sehen, dass wir voneinander lernen können.

Dann werden wir eine Gemeinschaft sein.
Und alle werden uns darum beneiden.
Machen wir den Anfang!
Herzlich willkommen!«

Einladung zur »Begegnung ohne Grenzen« von Pfr. Alexander Köhrer, Ev. Kirche Rottenburg

1. Was ist dran im RU? – Grundlagen eines inklusiven RU

Die Bildungsdoktrin, von der die bundesrepublikanischen Schülergenerationen geprägt wurden, lautet: Je spezialisierter die Schule, je differenzierter die Förderung und je homogener die Gruppe, desto größer ist der Lernerfolg. Sie hat zur Bildung von sogenannten homogenen Klassen geführt und die schulische Aussonderung von SuS mit besonderem Förderbedarf billigend in Kauf genommen. Der konfessionelle RU hat sich dieser Praxis uneingeschränkt angeschlossen.

Nun gilt es, im RU Voraussetzungen zu schaffen, die es allen SuS unabhängig von ihren individuellen Besonderheiten ermöglichen, gemeinsam zu lernen. Dies ist der Versuch, jedes Kind, so wie es ist, aufzunehmen und anzunehmen. Es steht an, von der Vorstellung Abschied zu nehmen, die Förderung der SuS sei in sogenannten homogenen Klassen am besten zu verwirklichen. Es gilt wahrzunehmen, dass jede Lerngruppe an jeder Schule heterogen ist. Denn jede Lerngruppe besteht aus einzigartigen Persönlichkeiten mit individuellen Begabungen, Bedürfnissen, Leistungsmöglichkeiten und Interessen. Die unverwechselbaren Persönlichkeiten der SuS – nicht der imaginierte Normalschüler – bilden den neuen Ausgangspunkt für die Planung des Unterrichts.

Auch im konfessionellen RU ist die Lerngruppe vielfältig und heterogen zusammengesetzt, da

- ☐ SuS in allgemeinen Schulen und in Förderschulen generell ein großes Spektrum an Begabungen und besonderen Bedürfnissen besitzen.
- ☐ SuS generell unterschiedliche Teilleistungsschwächen und -stärken haben.
- ☐ nicht selten SuS anderer Konfessionen, Religionen oder ohne Religionszugehörigkeit im so genannten Gaststatus am RU teilnehmen.
- ☐ in der Situation der konfessionellen Minderheit (Diaspora) oft jahrgangsübergreifende Gruppen gebildet werden.
- ☐ der RU sich immer wieder an fächer-, jahrgangs- und stufenübergreifenden Projekten beteiligt.
- ☐ RU auch in kooperierenden Klassen von allgemeinen Schulen und Förderschulen erteilt wird.
- ☐ im RU Kooperationsprojekte durchgeführt werden.
- ☐ in vielen allgemeinen Schulen SuS mit Behinderungen integriert werden (Einzelintegration).
- ☐ RU in integrativen Gesamtschulen, Waldorfschulen oder Montessorischulen erteilt wird.
- ☐ die SuS in ihrer religiösen Sozialisation völlig unterschiedliche Voraussetzungen mitbringen.
- ☐ im RU sich die SuS – wie in anderen Fächern auch – nach Geschlecht, Kultur, Ethnie oder Milieus deutlich unterscheiden.

Die vielfältigen Aufgaben, im RU mit Heterogenität angemessen umzugehen, sind alt bekannt. Der aktuelle Anlass, dass aufgrund der UN-BRK SuS mit Behinderungen vermehrt am RU der allgemeinen Schule teilnehmen werden, macht eine inklusive Religionspädagogik der Vielfalt unausweichlich. Mit ihr könnten die Differenzen und individuellen Bedürfnisse in bunt gemischten Lerngruppen besser wahrgenommen und berücksichtigt werden. Mit einer inklusiven Pädagogik und entsprechenden Rahmenbedingungen kann gemeinsames Lernen trotz aller Unterschiede realisiert und institutionelle Aussonderung von Kindern vermieden werden.

1.1 Inklusion: Was ist gemeint?

Die Inklusion stellt im pädagogischen Umgang mit Randgruppen eine neue Entwicklungsstufe dar. Aus der Perspektive der historischen Behindertenpädagogik kann man mit dem Schweizer Heilpädagogen Alois Bürli (1997, 55f) international vier oder fünf Entwicklungsstufen unterscheiden: Exklusion, Separation, Integration, Inklusion und als Normalfall. Verschließen wir im nationalen Kontext die Augen nicht vor den Euthanasiemorden der sog. T4-Aktion im Nationalsozialismus, muss als erste Phase die Extinktion dazu gefügt werden.

1. Extinktion: Menschen, die von der gesellschaftlichen Norm extrem abweichen, werden getötet oder als Säuglinge ausgesetzt. Beispiel: Im NS-Deutschland wurden in den Jahren 1940–41 an sechs Orten mehr als 70.000 Kinder, Jugendliche und Erwachsene mit Behinderung oder psychischer Erkrankung systematisch ermordet.

2. *Exklusion:* Kinder mit Behinderungen sind von jeglichem Schulbesuch ausgeschlossen. Beispiel: die Situation in deutschen Landen im 18. Jahrhundert.

3. *Separation:* Kinder mit Behinderungen besuchen eigene Bildungseinrichtungen. Beispiel: Die Sonderschulen in Deutschland seit Ende des 19. Jahrhunderts.

4. *Integration:* Behinderte Kinder können mit sonderpädagogischer Unterstützung allgemeine Schulen besuchen. Beispiel: Unterschiedliche Formen der schulischen Integration (vgl. Schnell 2003)

5. *Inklusion:* Alle behinderten Kinder besuchen wie alle anderen Kinder die allgemeinen Schulen. Beispiel: Integrative Gesamtschulen (vgl. Modellschulen unter 6.5)

6. *Vielfalt als Normalfall*: Inklusion wird überall zur Selbstverständlichkeit, der Begriff Inklusion wird daher in einer ferneren Zukunft überflüssig (vgl. Sander 2004, 242f).

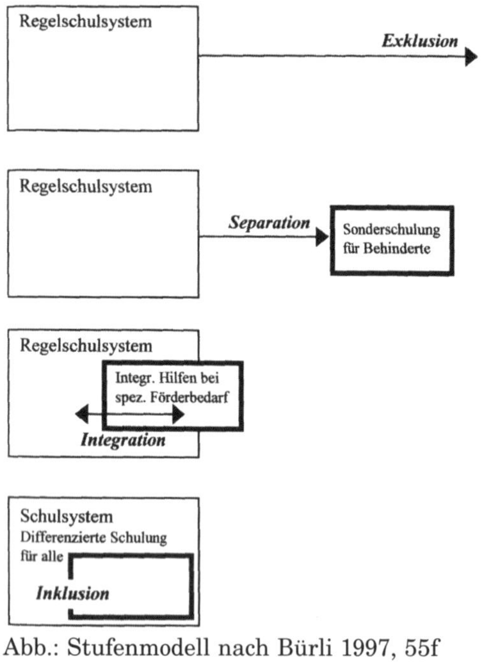

Abb.: Stufenmodell nach Bürli 1997, 55f

Inklusion wird im englischen Sprachraum schon lange als Fachbegriff mit einem breiten Bedeutungsspektrum benutzt. Die im anglo-amerikanischen Kontext längst etablierte Debatte um Vielfalt *(diversity)* hat nun auch den deutschsprachigen Raum erreicht. Der Inklusionsbegriff wurde in den ersten Jahren des 21. Jahrhunderts eingeführt, um einen Paradigmenwechsel von der Integration zur Inklusion zu vollziehen. Ziel ist es, eine qualitative Verbesserung der Integrationsbemühungen zu ermöglichen (vgl. Hinz 2002).

1.1.1 Von der Integration zur Inklusion

Das *Integrationsdenken* geht noch von einer Zwei-Gruppen-Theorie aus. Es gibt eine (defizitäre, kleine) Gruppe »mit« und eine (mehrheitliche) Gruppe »ohne«. Zum Bespiel einzelne Personen mit Migrationshintergrund, die in eine Mehrheitsgruppe ohne Migrationshintergrund integriert werden sollen.

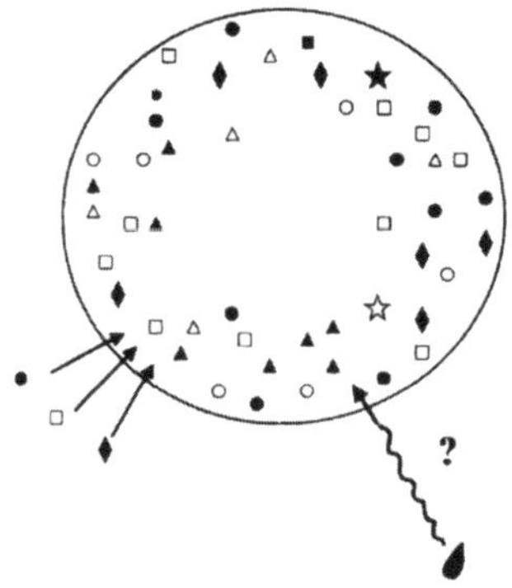

Abb.: Integration (Hinz in: Schnell/Sander 2004, 49)

Beim *Inklusionsbegriff,* der mit »Einbeziehung aller« übersetzt werden kann, wird das Denken in normal und unnormal überwunden. Der alte Leitsatz aus den Anfängen der Integrationsbewegung ist: »Normal ist, verschieden zu sein« (Richard von Weizsäcker). Jeder Mensch ist verschieden und verdient eine besondere Aufmerksamkeit, nicht nur der Mensch mit einer diagnostizierten Besonderheit. Damit kommen alle tatsächlichen und zugeschriebenen Unterschiede in den Blick (vgl. Differenzmerkmale, S. 11). Die gleiche Wertschätzung von Verschiedenheit wird zum grundlegenden Prinzip. Kurz gesagt: Alle verschieden – alle gleich! *(all different – all equal!).*

> Inklusion ist die gelebte Erkenntnis, dass jeder Mensch einzigartig dazugehört und seine Individualität für die Gemeinschaft belebend und bereichernd ist.

Inklusive Pädagogik versucht die Lernbedingungen so zu gestalten, dass jede Person in ihrer unverwechselbaren Einzigartigkeit unabhängig von Fähigkeiten und Unfähigkeiten als vollwertiges Mitglied *(full membership)* wahrgenommen und so unterstützt wird, dass niemand aus der

Gemeinschaft herausfällt. Ausgrenzung wird von Anfang an vermieden. Die Inklusion vollzieht einen Paradigmenwechsel von der Außenperspektive eines nichtbehinderten Menschen zur Innenperspektive eines Menschen, der sich und andere in gleicher Weise zugehörig fühlt, weil auch er verschieden ist.

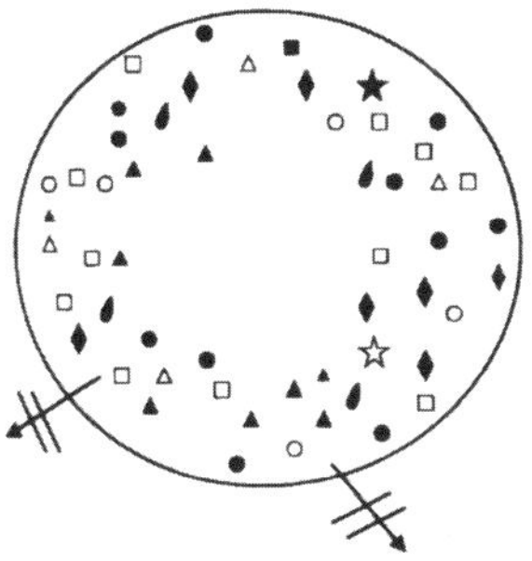

Abb.: Inklusion (Hinz in: Schnell/Sander 2004, 49)

Differenzmerkmale

In der inklusiven Pädagogik wird die monistische Perspektive, d.h. die Sicht einer einheitlichen Welterklärung und die dichotome Sichtweise von Menschen »mit und ohne« aufgegeben. Inklusion ist unteilbar. Sie schließt jedes Differenzmerkmal ein wie z. B.:

- Alter
- Geschlecht
- sexuelle Neigung
- Besondere Bedürfnisse
- Behinderung
- Kultur
- Ethnie
- Religion
- Konfession und Weltanschauung
- sozio-ökonomische Milieus

Babylonische Sprachverwirrung Inklusion

Mittlerweile gehört es zur politisch korrekten Rede, nicht von Integration, sondern von Inklusion zu sprechen. Inklusion ist zu einem neuen ›Modewort‹ geworden. Dadurch wird die mit der Einführung des Inklusionsbegriffs intendierte Unterscheidung und Qualitätsverbesserung (wieder) unkenntlich gemacht. Um die Gebrauchsformen des Inklusionsbegriffs dennoch zu differenzieren, sind die drei Unterscheidungen von Alfred Sander (2004) hilfreich:

- Inklusion I: Undifferenzierte Gleichsetzung mit Integration
- Inklusion II: Von Fehlformen bereinigte Integration
- Inklusion III: Optimierte und umfassend erweiterte Integration auf alle Personen und Differenzmerkmale bezogen. Sie ist allgemeine Pädagogik.

1.1.2 Pädagogik der Vielfalt

Die inklusive Pädagogik steht im Kontext einer »Pädagogik der Vielfalt in Gemeinsamkeit«, wie sie von Prengel (1993; 2006), Hinz (1993) und Preuss-Lausitz (1993) zu Beginn der 90er Jahren mit dem Fokus auf die drei Felder Interkulturelle Pädagogik (1), Feministische Pädagogik (2) und Integrationspädagogik (3) entwickelt wurde. Das Ziel dieser Pädagogik der Vielfalt ist, dass Menschen in ihrer Unterschiedlichkeit voneinander lernen und miteinander leben, indem eine Kultur der Akzeptanz von Heterogenität entwickelt wird (Prengel 1993, ³2006, 28). Über das Bildungswesen hinaus wird eine Gesellschaft angestrebt, die sich durch Ambiguitätstoleranz, Teilhabechancen und Wertschätzung von Vielfalt auszeichnet. Prengel bemängelt, dass in der europäischen Kultur zwar eine lebendige Auseinandersetzung mit Gleichheitskonzepten stattgefunden hat, aber keine Tradition von Vielfalts- und Verschiedenheitskonzepten entwickelt wurde.

> »Bisher war es wichtig, dass jeder, der anders ist, die gleichen Rechte hat.
> In Zukunft wird es wichtig sein, dass jeder das gleiche Recht hat, anders zu sein«.
>
> Friedensnobelpreisträger
> Patrick Willem de Klerk

Die Pointe in Prengels Vielfaltskonzept ist: »Erst in Verbindung mit der Wertschätzung von Heterogenität wird Gleichheit wirklich uneingeschränkt gültig« (Prengel 1993, ³2006, 50). Unterschiedlichkeit wird gleich wertgeschätzt. In diesem Sinn spricht sie von »egalitärer Vielfalt«.

1.1.3 Inklusive Religionspädagogik der Vielfalt

Die oben genannten Grundgedanken der inklusiven Pädagogik gelten auch für die inklusive Religionspädagogik. Darüber hinaus basiert ein so ausgerichtetes religionspädagogisches Bildungskonzept auf konfessionellen Traditionen und theologischen Begründungen. Der hier vorgelegte Zugang versteht sich in der Tradition der protestantisch-lutherischen Theologie.

Einzelne Schritte in Richtung einer inklusiven Religionspädagogik und eines inklusiven RU wurden in den vergangenen zwanzig Jahren schon unternommen (vgl. Adam/Pithan 1993; Müller-Friese 1996, 1997, 2001; Pithan/Adam/Kollmann 2002). Sie lassen sich im Lesebuch »Evangelische Bildungsverantwortung Inklusion« (Pithan/Schweiker 2011) in einer Auswahl nachvollziehen. Die vorliegende Arbeitshilfe für den RU ist ein weiterer fachdidaktischer Schritt auf dem Weg zum gemeinsamen Unterricht in Vielfalt. Eine pädagogisch-theologische Grundlegung eines Gesamtkonzepts eines inklusiven RU und einer inklusiven Religionspädagogik steht jedoch noch aus.

Die Analyse von A. Prengel, es fehle in der neuzeitlichen Geistesgeschichte an Vielfaltskonzepten, schließt die protestantische Tradition ein. So hat Martin Luther die Gleichheit des Menschen vor Gott *(coram Deo)* stark gemacht, jedoch die Wertschätzung der individuellen Verschiedenheit des Menschen nicht in gleichem Maße betont. So hielt er z. B. in Übereinstimmung mit dem mittelalterlichen Verständnis an der Vorstellung fest, Kinder mit einer schweren Behinderung seien »Wechselbälge«, die der Satan an rechte Kinder Statt legt, um die Leute zu plagen (vgl. WA Tischrede 4513 Bd. 4, S. 358 vom 20.4.1539).

Zu den Differenzmerkmalen in der Pädagogik der Vielfalt gehört auch die Religion. Der im Grundgesetz (Art. 7,3) begründete konfessionelle RU ermöglicht einen Unterricht nach der Vielfalt der Religionen und Konfessionen. Er trägt der Unterschiedlichkeit der Bekenntnisse und Traditionen Rechnung. Zugleich wird der Unterricht nicht gemeinsam bzw. konfessionell-kooperativ, sondern (i.d.R.) in separaten Konfessionsgruppen erteilt. Was bedeutet dies für einen inklusiven konfessionellen RU? Jedenfalls nicht die Auflösung von Vielfalt und Differenz in einem gleichmachenden Religionskunde-Unterricht! Die unterschiedlichen Stimmen der Religionsgemeinschaften sollen in ihrer Verschiedenheit authentisch zur Sprache kommen können, so dass SuS nicht nur etwas *über* Religion erfahren, sondern *von* überzeugten LuL überzeugend von ihrer Religion lernen. Dies gebietet der Grundsatz, die Verschiedenheit (der Religionsgemeinschaften) gleich wertzuschätzen *(all different – all equal)*. Der gleiche Wert der Konfessionen und Religionen spiegelt sich in unserem Land bis dato noch nicht in der schulischen Landschaft des konfessionellen RU wider. In Finnland z. B. ist jede Schule verpflichtet, einen konfessionellen RU anzubieten, sobald mindestens drei SuS der gleichen Konfession oder Religion dies wünschen. Damit wird gewährleistet, dass sich die Vielfalt der religiösen Bekenntnisse auch im Bildungskontext Schule widerspiegelt.

Nach dem Grundsatz der Gemeinsamkeit des Lernens ist jedoch auch zu gewährleisten, dass die authentischen Stimmen der Religionsgemeinschaften in der Separierung nicht ungehört verhallen. Sie müssen stärker gegenseitig gehört werden und miteinander ins Gespräch kommen. Das gemeinsame Lernen unterschiedlicher Religionen, Konfessionen und Weltanschauungen ist ein konstitutiver Bestandteil eines inklusiven konfessionellen RU. Er braucht immer auch die anderen. Die Medaille des inklusiven RU weist somit die beiden Seiten auf: Eine konfessionelle nach innen gerichtete und die konfessionell kooperative sowie eine interreligiös nach außen gerichtete Seite. Konfessioneller RU sollte darum in einer eigenständigen, kooperativen Fächergruppe organisiert sein, der sowohl das authentische Lernen von der eigenen Religion bzw. Konfession als auch mit den anderen Religionen und Konfessionen ermöglicht. Der konfessionelle Religionsunterricht und das konfessionell-kooperative sowie interreligiöse Lernen müssen unter den Vorzeichen der Inklusionspädagogik neu bedacht werden. Das konfessionell-kooperative Modell in Baden-Württemberg ist ein innovativer Ansatz, der richtungsweisend sein könnte (Vereinbarung 2005/2009). Auf dem Weg zu einer religiösen Bildung, die dem religionsspezifischen Lernen nach dem Grundsatz der Differenz und dem interreligiösen Lernen nach dem Grundsatz des gemeinsamen Lernens in gleicher Weise gerecht wird, sind noch viele Schritte zu bedenken und zu vollziehen.

1.2 Inklusiver RU: Warum gemeinsam?

Gemeinsames Lernen in Vielfalt ist, wie die Geschichte der schulischen Integration zeigt (Schnell 2003), in einzelnen Teilen innerhalb der deutschen Schullandschaft bereits gelebte Gegenwart. Gemeinsames Lernen für alle SuS an allen Bildungsorten zu ermöglichen ist das Gebot der Zukunft. Dafür gibt es rechtlich, pädagogisch und theologisch gute Gründe.

1.2.1 Rechtliche Gründe

Die internationale und nationale Gesetzeslage schreibt Teilhabe und Gleichberechtigung in allen Lebensbereichen als Menschenrecht fest. Mit der Ratifizierung der Behindertenrechtskonvention der Vereinten Nationen (UN-BRK) am 26. März 2009 hat sich die Bundesrepublik Deutschland darüber hinaus verpflichtet, *ein inklusives Bildungssystem auf allen Ebenen zu gewährleisten* (Art. 24). Die Hervorhebungen in den folgenden Texten sind vom Verfasser.

A. Rechte und Empfehlungen in der Bundesrepublik Deutschland
Grundgesetz Art. 3 (3)
»Niemand darf wegen seines Geschlechtes, seiner Abstammung, seiner Rasse, seiner Sprache, seiner Heimat und Herkunft, seines Glaubens, seiner religiösen oder politischen Anschauungen benachteiligt oder bevorzugt werden. *Niemand darf wegen seiner Behinderung benachteiligt werden.*«

Deutscher Bildungsrat
Empfehlungen zur pädagogischen Förderung behinderter und von Behinderung bedrohter Kinder und Jugendlicher (1974, 74): »... dass so viel gemeinsamer Unterricht wie möglich durchgeführt wird und dass eine isolierte Förderung der behinderten Kinder nur vorgenommen wird, wo sie notwendig ist.«

B. Internationales Recht – von der Bundesrepublik Deutschland unterzeichnet

UN-Behindertenrechtskonvention (UN-BRK 13.12.2006 / 26.3.2009)

Artikel 7 Kinder mit Behinderung
7,2: Bei allen Maßnahmen, die Kinder mit Behinderungen betreffen, ist das *Wohl des Kindes* ein Gesichtspunkt, der *vorrangig* zu berücksichtigen ist (Beauftragter 2010, 19).

Artikel 19 Gleiche Wahlmöglichkeiten
Die Vertragsstaaten dieses Übereinkommens anerkennen das gleiche Recht aller Menschen mit Behinderungen, mit gleichen Wahlmöglichkeiten wie andere Menschen in der Gemeinschaft zu leben, und treffen wirksame und geeignete Maßnahmen, um Menschen mit Behinderungen den vollen Genuss dieses Rechts und ihre volle Einbeziehung in die Gemeinschaft und Teilhabe an der Gemeinschaft zu erleichtern (...)

Artikel 24 Bildung
(1) Die Vertragsstaaten anerkennen das Recht von Menschen mit Behinderungen auf Bildung. Um dieses Recht ohne Diskriminierung und auf der Grundlage der Chancengleichheit zu verwirklichen, *gewährleisten die Vertragsstaaten ein inklusives Bildungssystem auf allen Ebenen* und lebenslanges Lernen (...)
(2) Bei der Verwirklichung dieses Rechts stellen die Vertragsstaaten sicher, dass
a) Menschen mit Behinderungen *nicht aufgrund von Behinderung vom allgemeinen Bildungssystem ausgeschlossen werden* und dass Kinder mit Behinderungen nicht aufgrund von Behinderung vom unentgeltlichen und obligatorischen Grundschulunterricht oder vom Besuch weiterführender Schulen ausgeschlossen werden; (...)
d) Menschen mit Behinderungen innerhalb des allgemeinen Bildungssystems die *notwendige Unterstützung* geleistet wird, um ihre erfolgreiche Bildung zu erleichtern;
e) in Übereinstimmung mit dem *Ziel der vollständigen Inklusion* wirksame individuell angepasste Unterstützungsmaßnahmen in einem Umfeld, das die bestmögliche schulische und soziale Entwicklung gestattet, angeboten werden.
(3) Die Vertragsstaaten ermöglichen Menschen mit Behinderungen, lebenspraktische Fertigkeiten und soziale Kompetenzen zu erwerben, um ihre *volle und gleichberechtigte Teilhabe an der Bildung und als Mitglieder der Gemeinschaft* zu erleichtern (Beauftragter 2010, 35f).

Salamanca Erklärung (Spanien, 7.–10. Juni 1994)
8. In inklusiven Schulen sollten Kinder mit besonderen Bedürfnissen jede Unterstützung erhalten, die sie für ihre erfolgreiche Bildung benötigen. Inklusiver Unterricht ist das wirksamste Mittel, um Solidarität zwischen Kindern mit besonderen Bedürfnissen und ihren Mitschülern und Mitschülerinnen aufzubauen. Die Zuweisung von Kindern zu *Förderschulen* – oder zu ständigen speziellen Klassen oder Abteilungen innerhalb einer Schule – *sollte die Ausnahme sein.* (www.unesco.at/bildung/basisdokumente/salamanca_erklaerung.pdf)

Die UN-BRK garantiert Mensch mit Behinderung das Recht, ohne Diskriminierung auf der Grundlage der Chancengleichheit in einem zu etablierenden inklusiven Bildungssystem voll und gleichberechtigt an Bildungsprozessen teilzuhaben und dazu die notwendige Unterstützung zu erhalten (Art. 24). Sie haben die gleichen Wahlmöglichkeiten wie andere Menschen in der Gemeinschaft zu leben (Art. 19). Damit besitzen sie das einklagbare Recht auf inklusives Lernen und Leben in der Gemeinschaft. Dieses Wahlrecht impliziert das Recht, sich autonom und in Freiheit für die separierte Lern- und Lebensform zu entscheiden.

1.2.2 Theologische Gründe

Pädagogisch wird über Inklusion viel gedacht und geschrieben. Positionspapiere, Verlautbarungen und Stellungnahmen zur Inklusionsdebatte sind in den letzten Jahren, auch im Raum von Kirche und Diakonie, wie Pilze aus dem Boden gewachsen (vgl. BeB 2008, Ev. Kirchen BW 2009 und NRW 2009, Positionspapier ALPIKA 2009). Die philosophische und theologische Grundlegung von Inklusion kommt dabei zu kurz. Der Zusammenhang von Inklusion bzw. Integration auf der einen Seite und Christentum bzw. philosophischen Traditionen auf der anderen Seite wird nur in wenigen Veröffentlichungen tiefer reflektiert (vgl. Müller-Friese 1996; Nipkow 2005; Liedke 2009). Im Kontext eines inklusiven RU drängt sich jedoch die Frage auf: Wie steht es um das Verhältnis von Inklusion und christlicher Theologie? Im Folgenden werden unterschiedliche theologische Begründungen von Inklusion kurz skizziert:

1.2.2.1 Gottebenbildlichkeit (schöpfungstheologisch)

In der Bibel heißt es gleich zu Beginn, dass Gott in seinem Schöpfungswerk scheidet (1. Mose 1,4) und unterscheidet: *»Und Gott schuf den Menschen nach seinem Bild, nach dem Bild Gottes schuf er ihn, und schuf sie als Mann und Frau«* (V. 27). Der Mensch unterscheidet sich als Mann und Frau und er unterscheidet sich als Mensch vom Menschen. Die Unterschiede zwischen Menschen liegen im Bild Gottes begründet, das heißt in Gott selbst. Die Unterschiedlichkeit des Menschen ist demnach gottgemäß. *Jeder Mensch ist verschieden wie Gott.*

1.2.2.2 Gottesbild (theo-logisch)

Gott ist in sich selbst schon unterschiedlich. Unterschiede gehören zu seinem Wesen. Im christlichen Glaubensbekenntnis wird Gott in der trinitarischen Einheit als Vater, Sohn und Heiliger Geist bezeugt. *Gott ist Verschiedenheit und Einheit zugleich.*

1.2.2.3 Menschenbild (anthropologisch)

Nach christlichem Verständnis ist die »Normalität der Verschiedenheit« kein Produkt des Zufalls. Sie ist von Gott individuell gewollt und mit einer persönlichen Liebesbeziehung verbunden. Gott bildet jeden Menschen unvergleichbar im Mutterleib (Ps 139,13) und ruft ihn nach seinem eigenem Namen: »Du gehörst zu mir!« (Jes 43,1). Besonderheiten gehören selbstverständlich und unteilbar zur Integrität der Person. Gottes Schöpfung schließt die von Menschen als Missbildung empfundene und als Abnormalität definierten Besonderheiten wertschätzend ein (vgl. 2. Mose 4,11). Gottes Herzensurteil für jeden Menschen ist »sehr gut« (1. Mose 1,31). *Jeder Mensch ist einzigartig von Gott gewollt.*

1.2.2.4 Heil in Christus (christologisch)

Gott wird in Jesus Christus Mensch und kommt als kleines, verletzliches Kind in armen und bedrohten Verhältnissen zur Welt. Jesus geht zu denen, die ganz unten sind und an den Rand der Gesellschaft gedrängt werden: Kinder, Leprakranke, Zöllner, Menschen mit Handicaps, Prostituierte und andere. Sie gehören für ihn ganz selbstverständlich dazu. Er schenkt ihnen Teilhabe in der Gemeinschaft. Dabei überschreitet er religiöse, ethnische und soziale Grenzen. Sein Weg nach unten führt ihn ans Kreuz und bis in »das Reich des Todes«. Sein Weg nach oben wird geöffnet durch die Auferweckung am dritten Tag und die Himmelfahrt als Rückkehr zum Ursprung. In Kreuz und Auferstehung, im Hinunter und im Hinauf liegt das alle Menschen inkludierende christliche Erlösungsgeschehen. Die Tischgemeinschaft Jesu von Nazareth und die ganze Menschheit einschließende Heilstat am Kreuz vergegenwärtigen Christen im Sakrament des Abendmahls. Am Tisch des Auferstandenen ist jeder und jede willkommen so wie er oder sie ist. Es herrscht eine Gemeinschaft bzw. eine Gemeinschaft wird immer wieder erneuert, die jede Form der Unterschiedlichkeit, Schuld und Trennung überschreitet. *Gottes Heil in Christus gilt bedingungslos jedem Menschen.*

1.2.2.5 Geist Gottes (pneumatologisch)

Nach biblischem Verständnis ist jeder Mensch von Gott unterschiedlich begabt. Gott gibt ihm durch die Kraft des Heiligen Geistes Teilhabe an seiner Vielfalt (1. Kor 12). Die sogenannten Geistesgaben werden als Charismen bezeichnet. Dieser Gedanke hat sich in der Rede von der »Begabung« erhalten. Die Vielfalt dieser Gaben wurzelt in dem einen Geist Gottes. »Es gibt verschiedene Gnadengaben, aber es ist *ein* Geist. Und es gibt verschiedene Dienste, aber es ist *ein* Herr« (1. Kor 12,4f). Die Talentstreuung ist groß und gewollt. »Dies alles wirkt der *eine* Geist und teilt jedem das Seine zu wie er will« (V. 11). Die Charismen stehen bei Paulus in ihrer Unterschiedlichkeit gleichwertig und ohne Rangfolge nebeneinander. *Jeder Mensch ist vielfältig und gleichwertig von Gott begabt.*

1.2.2.6 Christliches Gemeinschaftsbild (ekklesiologisch)

In Sorge um die Einheit bzw. Inklusion der Gemeinde in Korinth beschreibt Paulus die christliche Gemeinschaft mit dem Bild vom Leib Christi (1. Kor 12,12ff). Alle Gemeindeglieder sind in ihrer Verschiedenheit als Juden oder Griechen, Sklaven oder Freie etc. »durch einen Geist zu einem Leib getauft« (V. 13). Die Taufe in Christus stiftet in der Gemeinschaft eine *Einheit in der Verschiedenheit*.

»Denn durch den Glauben seid ihr alle Gottes Kinder in Christus Jesus (...). Hier ist nicht Jude noch Grieche, hier ist nicht Sklave noch Freier, hier ist nicht Mann noch Frau; denn ihr seid alle einer in Christus Jesus« (Gal 3,26ff). Heterogene Unterschiede wirken sich im Zusammenleben – obwohl sie faktisch noch gegeben sind – nicht mehr als »trennend« aus. Das dichotome Denken und Unterscheiden in mit und ohne (Beschneidung, Migrationshintergrund, Behinderung etc.) ist dadurch aufgehoben, dass sich jeder und jede über die gemeinsame Mitte Christus als Christ definiert und durch das Heilsgeschehen zum Bruder oder zur Schwester »im Herrn« wird. Die Gemeinschaft als »Leib« ist nicht hierarchisch strukturiert, sondern wie ein Kreis auf die Mitte ausgerichtet bzw. auf Christus als das Ganze. Damit haben alle zum Zentrum den gleichen Zugang und gleichen Abstand. Dies garantiert für alle die *Gleichwertigkeit in der Verschiedenheit* der Gemeinschaft.

Am Modell des Organismus verdeutlicht Paulus weiter, dass in der Gemeinschaft jedes Glied am Körper unverzichtbar ist, weil es dem Ganzen dient. Die Gaben (Charismen) sind »zum Nutzen aller« (V. 7: *pros to symphéron*) bestimmt. »Wenn der ganze Leib Auge wäre, wo bliebe das Gehör?« (V. 17). Jedes Glied ist wichtig und wird für die Funktion des Ganzen gebraucht! Es hat eine *Gemeinnützigkeit in der Verschiedenheit* der Gemeinschaft.

»Das Auge kann nicht zu der Hand sagen: Ich brauche dich nicht; oder der Kopf zu den Füßen: Ich brauche euch nicht!« (V. 21). Das Gemeinschaftsbild vom Organismus ist ein Kooperationsmodell. Alle geben allen und profitieren von allen. Die Vorstellung, autark zu sein ist eine Fiktion. Nach christlichem Gemeinschaftsverständnis verbietet sich der Satz: »Ich brauch dich nicht« (Autarkieverbot). Es gibt die *Unverzichtbarkeit in der Verschiedenheit* der Gemeinschaft.

Kein Glied am Organismus kann ausgegrenzt oder abgeschnitten werden, ohne dass der Körper verletzt wird und darunter leidet. Ausgrenzung ist für die Gemeinschaft funktions- und Existenz gefährdend. Gerade »die Glieder, die uns als die schwächsten erscheinen, (sind) die nötigsten; und die uns am wenigsten ehrbar erscheinen, die umkleiden wir mit besonderer Ehre« (V. 22). Sie erhalten eine besondere Aufmerksamkeit und Zuwendung! »Aber Gott hat den Leib zusammengefügt und dem geringen Glied höhere Ehre gegeben, damit im Leib keine Spaltung ist, sondern die Glieder einträchtig füreinander sorgen« (V. 24f). Die durch die Taufe zertifizierte Zugehörigkeit zur Gemeinschaft begründen *Teilhabegarantien und Ausgrenzungsverbote in der Verschiedenheit* der Gemeinschaft. Taufe und Leib Christi sind unteilbar.

Die Gemeinschaft wird als eine organische Einheit betrachtet, die keine Aussonderung, Abspaltung oder Stigmatisierung verträgt. Wird ein Glied verletzt, wirkt es sich auf den ganzen Körper aus: »Wenn ein Glied leidet, so leiden alle Glieder mit, und wenn ein Glied geehrt wird, so freuen sich alle Glieder mit« (V. 26). So entsteht *Solidarität in der Verschiedenheit* der Gemeinschaft.

1.2.3 Pädagogische Gründe

Eine inklusive Pädagogik der Vielfalt hat gesellschaftliche Implikationen (vgl. Eberwein/ Knauer 2002, 17ff). Sie macht an der Schultüre nicht Halt, weder von außen noch von innen kommend. Von innen drängt das gemeinsame Lernen und Leben der Schule hinaus, um auch die Kindertagesstätte, die Berufsausbildung und die Gesellschaft zu verändern.

Von außen pocht die Forderung der Betroffenen und ihrer Behindertenverbände nach gleichberechtigter Partizipation schon lange heftig an die Schultür. Seit Jahrzehnten wenden sich Behindertenselbsthilfegruppen gegen Diskriminierung, Stigmatisierung und die gesellschaftliche Zuschreibung des Objektstatus. Dass Menschen mit Besonderheiten die institutionelle Aussonderung und das für die schulische Förderung verpflichtende Etikett »behindert« bzw. »förderbedürftig« nicht wünschen, ist das stärkste gesellschaftspolitische Argument. Auch verschiedene sozialwissenschaftliche Disziplinen kritisieren, dass durch den Zuschreibungsprozess der Etikettierung die »Behinderung« z.T. erst konstituiert wird. Die Sonder-Anthropologie für »Behinderte« führte konsequent zu ihrer Sonderbehandlung und zur Sonder-Pädagogik (ebd. 22). Entsprechend ruht das Paradigma der Sonderpädagogik auf dem Behinderungsbegriff. Mit ihm tut sich die Sonderpädagogik zunehmend schwer. Es gelingt ihr nicht, »Behinderung« – insbesondere »Lernbehinderung« – wissenschaftlich präzise zu bestimmen. Das medizinische Modell, das die Behinderung als ein konstitutives, normatives Persönlichkeitsmerkmal betrachtet, ist pädagogisch nicht mehr haltbar, urteilen Fachleute: »Der Behinderungsbegriff ist pädagogisch unverantwortlich (...), erziehungswissenschaftlich nicht trennscharf (...) und eröffnet keine Handlungsperspektive« (ebd. 21). Sonderpädagogik und Sonderschulen haben von Anfang an und kontinuierlich das Ziel der gesellschaftlichen Integration von Kindern und Jugendlichen mit »Behinderung« verfolgt. Doch: »Die Auffassung, soziale Integration durch schulische Separation bewirken zu können, wurde empirisch widerlegt. Eingliederung kann nicht durch Ausgliederung erreicht werden« (ebd. 17; vgl. 1.3.2).

Die Sonderpädagogik tut sich schwer, mit einer Entwicklung mitzuhalten, die nicht von ihr initiiert worden ist und ihre eigenen Grundlagen in Frage stellt. Die inklusive Pädagogik führt mit ihrer ganzheitlichen, systemischen Sichtweise und mit ihrer Normativität von Verschiedenheit (normal ist, verschieden zu sein) konsequent zur Aufhebung der Sonderpädagogik in die Allgemeine Pädagogik; es ist eine Aufhebung im Sinne einer Aufbewahrung in veränderter Form, nicht aber einer Auflösung. Die inklusive Pädagogik eröffnet einen Weg, der aus der Sackgasse des Behinderungsbegriffs und der Sonderbeschulung herausführt. Ihre »ganzheitliche Sichtweise verbietet Kategorisierungen, Einstufungen und Ausgrenzungen« (ebd. 19). Zugleich bietet die Inklusionspädagogik unterschiedliche zukunftsfähige Ansatzpunkte, denn gemeinsames Lernen in Vielfalt

- *reduziert Stigmatisierungen.* Da eine inklusive Pädagogik alle Mädchen und Jungen in ihren individuellen Besonderheiten wahrnimmt, verlieren einzelne Personen (»mit« Behinderung etc.) ihren ausgrenzenden Status der diagnostizierten, festschreibenden Normabweichung.
- *unterstützt Chancengleichheit und Bildungsgerechtigkeit.* In der modernen Konkurrenzgesellschaft erhöht sich das Risiko, dass sozio-ökonomische Unterschiede und Isolierungstendenzen zunehmen. Gemeinsames Lernen gewährleistet dagegen gleiche Teilhabe an Bildungschancen.
- *ermöglicht inhaltlichen Reichtum* und erleichtert Pampaedia, eine Forderung von J. A. Comenius: Alle Kinder alles lehren bzw. alle sollen alles lernen können.
- *fordert und fördert eine innovative Didaktik* des individualisierten und kooperativen Lernens.
- *fördert Schulleistungen,* da gelingendes Lernen immer von der anregenden Umgebung abhängt. Je vielfältiger die Lerngruppe ist, desto reichhaltiger sind die Anregungen und umso größer ist die Motivation, lebensbedeutsame Lernerfahrungen zu machen.
- *ermöglicht auch Perspektivenvielfalt.* Die Erfahrung von differierenden Blickwinkeln und Strategien gehört zu den wichtigsten Anregern für Lernen überhaupt.
- *fördert soziale Kompetenzen.* Der tägliche kooperativ lernende Umgang mit SuS, die ganz anders sind, reduziert Berührungsängste, Verhaltensunsicherheiten und erhöht eine achtsame Ambiguitätstoleranz. Er fördert die Entwicklung einer kooperativen, teamfähigen Individualität.

1.3 Inklusives Lernen: Geht das?

Praktische Erfahrungen an Förderschulen und vergleichende wissenschaftliche Untersuchungen zeigen, dass Eingliederung nicht durch Ausgliederung erreicht werden kann (Eberwein/Mand 2008, 46). Zahlreiche empirische Studien weisen darüber hinaus auch eine mangelnde Effizienz der Sonderbeschulung nach. Das Argument, leistungsschwache SuS könnten im »Schonraum« der Förderschule besser gefördert werden und ein positives Selbstkonzept entwickeln, wird in der Untersuchung von Brigitte Schumann zur Schule mit dem Förderschwerpunkt Lernen (2007) widerlegt und als »Schonraumfalle« problematisiert. Die Sonderbeschulung ist für SuS nachweislich mit Etikettierungs-, Stigmatisierungs- und Diskriminierungseffekten und geringeren Berufsaussichten sowie Lebensperspektiven verbunden. Behinderung wird durch die Zuschreibungsprozesse des zehngliedrigen Sonderschulsystems teilweise sogar erst produziert.

1.3.1 Bedenken und Befürchtungen

Trotz negativer Effekte der Sonderbeschulung werden auch kritische Anfragen an das inklusive Lernen und an eine Schule für alle gestellt, zum Beispiel:

- Geht das gemeinsame Lernen nicht zu Lasten aller SuS und besonders der Leistungsstärkeren?
- Ist die Sonderbeschulung dabei nicht das geringere Übel?
- Wird die gemeinsame Beschulung nicht zu einem Sparmodell?

- Bleibt die Qualität der sonderpädagogischen Förderung beim inklusiven Lernen nicht auf der Strecke?
- Ist Inklusion nicht eine Einheitsideologie, die der illusorischen Vorstellung verfällt, alle Menschen müssten jederzeit alles gemeinsam tun und jede/r müsste jede/n mögen?
- Ist der Umbau zu einem inklusiven Schulsystem nicht viel zu aufwändig?
- Ist das gemeinsame Lernen nicht teurer als das in Förderschulen und allgemeinen Schulen getrennte Lernen?
- Lässt der inflationäre und emphatische Gebrauch der Metapher »Inklusion« nicht eher darauf schließen, dass ihm eine Realitätsflucht zugrunde liegt? (vgl. Speck 2010, 135).

Diese kritischen Anfragen müssen ernst genommen werden. Sie sind nicht nur Befürchtungen. Sie sind dort immer wieder Realität, wo Integration bzw. Inklusion gut gedacht, aber schlecht gemacht wird. Für die Betroffenen solcher Erfahrungen ist Inklusion nachvollziehbar zum Reizwort geworden. Zugleich gibt es auch fundamentale Vorbehalte, die nicht benannt oder in kritischen Bedenken auf indirektem Weg geäußert werden.

> »Ich glaube, ehrlich gesagt, dass es sehr viele tiefer gehende Vorbehalte gegenüber Inklusion gibt, die aber nicht ausgesprochen werden. Denn natürlich ist allgemein bekannt, dass es nicht political correct ist, Vorbehalte gegenüber Menschen mit Behinderung zu äußern. So werden die Realisierungsprobleme vorgeschoben.« (Gymnasiallehrerin, Internetforum zu Inklusion)

Soll das gemeinsame Lernen gelingen, müssen umfassende Voraussetzungen und Rahmenbedingungen auf allen Ebenen geschaffen werden (vgl. Kapitel 2–5). Unter welchen Bedingungen Inklusion erfolgreich realisiert werden kann, darüber geben u. a. empirische Studien Auskunft. Sie bieten unterschiedliche Antworten auf die oben genannten Bedenken.

1.3.2 Empirische Befunde – ein Überblick

Die Integrations- und Inklusionsforschung in Deutschland blickt auf eine rund 40-jährige Tradition an Erfahrungen und empirischen Ergebnissen zurück. Ihr Ertrag kann zur Versachlichung der Diskussion beitragen, spielt in der Inklusionsdebatte jedoch eine untergeordnete Rolle. Die folgende Tabelle bietet die wichtigsten wissenschaftlichen Resultate in einem knappen Überblick. Dabei können Differenzierungen nach Methodik, Forschungsdesign oder Validität der Studien sowie nach Altersstufen, Besonderheiten der Schüler/innen oder lokalen Rahmenbedingungen nur unzureichend berücksichtigt werden.

Untersuchungsgegenstand	Ergebnisse aus empirischen Studien in Deutschland	Anzahl
Unterrichtsformen und Didaktik	Guter Unterricht unter Heterogenitätsbedingungen wird gewährleistet durch: Mischung von Gemeinsamkeiten und innerer Differenzierung sowie von Individualisierung und Kooperation; Wochenplanarbeit, Freiarbeit, Morgenkreis und Abschlusskreis, Projektarbeit, zieldifferenten Unterricht mit mehreren Anspruchsniveaus und Aneignungsformen bezogen auf den gleichen Lerngegenstand unter Einbeziehung von Körperarbeit, Werkstattarbeit, Sinnesschulung und integrativen, basalen Förderkonzepten.	5
	Der Wechsel von individueller Arbeit, Partnerarbeit und gemeinsamen Ritualen ist wichtig.	1
	Die oben genannten didaktischen Ansätze werden im integrativen Unterricht häufiger als im nichtintegrativen Unterricht praktiziert.	1
Schulleistungen der SuS ohne Förderbedarf im gemeinsamen Unterricht	SuS ohne besonderen Förderbedarf zeigen in integrativen Gruppen trotz größerer Heterogenität gleiche Schulleistungen wie in sog. homogenen Gruppen.	4
	Sie zeigen trotz größerer Heterogenität bessere Leistungen.	2
Schulleistungen der SuS mit Förderbedarf	In Vergleichsstudien: Bessere Schulleistungen bei SuS mit dem Förderbedarf ›Lernen‹ in integrativen Gruppen als im Sonderschulsystem.	4
	In integrativen Modellversuchen: Es gibt eine Spanne von dramatischen Leistungssprüngen bis zu Phasen der Stagnation bei SuS mit geistiger bzw. schwer-mehrfacher Behinderung.	2
	Abweichende Ergebnisse: Schlechtere Schulleistungen evtl. aufgrund von besonderen Rahmenbedingungen wie z. B. sozialer Brennpunkt, Förderschwerpunkt Lernen / Verhalten.	1
	Bei gleicher intellektueller Ausgangslage erbringen SuS der Hauptschule bessere Schulleistungen als vergleichbare Schüler der Förderschule (L). Der Leistungsrückstand gegenüber der Hauptschule wird in der Förderschule (L) nicht aufgeholt, sondern vergrößert sich.	1

Soziale Integration/ Desintegration der SuS mit besonderem Förderbedarf	Integrative Modellversuche: SuS mit Förderbedarf sind im Allgemeinen in ihren Klassen sozial integriert, je länger, desto besser. Soziale Beziehungen gestalten sich günstiger, wenn die SuS wohnortnah aus demselben Umfeld kommen.	6
	Probleme der sozialen Integration haben wie überall SuS mit aggressivem bzw. schwierigem Verhalten; ihre Integration im Unterreicht ist jedoch möglich.	2
	Die Schonraum-These für die Schule mit dem Förderschwerpunkt Lernen wird widerlegt sowie Beschämung und Stigmatisierung aufgrund des Sonderschulstatus nachgewiesen.	1
	Abweichende Ergebnisse: Entgegen der gut ausgestatteten Modellversuche der 80er und 90er-Jahre (s.o.) gibt es im schulischen Alltag abweichende Resultate: Risiko für soziale Isolation ist für SuS mit Förderbedarf in Integrationsklassen dreimal höher als für SuS ohne. Leistungsrelevante Eigenschaften von SuS und Erwartungshaltung von LuL haben entscheidenden (negativen) Einfluss auf die soziale Integration.	1
Klassenklima und Fremd- / Selbstbilder	... ist in integrativen Klassen signifikant günstiger.	1
	Nichtbehinderte SuS in Integrationsklassen fühlen sich wohler als SuS in parallelen Regelklassen.	2
	Gemeinsamer Unterricht fördert soziale Kompetenzen wie z. B. die Akzeptanz von Anderssein.	2
Integrationsspezifische Organisation und Ausstattung	Als günstige Rahmenbedingungen werden genannt: Klassengrößen bis max. 24 bei nicht mehr als 2–3 SuS mit – möglichst unterschiedlichem – Förderbedarf, nicht mehr als 1–2 SuS mit aggressivem Verhalten, ein ausgewogenes Geschlechterverhältnis und eine ganze bzw. teilweise Doppelbesetzung (in Sek I mind. 70%)	6
Kompetenz der LuL	Teamfähigkeit ist die zentrale Lehrerkompetenz im gemeinsamen Unterricht. Alle Studien und Praxisberichte belegen, dass sich LuL durch eine Zweitkraft sowohl entlastet als auch belastet fühlen. Der Unterricht wird komplexer, kritisierbarer, differenzierbarer und befriedigender.	4
	Die zeitliche Belastung wird als hoch bei gleichzeitiger gewachsener Berufszufriedenheit eingeschätzt.	1
Akzeptanz bei Eltern	Gemeinsamer Unterricht wird bei Eltern von Kindern mit und ohne Förderbedarf stark akzeptiert; die Akzeptanz steigt mit zunehmender Dauer; Elternzufriedenheit wächst mit zunehmender Erfahrung.	6
Finanzierung	Die Kosten sind im Vergleich integrative Beschulung versus Sonderbeschulung, wenn alle Faktoren einbezogen werden (Personal, Beförderung, Verwaltung, Betrieb), in etwa gleich.	2

Der aktuelle Forschungsstand belegt eindeutig, dass die Integrationsfrage in den Untersuchungen der letzten Jahrzehnte ausschließlich »pro Integration bzw. Inklusion« entschieden wurde. Die wichtigsten wissenschaftlichen Studien gehen auf die Integrations- und Inklusionsforscher/innen Hans Eberwein, Georg Feuser, Andreas Hinz, Jakob Mut, Ulf Preuss-Lausitz, Alfred Sander und Jutta Schöler zurück. Die Literaturnachweise für die einzelnen Studien finden sich in Preuss-Lausitz 2002/2009 und in Pithan/Schweiker 2011, 47f.

1.3.3 Nationaler und internationaler Vergleich

Im Schuljahr 2008/09 hatten 6,0% der gesamten Schülerschaft in Deutschland einen Anspruch auf sonderpädagogische Förderung (Förderquote). 4,9% besuchten die Förderschule und 1,1% die allgemeine Schule. Das bedeutet: Nur 18,8% der SuS mit Förderbedarf und Vollzeitschulpflicht der Klassen 1–10 besuchten eine allgemeine Schule (Integrationsquote).

Aufgrund der Kultushoheit der Länder und ihrer lokalen Bildungspolitik variieren die Zahlen von Bundesland zu Bundesland. Die Förderquote reicht von 4,3% in Rheinland-Pfalz (RP) bis 11,7% in Mecklenburg-Vorpommern (MV). Die Integrationsquote differiert zwischen 6,3% in Niedersachsen (NI) und 39,0% in der Hansestadt Bremen (HB). Die Vergleichbarkeit ist jedoch nicht durchgängig gewährleistet, da Bundesländer ganz unterschiedliche Formen des gemeinsamen Lernens – wie z. B. das Außenklassenmodell in Baden-Württemberg – in die Integrationsquote einbeziehen.

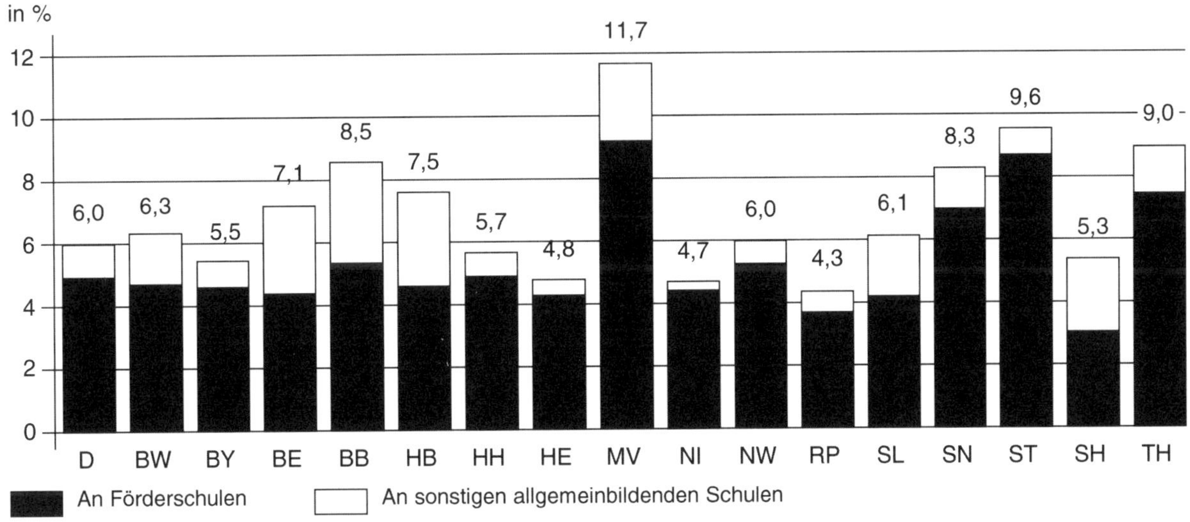

Abb.: Sonderpädagogische Förderquote 2008/09 nach Ländern und Förderort (in %) (Bildungsbericht 2010, 70)

Bei der Integrationsquote zeigt sich im Blick auf unterschiedliche Förderschwerpunkte, dass sie im Bereich von Sprache (27,2%) und den Sinnesbeeinträchtigungen Hören (26,0%) und Sehen (26,6%) am höchsten und beim Förderschwerpunkt geistige Entwicklung (4,0%) mit Abstand am niedrigsten liegt.

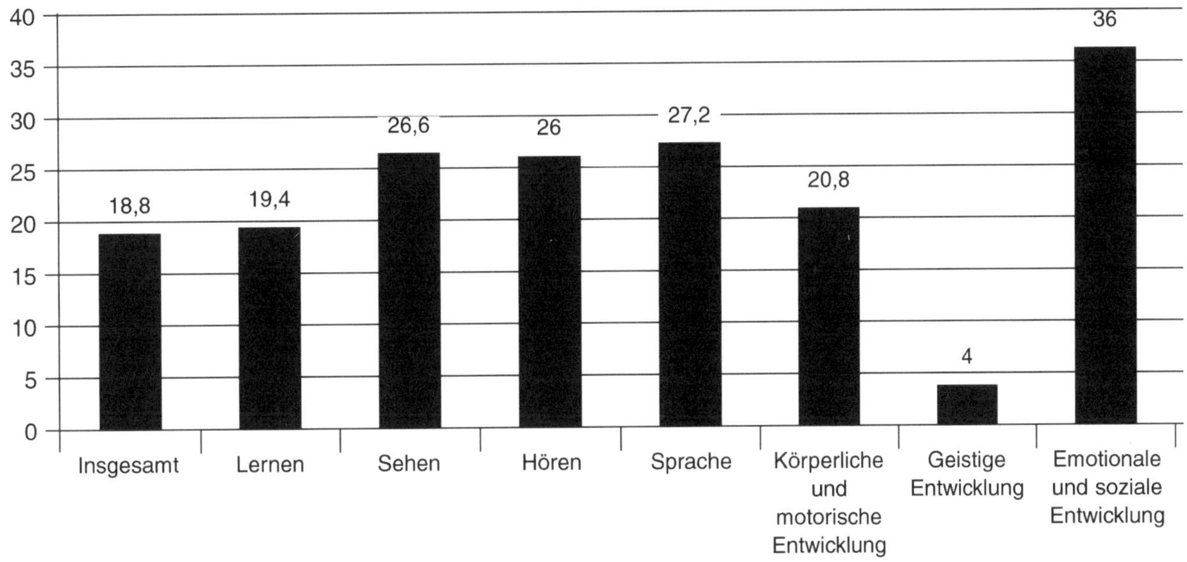

Abb. Integrationsquote von SuS nach Förderschwerpunkten in Deutschland in Prozent im Schuljahr 2008/09 (Bildungsbericht 2010, 266; Tab. D2–3A)

Im europäischen Vergleich belegt Deutschland mit einer Integrationsquote von 18,8% bzw. einer Segregationsquote von 81,2% nach Lettland, Belgien und Irland in Europa einen negativen Spitzenplatz. In vielen anderen europäischen Ländern liegen die Anteile der integrativen Beschulung weit höher: in Österreich bei 25 Prozent, in Großbritannien bei 30, in Schweden bei 36 und in Portugal bereits bei 70 Prozent. In Italien und Norwegen wurden Förderschulen in den 1970-er und 1980-er Jahren sogar vollständig geschlossen.

2. Was ist nötig? – Voraussetzungen des inklusiven Lernens

Der RU bietet gute Voraussetzungen, gemeinsames Lernen in Verschiedenheit zu realisieren. Seine Inhalte und Lernziele sind auf soziale und kommunikative Kompetenzen ausgerichtet, die auch für das inklusive Lernen von entscheidender Bedeutung sind. Zugleich ist es ein Markenzeichen des RU, die Mädchen und Jungen mit ihren individuellen Lebensfragen in den Mittelpunkt zu stellen und ihnen in einer großen fachdidaktisch-methodischen Vielfalt unterschiedliche Zugänge zur religiösen Bildung zu eröffnen. Viele Grundlagen des inklusiven Lernens sind in der aktuellen Didaktik des RU schon angelegt. Andere müssen religionspädagogisch reflektiert und integriert werden.

2.1 Lernen

Die UN-BRK und ihre bildungspolitische Umsetzung werden die Zusammensetzung von Lerngruppen und die Formen des Lernens grundlegend verändern. Neue Formen des religiösen Lernens im RU müssen entwickelt werden. Zugleich sind die Bildungsstandards eines kompetenzorientierten Unterrichts aufrechtzuerhalten, damit die SuS sich aneignen können, was ihren Möglichkeiten und den gesellschaftlichen Erfordernissen entspricht. Der RU bleibt dabei seinen konfessionellen Rahmenbedingungen verpflichtet und ist zugleich herausgefordert, diese im Horizont einer Pädagogik der Vielfalt zu überdenken.

2.1.1 Zieldifferentes Lernen

Eine Lerngruppe mit extrem heterogenen Lernvoraussetzungen braucht einen lernzieldifferenten Unterricht. Nur durch unterschiedliche Bildungsgänge, Bildungsziele sowie individuelle Lern- und Entwicklungspläne ist in einer heterogenen Lerngruppe zu gewährleisten, dass keine Schülerin und kein Schüler auf der Strecke bleibt. Diese sog. Lernzieldifferenz ist noch nicht in jedem Bundesland im Schulgesetz verankert. Es gibt einzelne Bundesländer, in denen das gemeinsame Lernen auf bestimmte Formen der Kooperation oder der zielgleichen Einzelintegration beschränkt ist.

Werden SuS mit unterschiedlichen Bildungsgängen gemeinsam unterrichtet, müssen ihrem Lernen auch die ihnen entsprechenden Bildungspläne zugrunde gelegt werden. Es gelten die Bildungspläne ihres Bildungsganges und ihres Förderschwerpunktes mit den unterschiedlichen Bildungsstandards, Kompetenzen und Inhalten. Diese können von Bundesland zu Bundesland deutlich von einander abweichen (siehe Lehrplandatenbank: http://db.kmk.org/lehrplan/).

Im Bereich der Förderschulen werden grundständige Bildungspläne und Rahmen- bzw. Bezugsbildungspläne unterschieden. Die beiden grundständigen Pläne der Förderschwerpunkte Lernen und geistige Entwicklung begründen jeweils eigene Bildungsgänge und führen für alle Fächer und Bildungsbereiche eigenständige Inhalte und Kompetenzen auf. Die Rahmenbildungspläne bieten (i.d.R. nur) Orientierungen und spezifische Bildungsstandards für den jeweiligen Förderschwerpunkt.

Grundkonzept der Bildungspläne in den deutschen Bundesländern

Stufe	Allgemeine Schulen	Förderschwerpunkte
Grundstufe	□ Grundschule	Grundständige Bildungsgänge bzw. -pläne: □ Förderschwerpunkt Lernen □ Förderschwerpunkt geistige Entwicklung
Hauptstufe	□ Hauptschule □ Werkrealschule □ Realschule □ Gymnasium □ Gesamtschule / Gemeinschaftsschule	Rahmenbildungspläne zu den Förderschwerpunkten: □ Hören (gehörlos / schwerhörig) □ Sehen (blind / sehbehindert) □ körperliche und motorische Entwicklung □ Sprache □ emotionale und soziale Entwicklung □ autistisches Verhalten

Die Frage ist nun, welche Bildungspläne für die unterschiedlichen SuS gelten? Dazu zwei Beispiele zur Veranschaulichung:

1. Für ein blindes Kind mit dem Bildungsgang Realschule gelten die Bildungsstandards des Realschulbildungsplans und die Orientierungen des Rahmenbildungsplans Förderschwerpunkt Sehen.
2. Für ein körperbehindertes Kind mit einer geistigen Behinderung gelten der grundständige Plan mit dem Förderschwerpunkt geistige Entwicklung und die Hinweise des Rahmenbildungsplans des Förderschwerpunktes körperliche und motorische Entwicklung.

Differenzierte Lernziele verlangen auch differenzierte Sozialformen, Methoden, Tempi, Leistungsbewertungen und Zugänge. Bei allen unterschiedlichen Formen der Binnendifferenzierung bleibt jedoch eine gleich bleibende Konstante: Das Lernen am gemeinsamen Lerngegenstand! Mit »Lerngegenstand« ist jedoch kein (materielles) Lernobjekt gemeint, sondern ein gemeinsames Thema oder Lernfeld (vgl. Kapitel 3).

2.1.2 Kompetenzorientiertes Lernen

Kompetenzorientierter Unterricht organisiert Lernprozesse so, dass SuS sich Kompetenzen erwerben können. Kompetenzen beschreiben das, was SuS kennen, können und haben sollen (Qualifikation). Sie sind ein Spektrum an Kenntnissen, Fertigkeiten und Haltungen, das dazu hilft, gegenwärtige und zukünftige Lebenssituationen »befriedigend« zu bewältigen (vgl. Ziener 2006; Rupp 2009, 10–13). Der kompetenzorientierte Zugang steht für ein *umfassendes Bildungsverständnis* mit Herz, Hand und Verstand.

Auch für das kompetenzorientierte Lernen gilt der inklusive Grundsatz: Die Kompetenzen orientieren sich am Kind und seiner Lernausgangslage und nicht: Das Kind orientiert sich an den Kompetenzen. Daraus ergibt sich, dass keine allgemeinen, für alle gleich geltenden Kompetenzen formuliert werden können, weder Mindeststandards noch Höchststandards. Mindeststandards hätten zudem einen exklusiven Charakter für bestimmte Personengruppen und würden dem bedingungslosen Recht auf Bildung widersprechen. Über bildungsgangspezifische Kompetenzformulierungen hinaus sind die anzustrebenden Kompetenzen zieldifferent zu individualisieren, d.h. dem einzelnen Kind anzupassen (vgl. ILEP: Individueller Lern- und Entwicklungsplan).

> »Wer seine Persönlichkeit sinnvoll entfaltet in dem Raum und Rahmen, in den er hineingestellt ist – der ist gebildet, nicht mehr und nicht weniger« (Theodor Litt)

2.1.2.1 Religiöse Kompetenzen

In allen Bildungsplänen der allgemeinen Schulen und der Sonderschulen in Baden-Württemberg wird religiöse Kompetenz in der Evangelischen Religionslehre gleich lautend formuliert: »Religiöse Kompetenz ist zu verstehen als Fähigkeit,

- □ die Vielgestaltigkeit von Wirklichkeit wahrzunehmen und theologisch zu reflektieren
- □ christliche Deutungen mit anderen zu vergleichen
- □ die Wahrheitsfrage zu stellen und eine eigene Position zu vertreten
- □ sowie sich in Freiheit auf religiöse Ausdrucks- und Sprachformen (zum Beispiel Symbole und Rituale) einzulassen und sie mitzugestalten« (Bildungsplan 2004, 23).

Bei diesen Formulierungen fällt die starke Betonung von geistigen Fähigkeiten durch die Verben »reflektieren«, »vergleichen«, »Fragen stellen« und »vertreten« unmittelbar ins Auge. Die basal-perzeptiven (wahrnehmen), kreativ-aktiven (mitgestalten) und emotiven Aspekte (sich einlassen) der religiösen Kompetenz sind weniger stark ausgeprägt. Diese Tendenz zur kognitiven Kompetenz ist in den zwölf grundlegenden Kompetenzen der religiösen Bildung, die von einer Expertengruppe des Comenius-Instituts der EKD vorgeschlagen wurde, noch stärker ausgeprägt (Fischer / Elsenbast 2006, 19ff). Trotz dieses Hangs zur »Verkopfung« wird deutlich, dass religiöse Kompetenz nicht in Verfügungswissen, Orientierungswissen und Deutungsfähigkeit aufgeht, sondern auch Lebensgewissheit, Lebensbefähigung sowie Haltungs- und Handlungsfähigkeiten einschließt.

> »Gebildet sein heißt nicht, möglichst viel wissen, sondern möglichst vieles lieben« (Carl Jakob Burckhardt)

Im Feld der Religion muss noch deutlicher als in anderen Lernfeldern festgehalten werden, dass das Ergebnis religiöser Bildungsprozesse (Output) nur bedingt methodisierbar, steuerbar und planbar ist. Es gibt den religiösen Kompetenzvorbehalt, der besagt, dass wesentliche

Bereiche der religiösen Kompetenz nicht messbar sind. Dazu gehören die Fähigkeiten, zur Stille zu kommen oder zu meditieren, mit Gottvertrauen zu leben und diverse innere Werte und Haltungen einzunehmen und vieles mehr. Das Religiöse hat einen entscheidenden Mehrwert, der sich der Leistungsmessung entzieht.

2.1.2.2 Übergreifende Kompetenzen

Die Förderung der religiösen Kompetenzen steht in einem unmittelbaren Zusammenhang mit den so genannten »übergreifenden Kompetenzen«, also der hermeneutischen, ethischen, fachlichen, personalen, ästhetischen, sozialen, methodischen und ästhetischen Kompetenz.

Beim gemeinsamen Lernen in heterogenen Gruppen kommt der *kommunikativen, sozialen und methodischen* Kompetenz und damit den ›weichen‹ Kompetenzen *(soft skills)* eine besondere Bedeutung zu. Sie werden beim inklusiven Lernen gefördert und gefordert und in der inklusiven Methodensammlung (Kapitel 5) besonders berücksichtigt:

Die **kommunikative Kompetenz** ist von zentraler Bedeutung, da die Verstehensvoraussetzungen in einer sozio-kulturell, ethnisch, kognitiv und begabungsbezogen heterogenen Gruppe sehr unterschiedlich sind. Das Nichtverstehen oder Missverstehen ist nicht selten die Folge. Die geschriebene und gesprochene Sprache ist elementar und differenziert (vgl. leichte Sprache, Kapitel 5.4). Fremde Wörter werden benutzt und zugleich erklärt. Die Verständigungsfähigkeit kann sich darum nicht auf die verbale Kommunikation beschränken. Die Beherrschung der non-verbalen Sprache, die in Blickkontakten, Gestik und Körperhaltung, in Gebärden, Bildern, Piktogrammen und durch Berührungen »gesprochen« wird, ist eine unverzichtbare Voraussetzung, den Anderen zu verstehen.

Meta-Kommunikation im Unterricht stellt immer wieder die Frage: Wie gehen wir miteinander um? Sie gibt Gelegenheit, Missverständnisse auszuräumen, Konflikte zu bearbeiten und nach neuen Verständigungsmöglichkeiten zu suchen.

Die **soziale Kompetenz** setzt Selbstkompetenz voraus. Eigene Fähigkeiten erkennen, sie gezielt einsetzen oder eigene Schwächen wahrnehmen, sie akzeptieren und reduzieren, das ist im Umgang mit anderen, die anders sind, grundlegend. Erst die angemessene Wahrnehmung von eigenen Fähigkeiten und Defiziten ermöglicht den Aufbau und Einsatz kompetenter sozialer Verhaltensmuster wie zum Beispiel Kontakt- und Diskretionsfähigkeit, Empathie, Verantwortungsbereitschaft, Kooperations- oder Konfliktfähigkeit.

> »Wer mit den Augen eines anderen sehen, mit den Ohren eines anderen hören und mit dem Herzen eines anderen fühlen kann, der zeichnet sich durch Gemeinschaftsgefühl aus.«
>
> (Alfred Adler)

Die Einübung in Selbst- und Sozialkompetenz begleitet den gesamten RU und das gemeinsame Lernen an der Schule. Sie bedarf aber auch eigenständiger Übungen, um Handlungsunsicherheiten abzubauen, Berührungsschwellen zu senken, Empathie und Wahrnehmung zu schärfen oder dem Mobbing vorzubeugen. Neben einen »pädagogischen Bezug« (Herman Nohl) zwischen LuL und SuS ist auch die Qualität des Beziehungsverhältnisses von SuS untereinander höchst bedeutsam. Die Wertschätzung und Besonderheit, die Gott jedem Menschen als sein Ebenbild zuteilwerden lässt, ist der zentrale Ausgangs- und Bezugspunkt des RU.

Die **methodische Kompetenz** ist besonders in einem Unterricht gefragt, in dem nicht alle auf dieselbe Weise zur gleichen Zeit das gleiche Ziel erreichen. Lernprozesse sind so individuell, dass sie von den einzelnen Mädchen und Jungen so weit wie möglich selbständig gestaltet werden müssen. Dazu brauchen SuS die Fähigkeiten, ihr Lernen selbst zu steuern und selbst zu verantworten. Selbst organisiertes Lernen (SOL) und selbst verantwortetes Lernen (SVL) ist von großer Bedeutung. SuS müssen im RU auch individuell verschiedene Unterrichtsmethoden kennen lernen, einüben und anwenden können. Sie erlernen das Lernen und den Umgang mit religionspädagogischen Lehrmitteln. Nur so können sie die ihren Möglichkeiten entsprechenden Hilfsmittel, Zugänge, Medien und Lernmittel optimal nutzen.

2.1.3 Konfessionelles und kooperatives Lernen

Wir leben in einer pluralen Welt. In der Schülerschaft der Schule und des RU spiegeln sich soziale Vielfalt und ganz verschiedene Lebensverhältnisse wider. Unter diesen Vorzeichen religionsspezifische Lerngruppen zu bilden, mag auf den ersten Blick als anachronistischer Widerspruch erscheinen und im Gegensatz zur Inklusionsidee stehen. Aber wie es Sprache nur in Form verschiedener Sprachen gibt, so gibt es Religion nur in Religionen bzw. Konfessionen. Gerade heute lassen sich gute Gründe für einen konfessionellen RU finden (vgl. Scheilke 2009a), denn er

- ermöglicht SuS eine religiöse Identität als Voraussetzung für Dialogfähigkeit und Verständigungsbereitschaft
- vermittelt tradierte und bewährte Gründe für die respektvolle Anerkennung der Verschiedenen und die Wahrung der Menschenrechte
- praktiziert eine Form der Binnendifferenzierung
- bietet Mädchen und Jungen die Möglichkeit, durch überzeugte und überzeugende LuL ein Bindungsverhältnis zu Gott, ihrer Glaubensgemeinschaft und zu konkreten Werten zu entwickeln
- beugt sowohl einer weltanschaulichen Beliebigkeit und Gleichgültigkeit als auch einer Radikalisierung vor und schafft eine verbindliche Basis für aktive Toleranzfähigkeit.

Sich interkonfessionell und interreligiös über Unterschiede verständigen und diese mit guten Gründen anerkennen kann nur, wer wenigstens eine konkrete Gestalt von Religion genauer kennen gelernt und gründlicher erfahren hat. Zwischen »Identität und Verständigung« gibt es eine sich gegenseitig bedingende Wechselbeziehung.

Die Verständigung gehört heute zur Identitätsfindung dazu. In unserer pluralen und medialen Welt existieren unterschiedliche christliche und andere religiöse Traditionen nicht in einem separaten Nebeneinander, sondern in einem gesellschaftlichen Miteinander. Es gibt keine von der multi-religiösen Welt abschottbare Beheimatung im eigenen Glauben. Im Gegenteil: Am Anderen lernt man das Eigene.

Gerade der inklusive, konfessionelle RU sucht die Begegnung und den Dialog mit anderen Religionsgemeinschaften. Zum *Dialogverständnis* heißt es in der EKD Denkschrift (2003, 18):

»Es liegt nicht in der Hand der Christenheit, den Gegensatz der Religionen mit dem so verstandenen Bezeugen der Wahrheit aus der Welt zu schaffen. Nach evangelischem Verständnis wird vielmehr, wenn es zum interreligiösen Dialog kommt, um die Wahrheit, um die Vertretbarkeit der eigenen Glaubenseinsicht und der anderen religiösen Meinung in Freiheit zu streiten sein« (EKD 2003, 18). Dabei geht es darum, die anderen so verstehen zu lernen, wie sie sich selbst verstehen (vgl. EKD 2000, 32).

Das Ziel des inklusiven RU ist eine Kultur der gegenseitigen Achtung und der wertschätzenden Anerkennung von Differenz und Fremdheit, indem

- durch sachgerechte Kenntnisse das Fremde besser verstanden wird
- durch differenzierte Informationen Vorurteile abgebaut werden
- durch Begegnung und Beziehungspflege positive Einstellungen aufgebaut werden
- durch angemessene Verhaltensweisen ein friedliches Zusammenleben und Verständigung ermöglicht wird.

Im RU wird das »fruchtbare Wechselspiel von gewachsener Identität und anzustrebender Verständigungsfähigkeit« (EKD 1994, 82) eingeübt. Diese Dialektik ist in den unterschiedlichen didaktischen Zugängen zu berücksichtigen.

2.2 Lehren: Lehrerrolle und Lehrerhaltung

Was muss eine Lehrkraft für den inklusiven RU mitbringen? Im Wesentlichen sind es drei Grundhaltungen: Die Ausrichtung der eigenen Tätigkeit an den SuS, die Fähigkeit mit anderen Fachkräften – auch interdisziplinär – zu kooperieren sowie die Bereitschaft zu lernen und sich weiter zu qualifizieren.

2.2.1 Schülerorientierung

Der inklusive RU bietet SuS vielfältige Zugangs- und Aneignungsformen an und ist ausdrücklich *schülerorientiert*. Schülerorientierung bedeutet ein Dreifaches. Sie nimmt Erfahrungen, Fragen und Lebenswelten der Mädchen und Jungen ernst (1), fragt nach ihren aktuellen individuellen Lernausgangslagen (2), geht von ihren Kompetenzen aus und fragt, wie diese gefestigt werden und welche neuen Kompetenzen für sie jetzt und zukünftig lebensbedeutsam sind (3).

2.2.1.1 An Erfahrungen und Lebenswelten orientiert

Eine inklusive Pädagogik der besonderen Bedürfnisse stellt den einzelnen Schüler und die einzelne Schülerin in den Mittelpunkt. Sie orientiert sich an ihrer bzw. seiner individuellen Erfahrung und Lebenswelt. Sie ist eine Pädagogik vom Kind aus. Die SuS werden dabei in ihrem Lebenszusammenhang als Subjekte ihres eigenen Lernens wahrgenommen. Ihre Erfahrungen sind Ausgangspunkt und Zielpunkt des RU. Um die eigenen biographischen Erlebnisse religiös zu deuten und neue religiöse Erfahrungen im performativen Sinn zu machen, bedarf es der Gemeinschaft im Allgemeinen und der religiösen Tradition im Besonderen. Die Situation des Einzelnen und die Tradition der religiösen Gemeinschaft stehen dabei korrelationsdidaktisch in einem unauflöslichen Zusammenhang.

Ob die Religionsstunde nun zuerst die Wirklichkeit der Mädchen und Jungen aufgreift oder mit einem religiösen Inhalt oder einer biblischen Geschichte einsteigt, ist nicht entscheidend. Wichtig ist, dass beide Dimensionen ausreichend Raum und angemessene Gelegenheit finden zu Wort zu kommen, so dass Eigenes und Fremdes miteinander ins Gespräch gebracht werden und sich die individuelle Situation wie auch die kollektive Tradition fruchtbar miteinander verbinden.

Bei der Unterrichtsplanung, d. h. in der Konkretisierung der Inhalte, Kompetenzen und Methoden, sind *zuerst* und *allein* die Mädchen und Jungen der Ausgangspunkt. Da nicht die SuS für den RU, sondern der RU für die SuS da ist, sind sie der primäre Zielpunkt. Von den Erfahrungen der SuS auszugehen heißt auch, die Erfahrungsdifferenzen wahrzunehmen. Dies gilt in einem doppelten Sinn:

Zum einen unterscheiden sich die Erfahrungen und Lebenswelten der SuS untereinander. Dies gilt umso mehr, je heterogener eine Gruppe zusammengesetzt ist. Folglich ist es wichtig, den RU so zu gestalten, dass *alle* Kinder ihre unterschiedlichen Prägungen, Lebensfragen und Erlebnisse aktiv einbringen können. Darum kommt dem gegenseitigen Kennenlernen eine besondere Bedeutung zu (vgl. die Methodensammlung in Kapitel 5.).

> »In lebendiger Ergänzung eines Menschen durch den anderen entsteht das Ganze«
> (Theophil Spoerri)

Zum anderen ist die Erfahrungsdifferenz zwischen Lehrkraft und SuS, immer wieder neu wahrzunehmen. Sie ist nicht nur durch Altersunterschiede, sondern auch durch die unterschiedliche sozio-kulturelle Herkunft der SuS und der LuL bedingt. Die Lehrerschaft gehört i.d.R. der bildungsnahen bürgerlichen Mittel- und Oberschicht an. Milieubedingte ökonomische, soziale, ethnische und kulturelle Lebensumstände sowie physische, psychische oder geistige Besonderheiten, die für SuS auf unterschiedliche Weise alltags- und lernbestimmend sind, können aufgrund biographischer Erfahrungen nur bedingt geteilt werden. Sie bleiben – nicht nur Lehrkräften – zum Teil völlig fremd und kaum nachvollziehbar. Hier braucht es in aller Unterschiedlichkeit ein hohes Maß an Eingeständnis, Empathievermögen und vorbehaltloser Wertschätzung gegenüber den SuS.

2.2.1.2 An Lernausgangslagen orientiert

Insbesondere in einer heterogenen Gruppe von Mädchen und Jungen mit unterschiedlichen Leistungsmöglichkeiten ist auf ein *individuell angemessenes Maß* bei der Festlegung der Lernziele zu achten. Eine besonnene Förderung zwischen Überforderung und Unterforderung ist für alle SuS wichtig. »Ich fordere etwas von dir, weil ich dich achte« (Makarenko) – dieser Grundsatz gilt für SuS mit Behinderung und SuS mit Hochbegabung in gleicher Weise. Aber auch: »Ich erwarte nicht mehr von dir als du leisten kannst!«

Um das rechte Maß der Leistungserwartung zu ermitteln, ist eine *Lernstandsdiagnose* unabdingbar. Sie zeigt auf, welche Lernvoraussetzungen die Mädchen und Jungen mitbringen. Da das Lernen – insbesondere bei SuS mit sog. Lernbehinderung – durch ungünstige soziokulturelle Lernbedingungen behindert wird, ist eine Kind-Umfeld-Analyse erforderlich (vgl. Sander 2002). Informationen über Armut, problematische Erziehungssituationen, anregungsarme Umgebung, belastende Ereignisse und vieles mehr sind wichtig, um hilfreiche pädagogische (Gegen-) Maßnahmen zu ergreifen.

Auch die *Leistungsbewertung* sollte sich nicht nur an den Standards des jeweiligen Bildungsgangs der Mädchen und Jungen orientieren, sondern auch an der individuellen Lernausgangslage. Entscheidend ist der individuelle Lernzuwachs im Verhältnis zu den Lernmöglichkeiten. Die äußeren und inneren Lernbedingungen müssen in der Beurteilung der Leistungen angemessen berücksichtigt werden. Eine Ziffernote, die sich an einem allgemeinen Maßstab orientiert, ist dazu nicht geeignet. Angemessener ist eine differenzierte Beschreibung des Lernstandes und der Lernentwicklung.

2.2.1.3 An lebensrelevanten Kompetenzen orientiert

Im inklusiven RU kann Kompetenzorientierung in zweifacher Hinsicht verstanden werden:

1. Kompetenzorientierung im Sinne der aktuellen Bildungsdiskussion
Neu an diesem Konzept der Kompetenzorientierung ist, dass nach einer Lernsequenz konsequent darauf geachtet wird, ob die Lernziele auch erreicht wurden: Kennen und können die SuS nach einer Unterrichtssequenz das, was die angestrebten Kompetenzen beschreiben? Im Zentrum steht also nicht, was »behandelt« wurde (Inputorientierung), sondern was die SuS erworben haben (Output-Orientierung). Darin besteht der zentrale Paradigmenwechsel der Kompetenzorientierung.

Angestrebt werden Kompetenzen, die Mädchen und Jungen für ihre Entwicklung und ihr Leben brauchen. Was sie lernen, soll lebensnah, lebensbedeutsam und verwendungsfähig sein. Die angestrebten Kompetenzen sind unmittelbar auf die individuellen Erfordernisse zur Lebensbewältigung bezogen. RU ist auch Lebenshilfe.

Die Lehrkräfte achten immer wieder darauf, ob die SuS das Gelernte auch können. Sie führen regelmäßig eine »Kompetenzexegese« durch (vgl. Ziener 2006, 43ff). Bei der Bestimmung der Ziele, Lernwege und Inhalte werden die SuS nach Möglichkeit beteiligt. Dies erhöht ihre Motivation und ihre Verantwortungsbereitschaft beim Kompetenzerwerb. Darüber hinaus erhalten die SuS unterschiedliche Möglichkeiten, selbst überprüfen und präsentieren zu können, was sie erlernt haben, z. B. durch Lernkontrollen und Checklisten. Um auch die Qualität des Unterrichts kompetenz- und schülerorientiert zu sichern und weiter zu entwickeln, ist eine Evaluation notwendig. Ein wesentliches Instrument dazu ist neben der Fremd- und Selbstevaluation der LuL die regelmäßige Rückmeldung der SuS (Schülerfeedback) und die Formulierung von verbindlichen Vereinbarungen für das weitere gemeinsame Lernen (vgl. Kapitel 5.7).

2. Kompetenzorientierung im Sinn der heilpädagogischen Förderung
Das Kompetenzmodell in der Heilpädagogik setzt nicht bei den Defiziten einer Person an, sondern bei ihren Stärken. In der sonder- und sozialpädagogischen Arbeit wurde lange Zeit davon ausgegangen, dass es sich bei einer Behinderung um ein Defizit handelt, welches durch besondere Hilfen medizinischer, psychologischer und sonderpädagogischer Art auszugleichen ist. Diese Defizitorientierung wurde durch Selbsthilfe und durch die Selbstorganisation der Betroffenen kritisiert und überwunden. Im Mittelpunkt der Aufmerksamkeit steht nun nicht mehr ein persönlicher Mangel, die Unzulänglichkeit oder Einschränkung der Person, sondern ihre besonderen Qualitäten: Worin liegen ihre Begabungen? Was kann sie in die Gemeinschaft einbringen? Diese durch Eigeninitiative gewonnenen Kompetenzen (Empowerment) haben zu der heute allgemein akzeptierten Orientierung an den Ressourcen und den Kompetenzen der betroffenen Personen geführt. Es ist eine Grundhaltung, die im inklusiven RU auf alle SuS zu beziehen ist.

2.2.2 Interdisziplinäre Zusammenarbeit

Gemeinsamer Unterricht braucht eine gemeinsame Verantwortung. Eine Schule, die alle SuS ganzheitlich in allen Lebensbezügen wahrnimmt, braucht auch alle Professionen, d. h. alle Professionen, die sich auf die besonderen Bedürfnisse von SuS spezialisiert haben. Denn keine Lehrkraft, auch keine Religionslehrkraft kann alles können. Und das ist auch gut so! Es ist nicht möglich und auch gar nicht nötig, sich auf das Fach Religion, die Altersgruppe und darüber hinaus auch noch auf alle Lernschwierigkeiten, psychischen Probleme, sozialen Schwierigkeiten, Behinderungsformen usw. zu spezialisieren. Aber es ist nötig im Sinne der Lehrerentlastung und der individuellen Schülerförderung, dass für die unterschiedlichen SuS-Bedürfnisse Experten/innen in erforderlichem Umfang in der Schule zur Verfügung stehen oder als externe Schulpartner erreichbar sind, z. B.

- □ Sozialarbeiter/innen
- □ Schulpsychologen/innen
- □ Schulseelsorger/innen
- □ Sonderpädagogen/innen unterschiedlicher Fachrichtungen
- □ Therapeuten/innen (für SuS mit unterschiedlichen Förderschwerpunkten)
- □ Lernberater/innen und / oder Beratungslehrer/innen
- □ Assistenten/innen / Schulbegleiter/innen
- □ Krankenschwestern, Pfleger, Schulärzte

Entsprechende personelle Ressourcen sind bei den Schulverwaltungen, Förder- und Beratungszentren sowie den Kirchen (z. B. Schulseelsorge/-pastoral) zu beantragen. Entscheidend ist, dass die Lehrkräfte durch diese multiprofessionellen Fachkräfte in ihrem Unterricht nach den jeweiligen Erfordernissen kontinuierlich beratend und hilfreich unterstützt werden. Eine geregelte, enge Kommunikation zwischen SuS, Lehrerkollegium, interdisziplinärem Team, Eltern und außerschulischen Partnern ist wesentlich, um den Lernbedürfnissen der einzelnen Mädchen und Jungen gerecht zu werden. Dabei werden die unterschiedlichen Sichtweisen und fachlichen Perspektiven ausgetauscht. Erstrebenswert ist, wenn interdisziplinäre Teams nicht nur für einzelne SuS individuelle Fördermaßnahmen und -pläne (ILEP) erstellen, sondern in größeren zeitlichen Abständen jeden SuS gemeinsam wahrnehmen und beraten. Dies ist auf vorbildliche Weise an jeder finnischen Schule in Form interdisziplinärer Fürsorgeteams institutionalisiert (vgl. Schweiker 2010).

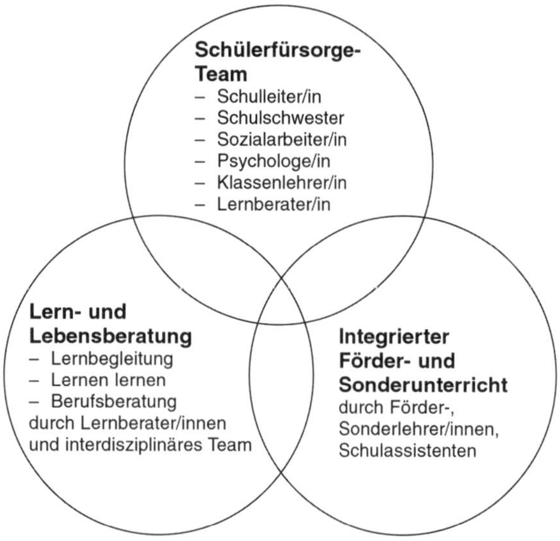

Abb. Das dreifach integrierte Unterstützungssystem für SuS in der finnischen Schulbildung

Interdisziplinäre Zusammenarbeit braucht Zeit für Absprachen und Planungen. Sie ist zugleich aber auch mit einer spürbaren Lehrerentlastung verbunden. Ohne Teamarbeit kann individuelle Förderung und gemeinsames Lernen nur eingeschränkt an der Schule realisiert werden.

Schulseelsorge und Schulpastoral

Im finnischen Schulwesen gibt es keine Schulseelsorge, so wie es umgekehrt in Deutschland keine eigene schulische Profession für die Lern- und Lebensberatung gibt. Die Schulseelsorge bzw. die (katholische) Schulpastoral ist eine ganz besondere, nicht selbstverständlich vorhandene Perle in unserer Schullandschaft (vgl. Nestor 2009; IRP 2010). Sie sollte angesichts der psychosozialen Herausforderungen des Lernens in Vielfalt als *ein* Element des interdisziplinären Unterstützungssystems genutzt und weiter ausgebaut werden. Dabei ist die vernetzte Kooperation mit der Schulpsychologie und der Schulsozialarbeit von großer Bedeutung. Die Begleitung von SuS mit besonderen Bedürfnissen und ihrer Eltern ist eine spezifische Herausforderung einer inklusiven Seelsorge (vgl. Schweiker 2002). Wie eng die Schulseelsorge mit dem RU verbunden ist und wie sehr sie die gesamte Schulkultur hilfreich zu gestalten vermag, zeigt ein systematischer Überblick zu den Praxisformen der Schulseelsorge.

Assistenten/innen bzw. Schulbegleiter/innen

Kinder und Jugendliche mit Behinderung, die behindert oder von Behinderung bedroht sind, haben einen Anspruch auf Eingliederungshilfe (§§ 53, 54 SGB XII bzw. § 39 BSHG). Zur Eingliederungshilfe gehören auch »Hilfen zu einer angemessenen Schulbildung, vor allem im Rahmen der allgemeinen Schulpflicht« (§ 54, Abs. 1 Satz 1 Nr. 1 SGB XII). Ihnen steht während eines Teils oder auch der ganzen Schulzeit einschließlich des Schulwegs ein/e Schulbegleiter/in oder Integrationshelfer/in zu. Das kann ein junger Mensch im Freiwilligen Sozialen Jahr (FSJ), ein/e Student/in, Kinderpfleger/in, Heilpädagoge/in oder Erzieher/in sein. Bei ihnen ist auch auf eine angemessene inklusionspädagogische Quali-

Formen der Schulseelsorge

	explizit	implizit
direkt	□ Tür- und Angelgespräche □ Reguläre Sprechstunden □ Ad hoc vereinbarte Gespräche □ Evang. Familienberatung	□ Erlebnispädagogische Angebote (Vertrauen, Gemeinschaft) □ Mentoring durch Seniorenteams □ Studienfahrten (Kirchentag / Taizé) □ Tag religiöser Orientierung
indirekt	□ einen Schulraum der Stille □ Meditationskreise □ Bibliodrama-AG □ Schulgottesdienstvorbereitung □ Beteiligung »Church Night« □ Schülerbibelkreise	□ Rituale □ Hausaufgabenbetreuung □ Gitarrenkurs □ Philosophiekurs

Abb. Formen der Schulseelsorge (Scheilke 2009b, 12)

fizierung zu achten. Zuständig für die Beantragung und die Übernahme der Kosten sind die Sozialämter (vgl. Bayrisches Staatsministerium 2008). Zu beachten ist, dass die Schulbegleiter/innen nicht die pädagogische Unterrichtstätigkeit der Lehrkräfte übernehmen. Ihre Unterstützungstätigkeit liegt im pflegerischen, emotionalen, sozialen und kommunikativen Bereich. Dennoch haben sie für das Lernen der gesamten Gruppe eine wichtige Funktion. Von besonderer Bedeutung ist, dass sie sich nicht nur als Individualbegleiter, sondern als Inklusionsassistenten der ganzen Lerngruppe verstehen.

In Lerngruppen mit heterogenen Bedürfnislagen ist zu gewährleisten, dass ein angemessener Personalschlüssel und entsprechende Qualifikationen vorhanden sind. Hier sind die Rechtsansprüche in dem jeweiligen Bundesland sorgfältig abzuklären, vollständig auszuschöpfen und ggf. neue Ressourcen zu erschließen.

2.2.3 Lehrerqualifizierung

Religionslehrer/innen können die unterschiedlichen Qualifikationen von Experten nicht ersetzen. Das sollen sie auch nicht. Zugleich bringt der inklusive RU fachliche und persönliche Herausforderungen mit sich, für die LuL nicht immer hinreichend vorbereitet oder ausgebildet sind. Dies können zentrale Schlüsselkompetenzen des inklusiven RU im Bereich von Diagnostik, Klassenmanagement, Teamarbeit oder Methodenkompetenz sein oder auch ganz andere Fähigkeiten und Fertigkeiten. Sie sollten auf unterschiedlichen Wegen erworben werden können, sei es in der Aus-, Fort- oder Weiterbildung.

Bildungsangebote in inklusiver Pädagogik und Didaktik sind für LuL und Lehramtanwärter/innen, die in allgemeinen Schulen, Förder- oder Gemeinschaftsschulen unterrichten, immer noch dünn gestreut. Inklusive und sonderpädagogische Querschnittskompetenzen, die für Lehrkräfte im gemeinsamen Unterricht hilfreich sind, werden jedoch verstärkt in der Aus-, Fort- und Weiterbildung angeboten (vgl. Links unter 6.4.). Ein ganz pragmatischer Zugang ist das Lernen durch Tun *(learning by doing)*. Damit ist nicht gemeint, sich alleine »durchzuhangeln«, sondern das »Voneinander-Lernen« im Berufsalltag zu praktizieren. Hierbei ist nicht nur die Kooperation und gegenseitige Beratung mit den oben genannten Spezialisten unverzichtbar, sondern auch die Zusammenarbeit mit den Eltern und ihren Kindern. Zu beachten ist, dass die Eltern von Kindern mit besonderen Bedürfnissen nicht selten die besten Experten für ihre Kinder sind.

2.3 Schulorganisation und Schulentwicklung

Der RU ist als ordentliches Lehrfach ein integraler Teil des Schulsystems, der Schulorganisation und der Schulentwicklung. Das Gelingen eines inklusiven RU hängt damit nicht zuletzt von den Rahmenbedingungen ab, in die er eingebunden ist.

2.3.1 Schulsystem und Lernorganisation

Die rechtlichen Verpflichtungen der UN-Behindertenrechtskonvention fordern vom vielgliedrig segregierenden deutschen Schulsystem, die Vorfahrtsregeln bundesweit zu ändern. Statt der Sonderschulpflicht von Kindern mit Behinderung in einer der bis zu zehn Sonderschularten gilt nun für alle das *Schulrecht an der allgemeinen Schule*. Damit steht aktuell die Sonderbeschulung jedes einzelnen Schulkindes auf dem Prüfstand. Es besteht ein *Rechtfertigungsdruck*, warum nicht die allgemeine, sondern die Förderschule der beste Lernort für diese Kinder ist. Schulen, die den internationalen Standards der UN-BRK genügen wollen, müssen sich am Prinzip der LRE (Least Restrictiv Environment) ausrichten: Die am wenigsten restriktive und stigmatisierende Umwelt ist vorzuziehen! Damit besteht zugleich ein *Veränderungsdruck*, die allgemeine Schule zu einer inklusiven Schule umzugestalten, in der die gemeinsame Schule zum besten Förderort aller SuS wird. Zahlreiche Modellschulen haben in Deutschland diesen Weg beispielhaft beschritten (vgl. Links unter 6.4).

Die Umgestaltung des Schulsystems birgt Chancen und Gefahren. Eine Gefahr ist, dass die Schule für alle bzw. die inklusive Schule zum Sparmodell wird und Förderqualitäten verloren gehen. Eine weitere Gefahr ist, dass gemeinsamer Unterricht praktiziert wird, ohne dass die *erforderlichen Rahmenbedingungen* auf unterschiedlichen Ebenen gegeben sind, wie z. B.:

1. Auf der Makroebene des Schulsystems und der Schulorganisation: Schulgesetzliche Regelungen (Lernzieldifferenz), Personalplanung, Personalbildung, Gebäude- sowie Raumausstattung.
2. Auf der Meso-Ebene der Schule vor Ort: Qualifizierte Lehrkräfte und multi-professionelle Fachkräfte, angemessene Personalschlüssel, Teamarbeit, Team-teaching, »inklusive« Schulkultur, intensive Elternarbeit und außerschulische Netzwerke.

3. Auf der Mikro-Ebene des »Klassenzimmers«: Geeignete Arbeitsmaterialien, Hilfsmittel, Unterrichtsideen und eine vorbereitete Lernumgebung.

Nicht alle Voraussetzungen müssen gegeben sein, um mit dem gemeinsamen Unterricht zu beginnen (vgl. empirische Befunde Kapitel 1.3.2). Die Entwicklungsschritte sollten jedoch besonnen so bemessen sein, dass kein Kind und keine Lehrkraft auf der Strecke bleiben.

Seien Sie selbst die Veränderung, die Sie sich wünschen! Be the change you want to see!

2.3.2 Rolle der Schule

Wie jede Institution verfolgt auch die Schule spezifische Interessen. Gesellschaftlich übernimmt das Schulwesen die Funktion

- □ SuS nach Leistungsfähigkeit, Bildungsgang und Schulart einzuschätzen (Selektion)
- □ SuS am Ende der Schulzeit Berechtigungen für weitere Ausbildungsgänge bzw. vorläufige soziale Positionen zuzuweisen (Allokation)
- □ SuS ein gesellschaftlich erwünschtes Verhalten zu vermitteln (Sozialisation).

Förderschulen haben darüber hinaus noch die fragwürdig gewordene Funktion

- □ die allgemeinen Schulen von besonderen Förderaufgaben bzw. von SuS mit Förderbedarf zu entlasten (Entlastung).

Pädagogisch im strengem Sinn sind die schulischen Interessen ausschließlich am Wohl der SuS zu orientieren.

- □ Schule ermöglicht den SuS eine Persönlichkeitsentfaltung *(scholae)* und die Vorbereitung auf spätere Lebensanforderungen *(vitae)* in Privatleben, Beruf und Gesellschaft (Qualifikation).

Mit der inklusiven Perspektive des internationalen Rechts der UN-BRK wird zugleich ein *Paradigmenwechsel* in der Rolle der Schule angemahnt.

Auf die Behinderung bezogen:

- □ Statt die Lernbehinderung des Kindes als das Problem wahrzunehmen, muss die Lehrbehinderung der allgemeinen Schulen stärker in den Blick genommen werden.

Auf die Schule bezogen:

- □ Nicht die Allgemeinschulfähigkeit von Förderschülern, sondern die Förderschulfähigkeit (bzw. Inklusionsfähigkeit) der allgemeinen Schulen ist anzustreben.

Auf die Anpassungsleistung bezogen:

- □ Es ist nicht mehr das Kind, das sich an seine Schule anpassen muss und sich zu rechtfertigen hat, warum es sich für diese Schule eignet. Nun ist es die Schule, die sich den Bedürfnisse ihrer Kinder anzupassen hat und nachweisen muss, inwiefern sie in der Lage ist, jedes einzelne Kind angemessen zu bilden und zu fördern.

Eine zentrale Aufgabe von Schule im Blick auf Inklusion ist

- □ eine Passung herzustellen zwischen den Lernmöglichkeiten der einzelnen SuS und den Lernangeboten und Lernerwartungen der Schule. Es handelt sich dabei primär um eine Anpassung der Schule an die Lernvoraussetzungen der SuS und sekundär um eine Aktivierung der Mädchen und Jungen, an der Erweiterung ihrer Lernmöglichkeiten eigenständig arbeiten zu können.

2.3.3 Schulentwicklung

Es wird deutlich, dass der Leitgedanke der inklusiven Pädagogik von allen Schulen fordert, sich funktionell und strukturell zu verändern. Dies gilt für Förderschulen und für allgemeine Schulen in gleicher Weise. Dadurch kommt der Schulentwicklung auf allen Ebenen eine besondere Bedeutung zu. Neben der zentralen Makro-Ebene der Schulpolitik und -verwaltung gibt es auf der Meso-Ebene der lernenden Einzelschule folgende Entwicklungsfelder:

Personalentwicklung, Unterrichtsentwicklung, Projektmanagement, Teamentwicklung, Schulkultur, Organisationsentwicklung, Leitbild, Schulprogramm, Schulcurriculum und institutionelles Lernen. Auf dem Weg zu einer inklusiven Schule ist jedes Entwicklungsfeld von Bedeutung. Hier ein Beispiel für ein *inklusives Leitbild*, das sich die Waldhofschule in Templin (Brandenburg) gegeben hat:

»Wir brauchen alle,
wir bleiben zusammen,
niemand bleibt zurück,
niemand wird beschämt,

Und:

Auf den Anfang kommt es an.
Die größten Anstrengungen unserer Schule
gelten den kleinsten Menschen.«

(Siehe: http://www.waldhofschule-templin.de → Unsere Philosophie)

Siehe auch die Links zu Modellschulen unter 6.5 und die Dokumentationsfilme für LuL zum gemeinsamen Unterricht unter 6.4.

Index für Inklusion

Ein geeignetes Analyse- und Entwicklungsinstrument zur systematischen Verbesserung des Miteinanders der Verschiedenen an der Schule ist der »Index für Inklusion« (Booth/Ainscow 2003). Er wurde in der zweiten Hälfte der 90er Jahre entwickelt, nach einer zweijährigen Erprobungsphase im Jahr 2000 an alle englischen Schulen der Grund- und Sekundarstufe versandt, dann von Andreas Hinz und Ines Boban bearbeitet und ins Deutsche übertragen. Dieses Erhebungsinstrument richtet sein Hauptaugenmerk auf die Qualitätsentwicklung der Schule in drei Bereichen:

1. Die Schaffung einer inklusiven Schulkultur
2. Die Etablierung inklusiver Strukturen
3. Die Entwicklung inklusiver Praktiken.

Diesen Bereichen sind jeweils mehr als ein Dutzend Indikatoren zugeordnet, die jeweils mit einem eigenen Fragekatalog erfasst werden. Im Anhang des Index befinden sich Fragebögen mit Bewertungsskalen für LuL, SuS und Eltern.

3. Wie kann's gehen? – Inklusive Didaktik

Inklusion im Unterricht steht und fällt mit einer angemessenen Didaktik und Methodik. Diese kann keine Sonder-Didaktik, dies muss folgerichtig die Didaktik einer Allgemeinen Pädagogik sein. Denn es geht um die Bildung *aller* Kinder. Für eine allgemeine inklusive Didaktik grundlegend ist die über 370 Jahre alte pansophische Idee von *Johann Amos Comenius* (1592–1670) die er in seiner »Panpaedia« pädagogisch durchdekliniert hat. Sie gipfelt zusammenfassend in dem Satz:

> »Eine vollkommen ihrem Zweck entsprechende Schule nenne ich die, die in Wahrheit eine Menschen-Werkstatt ist (...), wo alle in allem allseitig *(omnes omnia omnino)* unterrichtet werden.«

Dieser dreigliedrige Grund-Satz findet sich in der »Großen Didaktik« (*Didacta magna*, 1638) von Comenius, jedoch erst in der Druckfassung von 1657 (Schaller 2004, 53). Dabei geht Comenius nicht vom Wissensbegriff, sondern vom Weisheitsbegriff aus. Weisheit *(sapientia)* ist – darauf weist die Wurzel *»sap«* hin – ein unmittelbares Schmecken und Riechen, ein unmittelbares Merken (vgl. Schaller 2004, 34; Goßmann/Scheilke 1992, 126ff).

Die in der Lehrerbildung seit den 80er Jahren bis heute prägende Didaktik liegt in der geisteswissenschaftlichen Traditionslinie von Johann Amos Comenius. Es ist die kritisch-konstruktive Didaktik von *Wolfgang Klafki*. Sie gründet in seiner kategorialen Bildungstheorie. Auch sie hat eine Relevanz für die Leitidee der Inklusion. Denn seine allgemeine Didaktik ist für jedes Kind an jeder Schule konzipiert. Sie ist in der Lage, verschiedene Methoden zu integrieren, und kritisiert den Versuch zu homogenisieren. Obgleich Klafki das Phänomen der Heterogenität und das Anliegen der Inklusion nicht eigens ins Auge fasst, ist seine didaktische Grundlegung den Herausforderungen einer Schule für alle gewachsen (vgl. Platte 2005, 167f).

Da die Realisierung von Inklusion auf eine passgenaue inklusive Didaktik angewiesen ist, könnte hier ein ergebnisreiches Wissenschaftsfeld vermutet werden. Dies ist jedoch nicht der Fall. Dennoch findet sich in der entwicklungslogischen Didaktik von *Georg Feuser* ein beachtenswerter Ansatz. Sein Verdienst ist die Weiterentwicklung von Klafkis Didaktik in Richtung Inklusion. Seine Didaktik in der philosophischen Tradition des Materialismus basiert auf einer Persönlichkeitstheorie und einer Entwicklungspsychologie. Mit ihr vollzieht er einen Perspektivenwechsel von der Stoff- und Inhaltsorientierung zur Person- und Entwicklungsorientierung auf der Grundlage einer nicht selektierenden und segregierenden Allgemeinen Pädagogik (vgl. Platte 2005, 185). Er beschreibt seine integrative bzw. inklusive Didaktik als

> »eine Allgemeine (kindzentrierte und basale) Pädagogik in der ALLE KINDER UND SCHÜLER in KOOPERATION miteinander AUF IHREM jeweiligen ENTWICKLUNGSNSVEAU nach Maßgabe ihrer momentanen Wahrnehmungs-, Denk-, und Handlungskompetenzen in Orientierung auf die ›nächste Zone ihrer Entwicklung‹ an und mit einem ›GEMEINSAMEN GEGENSTAND‹ spielen, lernen und arbeiten.« (Feuser 2005, 173f, Hervorhebungen im Original)

Oder kurz gefasst:

> ALLE KOOPERIEREN am GEMEINSAMEN GEGENSTAND.

Seine didaktische Schlüssel-Idee ist der gemeinsame Gegenstand, mit dem sich alle kooperativ beschäftigen. Dieser Gegenstand ist jedoch nicht gegenständlich zu verstehen. Er konstituiert sich in der doppelten Erschließung der Objekt- und Subjektseite sowie den Begriffen des Fundamentalen und Elementaren (vgl. Klafki). Diesen komplexen Zusammenhang verdeutlicht Feuser am Bild eines Baumes (siehe S. 31).

Die Kooperation am »Gemeinsamen Gegenstand« kann in ihrer didaktischen Struktur mit einem Baum verglichen werden. Sein Stamm steht für die äußere thematische Struktur eines Themas, an dem alle SuS gemeinsam arbeiten. Die Wurzeln entsprechen dem jeweils möglichen Erkenntnisstand der Wissenschaft und der Welt. Die Äste und die Zweige stellen die Vielfalt der Handlungsmöglichkeiten in der Beschäftigung mit dem »Gemeinsamen Gegenstand« dar. Die Astansätze entsprechen den sinnlich konkreten Handlungsmöglichkeiten. Sie erstrecken sich bis zu den Astspitzen, in denen sich die abstrakt-logischen und symbolischen Zugänge von Sprache, Schrift oder Formeln widerspiegeln. In dieser ausdifferenzierten Form wird der Gemeinsame Gegenstand für alle Mädchen und Jungen auf allen Entwicklungsniveaus subjektiv erfahrbar und erfassbar (vgl. Feuser 2005, 178ff bzw. 2002, 287).

Die didaktische Analyse erfolgt in den drei Schritten:

- □ Sachstrukturanalyse,
- □ Tätigkeitsstrukturanalyse
- □ Handlungsstrukturanalyse (Platte 2005, 188f).

Dabei werden drei didaktische Prinzipien befolgt:

- □ *Individualisierung*
- □ *Innere Differenzierung*
- □ *Kooperation*

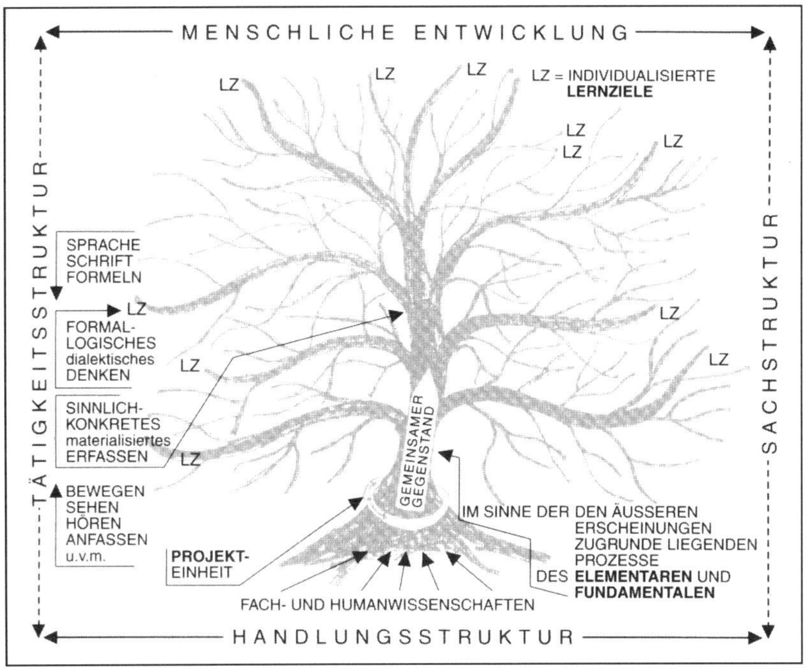

Abb.: Die didaktische Struktur einer Allgemeinen integrativen Didaktik (Feuser 2005, 179)

Die folgenden Ausführungen entfalten diese für die inklusive Pädagogik zentralen Prinzipien und ergänzen sie durch drei religionspädagogische Prinzipien, die für das inklusive Lernen von besonderer Bedeutung sind:

- □ Elementarisierung
- □ Handlungsorientierung
- □ Ganzheitlichkeit

3.1 Individualisierung

Individualisierung sowie die individuelle Diagnostik und Förderung bilden das unterscheidende Wissenschaftsprofil der Sonderpädagogik und das Qualifikationsprofil von Sonderpädagoginnen und Sonderpädagogen. Das in den Förderschulen längst etablierte Prinzip der Individualisierung muss nun auch Eingang in den gemeinsamen Unterricht und in die Praxis der allgemeinen Schule finden. Denn es gilt: Alle sind verschieden. Darum müssen im Kontext einer allgemeinen inklusiven Pädagogik auch alle individuell verschieden wahrgenommen und gefördert werden.

> Prinzip der Individualisierung: Für jede Schülerin und jeden Schüler das Richtige!

3.1.1 Individuelle Förderdiagnostik

In der inklusiven Schulpädagogik hat jedes Kind das Recht, individuell wahrgenommen und in seinem Lernen differenziert unterstützt zu werden. Eine individuelle Diagnostik ist nicht mehr länger ein Privileg von SuS mit einem besonderen Förderbedarf. Und umgekehrt ist keine »Diagnose« zu haben nicht mehr länger ein Vorzug von SuS ohne Behinderung. Diese Ausweitung zu einer unterrichtsbezogenen Diagnostik führt nicht zu einer Qualitätsminderung für SuS mit besonderem Förderbedarf, sondern zu einer Verbesserung der individuellen Förderung für alle. Die sog. *Förderdiagnostik* ist die diagnostische Schule der Inklusionspädagogik. Die Kennzeichen der Förderdiagnose als Teildisziplin der Psychologie sind:

- □ entwicklungsorientiert statt defizitorientiert
- □ nicht nur kind-, sondern auch institutionsbezogen (vgl. Kapitel 2.2.1)
- □ Informationserhebung für die Förderung, statt Selektionsdiagnostik für die Zuweisung
- □ kontinuierliche Längsschnittdiagnostik statt Testdiagnostik im Querschnitt
- □ multidisziplinär statt mono-professional (siehe Interdisziplinarität Kapitel 2.2.2)
- □ transparent für alle, nicht nur für die Leistungsträger von Fördermaßnahmen

	Förderdiagnostik	Testdiagnostik
Methoden	Sensible, qualitative Erhebungsinstrumente, die auch geringfügige Veränderungen erheben können, flexibel eingesetzt werden und die pädagogische Arbeit begleiten (Längsschnitt)	Standardisierte Testverfahren mit festgelegten Durchführungs- bzw. Auswertungsanweisungen, die für den gelegentlichen Einsatz konzipiert sind (Querschnitt)
Aufgaben	Informationen zusammentragen, die für die pädagogische Arbeit wichtig sind.	Kinder, Jugendliche und Erwachsene und Institutionen vergleichbar machen.
Mindest-standards	Die diagnostische Arbeit muss auf regelmäßiger Dokumentation basieren. Sie sollte vor allem darauf ausgerichtet sein, pädagogische Handlungsmöglichkeiten zu erschließen. Die Klienten müssen in unterschiedlichen Situationen beobachtet werden. Ein regelmäßiger (dokumentierter) Austausch mit anderen Beobachtern ist unverzichtbar.	Die Instrumente müssen geeicht sein (Eichstichproben mit zumindest mehr als 500 Teilnehmern). Die Eichung darf nicht zu alt sein (5 bis maximal 10 Jahre). Es müssen nicht nur Prozentränge, sondern zumindest auch T-Werte zur Verfügung gestellt werden. Das Instrument muss so genau messen, dass diagnostische Aussagen überhaupt möglich sind (kleiner Standardmessfehler).

Abb.: Aufgaben und Standards von Förder- und Testdiagnostik (Tabelle in Eberwein / Mand 2008, 96)

Förderdiagnostik bedarf im Unterschied zur Testdiagnostik einer regelmäßigen Erhebung von Daten. Denn Informationen über die Lernentwicklung sind nicht nur einmal erforderlich, sondern werden ständig benötigt, um passgenaue Lernangebote zu gestalten (vgl. Eberwein / Mand 2008, 93ff).

> Das Maß unserer Arbeit ist nicht das stärkste und nicht das schwächste Kind – das Maß ist jedes einzelne Kind.

Die *Förderschwerpunkte* nach den Kategorien der Kultusministerkonferenz (1994, 6f) sind:

- Emotionale und soziale Entwicklung (E)
- Lernen (L)
- Sprache (Spr)
- Sehen: blind und sehbehindert (Seh)
- Hören: gehörlos und schwerhörig (H)
- Kranke (Kr)
- Geistige Entwicklung (G)
- Körperliche und motorische Entwicklung (Kö)
- Autistisches Verhalten (A)

Aus diesen Förderschwerpunkten leitet sich der Name »Förderschulen« ab. Dieser Begriff wird jedoch nicht bundesweit einheitlich verwendet. So wird z. B. in Baden-Württemberg von Sonderschulen gesprochen, während Förderschulen ausschließlich die Schulen mit dem Förderschwerpunkt Lernen bezeichnen.

3.1.2 Instrumente der Förderdiagnostik

Die prozessorientierte Förderdiagnostik findet überwiegend im Unterricht statt. Das zentrale Erhebungsinstrument ist die Dokumentation. Lerntagebücher, Wochenpläne, Schülerportfolio, Kreativprodukte, Bild-, Text und Tondateien sowie Beobachtungs- und Gedächtnisprotokolle geben regelmäßig Auskunft über den Entwicklungsstand jeder einzelnen Schülerin und jedes einzelnen Schülers (siehe Dokumentationsformen unter 5.7). Freiarbeits- und Kooperationsphasen bieten Lehrkräften viele Gelegenheiten, zu beobachten, sich Notizen zu machen sowie Dokumentationen zu sichten und auszuwerten.

3.1.3 Individuelles Lernen und Fördern

Kinder und Jugendliche mit einem diagnostizierten Förderbedarf an der allgemeinen Schule haben einen Anspruch auf Förderstunden durch eine sonderpädagogische Fachkraft. Diese wird i.d.R. von einer Förderschule abgeordnet und leistet die Förderstunden im Rahmen des sog. mobilen sonderpädagogischen Dienstes (MSD). Die Höhe der Förderstundenzahl ist pro Schüler i.d.R. so hoch, wie sie theoretisch pro Schüler an einer Förderschule sein würde. Näheres regeln die Schulgesetze und Schulverordnungen der Bundesländer.

Die sonderpädagogischen Fachkräfte des MSD beteiligen sich – im Unterschied zu den Assistenten/innen bzw. Schulbegleiter/innen – an der Erteilung des Unterrichts. Dadurch kann ggf. das Unterrichten nach dem Zwei-Pädagogen-Prinzip (Team-Teaching) praktiziert werden.

Die Förderdiagnostik zielt im Kontext des jeweiligen Bildungsplans auf ein an den einzelnen SuS orientiertes Lernen. Individuelle Lern- und Entwicklungspläne (ILEP) gehören zum klassischen Unterrichtsinstrument an Förderschulen und inklusiven Schulen. Sie können schriftlich oder auch kognitiv festgehalten werden. Form und Grad der Ausarbeitung orientieren sich am individuellen Lernbedarf.

Wichtige Grundsätze bei der individuellen Lernplanung sind:

- Einbeziehung aller Fachkräfte, der Eltern und der Schülerin bzw. des Schülers
- Festlegung auf eine überschaubare, reduzierte Anzahl von kurz- und langfristigen Zielen
- Regelmäßige Überprüfung und Fortschreibung der individuellen Lernpläne
- Verbindlichkeit für alle durch gegenseitiges Einverständnis (Stein/Orthmann-Bless 2009, 132f)

Die individuellen Lernpläne bestimmen nicht in erster Linie den gemeinsamen Lerngegenstand. Dieser erschließt sich primär über die Bildungsplan- und Schülerorientierung (siehe Kapitel 2.2.1). Die individuellen Lernpläne geben jedoch Aufschluss, wie die jeweilige Gestaltung der inneren Differenzierung und die Kooperationsformen am gemeinsamen Gegenstand gestaltet werden müssen. Auf Feusers Baummodell bezogen bedeutet dies: Sie bestimmen maßgeblich die Gestalt der Äste, Zweige und Blätter am Baum des Lernens.

Die konkrete Lernförderung in einer Pädagogik der Vielfalt findet auf vielfältige Weise statt. Die wichtigsten Grundformen sind die Lernunterstützung in der

- unterrichts-begleitenden intensivierten Lernzeit
- unterrichts-ersetzenden spezifischen Lernzeit
- unterrichts-ergänzenden zusätzlichen Lernzeit

Alle drei Grundformen haben auf dem Hintergrund des individuellen Förderbedarfs ihre jeweils eigene Berechtigung. Das Prioritätsprinzip ist jedoch: Vorrang der begleitenden vor der ergänzenden Förderung. Das heißt: Vorrang haben i.d.R. die auf den gemeinsamen Unterricht bezogenen Förderkonzepte. Als Grundlagenwerk der schulischen Lernunterstützung empfehlen sich Handbücher der schulischen Sonderpädagogik (Opp / Theunissen 2009 oder Arnold et al. 2008). In ihnen werden auch Formen der Behinderung, ihre Ursachen und Konzepte der Förderung beschrieben. Die Beschreibung unterschiedlicher Behinderungsarten kann hier nicht geleistet werden. Zu den zentralen Förderschwerpunkten werden unter 6.4. die Links zu den wichtigsten Fachportalen angegeben. Die prozentuale Verteilung der zehn Förderschwerpunkte auf die Schülerschaft an Förderschulen in Deutschland ist folgendermaßen:

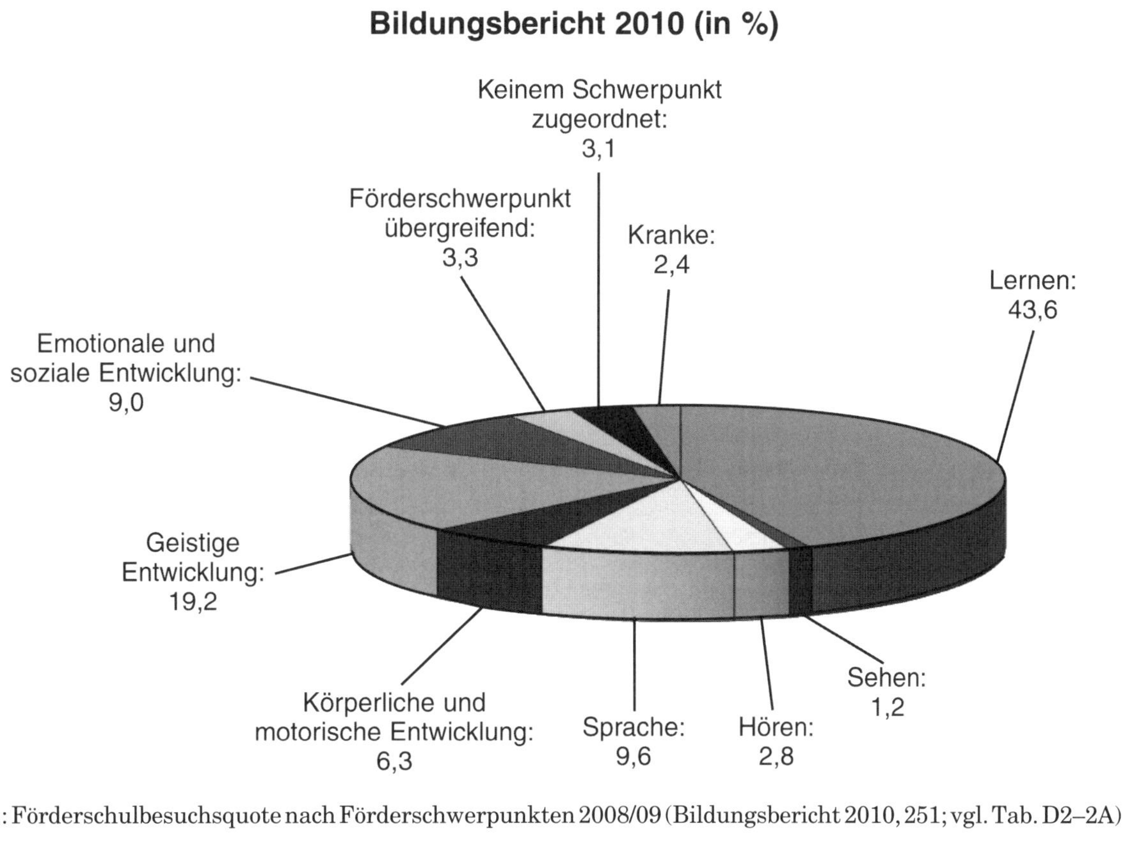

Abb.: Förderschulbesuchsquote nach Förderschwerpunkten 2008/09 (Bildungsbericht 2010, 251; vgl. Tab. D2–2A)

3.2 Innere Differenzierung

Damit Individualisierung gelingt und alle SuS das ihnen Gemäße erhalten, bedarf es der inneren Differenzierung bzw. der Binnendifferenzierung. Im Unterschied zur äußeren Differenzierung, die SuS in unterschiedlichen Schulen und sog. homogenen Klassen räumlich separiert, wird bei der inneren Differenzierung die Differenzierung innerhalb der bestehenden Lerngruppe so vollzogen, dass gemeinsames Lernen trotz aller Unterschiede ermöglicht wird. Dies klingt nach einer Überforderung. Darum sollte zuerst einmal darauf geachtet werden, dass sich der Grad der Individualisierung und der Binnendifferenzierung an der Machbarkeit orientiert. Pragmatisch muss entschieden werden, ob die Differenzierung stärker individualisierend oder gruppenadaptierend verwirklicht werden soll.

3.2.1 Vielfalt-Konzept »Büfett statt Eintopf«

Das Prinzip der inneren Differenzierung im Unterricht kann mit einem kulinarischen Bild verdeutlicht werden: Im Unterricht wird kein Eintopf serviert, den alle SuS in gleichen Portionen verspeisen, sondern ein leckeres Büfett zubereitet, von dem die Mädchen und Jungen sich nach ihrem Geschmack, ihrem Hunger, ihrem Diätbedarf, ihren Gelüsten und ihrem Gesundeitsbedürfnis individuell die Mahlzeit zusammenstellen können, die sie mögen und brauchen. Diese kunstvoll arrangierten kalten und warmen Büfettspeisen sind nicht nur ein Catering-Service der LuL, sondern auch der SuS selbst. Die SuS helfen bei der Zubereitung und Dekoration des »Lernbüfetts«. Sie unterstützen sich gegenseitig beim Bedienen, beim Auswählen und beim gemeinsamen Verzehr der Leckereien (vgl. Lehrerentlastung und Kooperatives Lernen Kapitel 3.3).

Die Grundidee ist *nicht* das Lernen im Gleichschritt, gestärkt durch das Essen des Einheitsbreies: Alle *g*leichaltrigen Kinder haben beim *g*leichen Lehrer mit dem *g*leichen Lehrmittel im *g*leichen Tempo das *g*leiche Ziel zur *g*leichen Zeit *g*leich gut zu erreichen.

Die *Grundidee* ist die Bildung in Vielfalt an einem differenzierten Lernbüfett: Auf *v*ielfältigen Wegen mit *v*ielfältigen Menschen an *v*ielfältigen Orten zu *v*ielfältigen Zeiten mit *v*ielfältigen Materialien in *v*ielfältigen Schritten hin *v*ielfältigen Zielen am gemeinsamen Gegenstand kooperierend.

Kurz gesagt: Es wird ein Weg beschritten *vom G7- zum V7-Lernen*. Die innere Differenzierung wird auf verschiedenen Ebenen praktiziert. Die Differenzierungsebenen werden in der Literatur unterschiedlich benannt.

Ebenen der Differenzierung	**Formen möglicher Differenzierungen**
Lernziele bzw. angestrebte Kompetenzen	□ zielgleich, zieldifferent □ Nah-, Mittel-, Fernziel □ Minimal-, Mittel-, Höchstziel □ Sach-, Personal-, Sozial-, Methodenkompetenz
Grundbedürfnisse nach (Lernausgangslage)	□ Physiologische Befriedigung, Sicherheit, Zugehörigkeit- und Liebe, Geltung, Selbstverwirklichung (Bedürfnispyramide nach A. Maslow)
Motivation	□ extrinsisch (z. B. Noten), intrinsisch (z. B. Neugier) □ Sachinteresse, Eigeninteresse, Beziehungsinteresse, Zwang
Stoffumfang und Zeit	□ vorgegeben, selbstbestimmt, mitbestimmt, vereinbart □ Tagesplan, Wochenplan, Freiarbeit, Stationenlernen, Projektunterricht, Wahlunterricht (s. u. Methodenkompendium)
Lernformen	□ Basal-perzeptiv, konkret-handelnd, anschaulich-modellhaft, abstrakt-begrifflich
Methoden	□ input-, prozess-, output-orientiert □ darstellend, erklärend, experimentell, entdeckend, spielerisch □ zum Kennenlernen, sich wahrnehmen, interagieren, kommunizieren, sich bewegen, gestalten, Inhalte lernen, Ergebnisse sichern, Rückmeldung geben (s. u. Methodensammlung)
Medien	□ visuell, akustisch, haptisch (greifen), olfaktorisch (riechen), (schmecken)
Sozial- und Beteiligungsformen	□ Einzel-, Partner-, Gruppen-, Plenararbeit □ Schülervortrag, Lehrervortrag, Expertenvortrag, Team-Vortrag, Unterrichtsgespräch □ still, rezipierend, agierend, forschend, interagierend
Gruppenbildung	□ heterogen und homogen nach verschiedenen Differenzmerkmalen

Abb. Formen der inneren Differenzierung

Heterogene und *homogene Gruppenbildung*

Binnendifferenziertes inklusives Lernen schließt die zeitlich begrenzte Bildung von sog. homogenen Gruppen nicht aus, sondern ein. Wichtig ist, in heterogenen Gruppen den Reichtum der Vielfalt zu nutzen *sowie* phasenweise den Reichtum von Gemeinsamkeiten zu teilen. Sondergruppen haben zeitweise ihre Berechtigung. Die Aufteilung nach Jungen und Mädchen bietet die Chance der geschlechterspezifischen Förderung. Die Unterteilung ermöglichen Unterschiedliches:

- □ nach Ethnie oder Bekenntnis: Eine Besinnung auf die eigenen Wurzeln
- □ nach Interessen: Die Steigerung der Lernmotivation
- □ nach Begabung oder Beeinträchtigung: Die solidarische Bestärkung der gemeinsamen Herausforderungen.

3.2.2 Vorbereitete Lernumgebung und Freiarbeit

Als Vorzeige-Konzept des individualisierten und binnendifferenzierten Unterrichts gilt die Freiarbeit. Sie wird mit einer vorbereiteten Lernumgebung gestaltet, in der die Mädchen und Jungen nach vorgegebenen, selbst bestimmten oder vereinbarten Aufgabestellungen tätig werden. Sie haben dabei unterschiedliche Freiheiten: organisatorisch – zeitlich (wann), räumlich (wo), kooperativ (mit wem), methodisch (wie), inhaltlich (was) –, sozial (Regeln in der Klasse), persönlich (welche Werte) und bei der Bewertung.

Ausgearbeitete Konzepte der Freiarbeit finden sich in der Pädagogik nach Célestin Freinet, Maria Montessori und Peter Peterson. Insgesamt lässt sich festhalten, dass die Konzepte und Methoden der Reformpädagogik im deutschsprachigen Raum die reichhaltigsten Ansatzpunkte für eine inklusive Pädagogik bieten.

3.3 Kooperation

Individualisierung und innere Differenzierung dürfen nicht in die Vereinzelung führen. Das würde der Idee des gemeinsamen Unterrichts widersprechen. Das Ende wäre eine exzessive Individualisierung mit eins zu eins betreuten SuS und überforderten LuL. Vielmehr sollten die Formen der inneren Differenzierung Voraussetzungen dafür schaffen, dass ein dialektisches Verhältnis von Gleichheit und Differenz, von Individualisierung und Kooperation, von einsamer und gemeinsamer Tätigkeit ermöglicht wird. Individualisierung und Kooperation sind in einen sich ergänzenden komplementären Zusammenhang zu bringen.

> »Individualität ist das, was dich von der Welt absondert. Liebe ist das, was dich mit ihr verbindet. Je stärker die Individualität, desto stärker erfordert sie Liebe.«
> (Walther Rathenau)

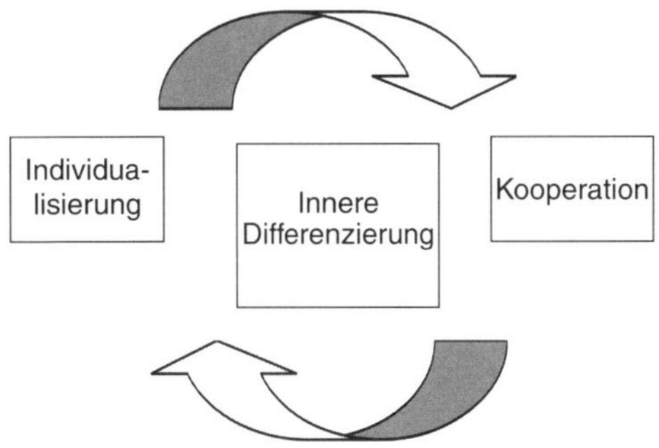

Abb.: Zusammenhang von Individualisierung, innerer Differenzierung und Kooperation

> »Individualität und Gemeinschaft sind keine Gegensätze, sondern bedingen sich gegenseitig.« (Josef Sudbrack)

Kooperatives Lernen bedeutet, dass sich SuS gegenseitig unterstützen und gemeinsam zu Ergebnissen kommen. Bei den Mädchen und Jungen wird dadurch ein *hohes Aktivierungspotenzial* erreicht. Gleichzeitig werden Lehrkräfte entlastet, die im traditionellen Unterricht zu Zweidrittel der Zeit die alleinigen Akteure im Klassenzimmer sind. Mit kooperativen und individualisierten Unterrichtsformen wird also *weniger gelehrt und mehr gelernt*. Sie sind alltagstauglich und schaffen Lehrerentlastung. Kooperation ermöglicht eine zurückhaltende Lehrperson, die Zeit für die Beobachtung und Begleitung hat (vgl. Kapitel 3.1). Mit der gegenseitigen Unterstützung der SuS bekommt die einseitige lehrerzentrierte Förderung ein zweites Standbein.

Das kooperative Lernen schult im Miteinander der Verschiedenen wichtige *soziale Kompetenzen*. Es ist eine zentrale Stütze der Schülerinklusion. Zum einen fördert es die Verantwortung der Gruppe, gemeinsam die Gruppenziele zu erreichen, und zum anderen unterstützt es die individuelle Verantwortung jedes Gruppenmitglieds, seinen Anteil an der gemeinsamen Arbeit zu leisten. Dies fördert den Beziehungsaufbau unter den SuS und trägt zur Entstehung von Freundschaften bei. Beide Ebenen der Verantwortlichkeit müssen im kooperativen Unterricht integriert werden.

Bei der Schülerkooperation wird niemand an den Rand des Lerngeschehens gedrängt. Jede einzelne Person wird auf ihre Weise gebraucht. Dafür sorgen die kooperativen Aufgabestellungen und die unterschiedlichen Rollenübernahmen der SuS. Die SuS müssen nicht nur an den inhaltlichen Aufgaben arbeiten, sondern auch zur Gruppensteuerung beitragen. Nach dem Konzept der »positiven Abhängigkeit« sind sie auf die Zuarbeit der anderen Gruppenmitglieder angewiesen. Das von SuS mit Behinderung besonders stark empfundene Angewiesensein auf andere wird für alle zum Lernprinzip erklärt. Je nach persönlichen Möglichkeiten sind sie Regel-, Zeit- oder Fahrplanwächter, Gesprächsleiter, Lernberater oder Kontrolleure. Im inklusiven RU kann nach Bedarf auch die Rolle des Unterstützers oder der Assistentin dazukommen. Dabei zielt der inklusionsfördernde Unterricht immer auch auf eine konsequente Erweiterung der *Lern- und Methodenkompetenz*. Dies geschieht u. a. in Teamtrainings, in denen Kooperationsregeln geklärt und Handlungsroutinen erworben werden.

Eine wichtige Voraussetzung für das kooperative Lernen ist, dass die Gruppenbildung nicht nach Sympathie und Neigung erfolgt. Die Vorteile der *Zufallsgruppe* liegen auf der Hand. Abgezählt oder ausgelost ist schnell. Zudem wird das Zufallsprinzip von den SuS als »gerecht« empfunden und von ihnen i.d.R. akzeptiert. Es ermöglicht auch, dass die Mädchen und Jungen lernen, mit unterschiedlichen Partnern regelgebunden zusammenzuarbeiten und dabei auch Vorurteile abzubauen. Etwaige Ausgrenzungstendenzen in der Klasse werden minimiert. Auch dies entlastet die Lehrkräfte.

	Prämissen	
Regelwächter Zeitwächter Fahrplanwächter	Teamtraining Zufallsgruppen Regelklärung Feedbackphasen Defensive Lehrer	Gesprächsleiter Lernberater Kontrolleure

Abb.: Die Schüler als Helfer und Miterzieher (Heinz Klippert 2009, 21)

Je nachdem, wie die Heterogenität in der Klasse gestaltet ist, muss die Mischung bei der Gruppenbildung mehr oder weniger stark gesteuert werden. In Kooperationsklassen kann es z. B. sinnvoll sein, dass so gelost wird, dass in jede Kleingruppe proportional gleich viele Mitglieder aus der einen und aus der anderen Klasse kommen. Bei einem großen Begabungsspektrum sollte die Zusammensetzung so gewählt werden, dass die unterschiedlichen Rollen eingenommen und die unterschiedlichen Aufgaben gemeinsam bewältigt werden können. Dabei gilt das Prinzip: *Von unten nach oben*. Die Aufgabenstellung und Gruppenbildung muss *vom schwächsten Glied aus* geplant werden.

Das kooperative Lernen weist eine große Methodenvielfalt auf. Eine Auswahl der Zugänge, die sich für den inklusiven RU besonders eignen, findet sich im Methodenteil unter Gruppenpuzzle, Gruppenanalyse und Doppelkreis oder in Klippert (2010). Im Folgenden werden die wichtigsten Formen des kooperativen Lernens kurz beschrieben.

Kooperative Lernformen

Es gibt Personen, die aufgrund ihrer besonderen Bedürfnislage in bestimmten Situationen auf Unterstützung angewiesen sind. Die Unterstützung kann durch gegenseitige Hilfe, personelle Assistenz oder spezielle Hilfsmittel erfolgen. Das entscheidende pädagogische Prinzip ist die Hilfe zur Selbsthilfe: »Hilf mir, es selbst zu tun« (Maria Montessori).

Die Unterstützung von SuS untereinander ist neben der professionellen Assistenz und Förderung von herausragender Bedeutung. Hier ist zu prüfen, wie Win-Win-Situationen hergestellt und wie durch eine gegenseitige Schülerunterstützung »Eins-zu-eins-Assistenzen« vermieden bzw. geöffnet werden können. Unterschiedliche Formen der Schülerunterstützung dienen nicht nur der Lernaktivierung der Mädchen und Jungen, sondern auch der Lehrerentlastung (siehe kooperatives Lernen Kapitel 3.3).

Buddy-Konzept

Beim *»buddy«-Konzept* arbeiten immer jeweils zwei SuS im Zweierteam zusammen, die sich in ihrer Bedürfnislage ergänzen. Sie werden füreinander zu Kompagnos, d. h. Weggefährten. Der eine versucht die Bedürfnisse des anderen wahrzunehmen und ihm einen Zugang zum Lernen in der Gruppe zu eröffnen und umgekehrt. Die Zusammensetzung kann wöchentlich oder je nach Befindlichkeiten in größeren Abständen wechseln.

Patenschaften

Bei dieser Form der Mitschüler-Unterstützung übernehmen einzelne SuS, die aufgrund ihrer Lern- oder Persönlichkeitsentwicklung dazu willens und fähig sind, für andere eine begleitende Patenschaft. Auf diese Weise werden sie für den anderen zum Lernmodell. Die freiwillige einseitige Patenschaft wird gemeinsam vereinbart und zeitlich sinnvoll begrenzt. Sie kann unterschiedliche Schwerpunkte wie z. B. Lernunterstützung, Assistenz oder Lernen durch Lehren haben.

Mitschüler-assistiertes Lernen (Peer Tutoring)

Das Mitschüler-Tutoring kann klassenweit praktiziert werden. Dabei leiten sich jeweils zwei SuS gegenseitig beim Lernen an. Ein Schüler führt in die Aufgabenstellung und das Unterrichtsmaterial ein, begleitet die Erarbeitung und überprüft die Ergebnisse. Nach der Hälfte der Arbeitsphase werden die Rollen getauscht. Die Paare bleiben für einen etwas längeren Zeitraum zusammen, dann wird innerhalb der Klasse gewechselt. Diese Form der Zusammenarbeit eignet sich besonders gut für Freiarbeitsphasen oder Stationenlernen.

Kooperatives Netzwerk

Im kooperativen Netzwerk werden heterogene Kleingruppen von drei bis fünf Personen gebildet, die über mehrere Monate stabil bleiben. Sie unterstützen sich gegenseitig im gesamten Unterricht. Sie kooperieren in den Phasen der Partner- und Gruppenarbeit und helfen einander bei Schwierigkeiten in der Einzelarbeit.

Lernen durch Lehren

Lernen durch Lehren geht davon aus, dass die Lehrvorbereitung und -durchführung intensive und nachhaltige Lernerfolge ermöglicht. Wer andere etwas lehren kann, kann und kennt das Gelernte wirklich. Nach einer kurzen Vorbereitungsphase werden die einzelnen Kleingruppen (maximal drei Lerner) gebeten, die von ihnen didaktisierten Inhalte an die Gesamtgruppe mit entsprechenden lern-aktivierenden Verfahren zu vermitteln. Dies schließt sowohl die Einführung des neuen Themas als auch die Einübung und die Lernerfolgskontrolle (Evaluation) ein. Dieses Verfahren fördert besonders die Ausbildung von Empathie und von Gruppensensibilität (siehe Gruppenpuzzle, Lernspirale, Kapitel 5.6).

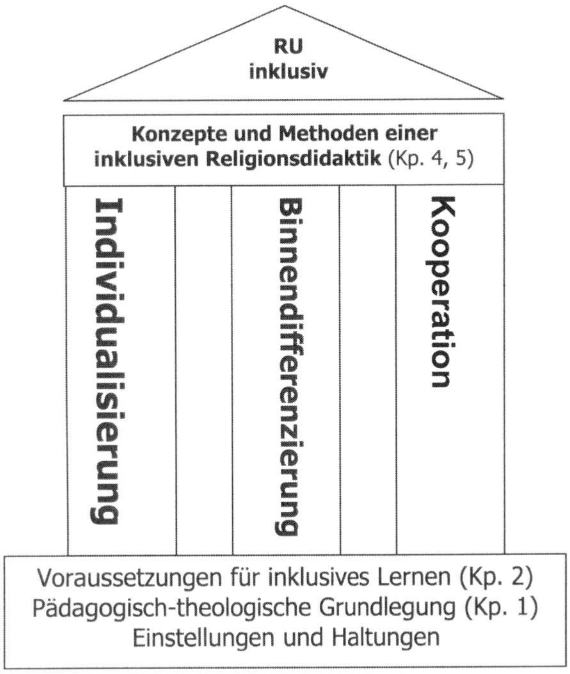

Abb. Bausteine eines inklusiven RU

3.4 Elementarisierung

Auf die grundlegenden didaktischen Grundprinzipien »Individualisierung, innere Differenzierung, Kooperation« der inklusiven Pädagogik folgen nun noch drei zentrale fachdidaktische Prinzipien der Religionspädagogik. Die Elementarisierung ist für den zentralen Prozess der inneren Differenzierung von entscheidender Bedeutung.

Beim religionspädagogischen Konzept der Elementarisierung folgen wir dem Ansatz der Tübinger Schule (Nipkow 2002, Schweitzer 2003), da er im Unterschied zum Erlanger oder Kölner Ansatz didaktisch ausgerichtet ist. Das Elementarisierungskonzept knüpft an die kritisch-konstruktive Didaktik von Klafki an, der dem »Problem des Elementaren« nachgegangen ist, und basiert auf dem bildungstheoretischen Grundsatz der »wechselseitigen Erschließung« von Person und Sache.

Elementarisierung kann in Kurzformel definiert werden als »das Bemühen, Grundlegendes didaktisch zur Geltung zu bringen« (Schnitzler 2007, 42).

Das »Grundlegende« hat im lateinischen *elementum* zwei Bedeutungen: Grundstoff und Anfangsgründe. Dies macht deutlich, dass es bei der Elementarisierung nie nur um eine sachbezogene Vereinfachung und Konzentration gehen kann. Sie zielt nicht nur auf das Grundlegende der zu vermittelnden *Sache* (Grundstoff), sondern auch auf das grundlegend Bedeutsame für die lernende *Person* (Anfangsgründe). Zentral ist also zum einen, dass Elementarisierung keine Reduktion darstellt. Sie beschneidet nicht das Ganze, um es zu verkleinern und es zu vereinfachen. Vielmehr bringt sie das Ganze in ein Konzentrat, das einem Brühwürfel vergleichbar alles Wesentliche enthält und sobald es aufgelöst wird – als »Suppe« – wohltuend genießbar ist. Zum anderen beschränkt sich Elementarisierung nach dem Tübinger Modell weder auf den Lernstoff (Sache), noch auf die Person. Sie ist ein mehrdimensionales Konzept, das fünf zentrale Perspektiven berücksichtigt, die in der Unterrichtspraxis ineinander verwoben sind:

3.4.1 Elementare Strukturen

Hier geht es um die Strukturen des Inhalts, d. h. um die elementaren Gegenstandsstrukturen theologischer Texte und Inhalte. Der »Sache Kern« (Schweitzer) wird durch wissenschaftlich anerkannte Methoden der Exegese oder systematischen Theologie ermittelt – und da diese im theologischen Feld niemals eindeutig sind – von der Lehrkraft sinnvoll verantwortet. Am Beispiel der Theodizee geht es um die elementare Sachstruktur des Trilemmas: Wenn Gott Allmacht und Liebe verkörpert, kann er das Böse nicht zulassen.

3.4.2 Elementare Erfahrungen

Während die Strukturen von der Sache ausgehen, gehen die elementaren Erfahrungen von der Person aus. Im Sinne eines erfahrungsorientierten Unterrichts wird nach den grundlegenden Erfahrungen der SuS gefragt: Was sind subjektiv authentische Erfahrungen der SuS? Es wird nach dem lebens- und erfahrungsbedeutsamen Sitz im Leben der Mädchen und Jungen gefragt oder auch nach dem »Sitz« einer Sache in ihrem Leben. Um die elementare Relevanz des gemeinsamen Gegenstands für den Einzelnen zu erschließen, eignen sich biographische, ästhetisch kreative und spielerische Zugänge (siehe Kapitel 5.5). Am Beispiel der Theodizee könnte die elementare Erfahrung eines Kindes sein: »Meine Mutter wurde von einem Betrunkenen überfahren. Wie konnte Gott das zulassen?«

3.4.3 Elementare Zugänge

Die dritte Perspektive richtet das Augenmerk auf die Weltzugänge von Kindern und Jugendlichen und vertieft somit die zweite Perspektive. Sie fragt: Was sind die individuellen Wahrnehmungs-, Denk- und Handlungsformen der Mädchen und Jungen in ihrem jeweiligen Alter? Um die grundlegenden Zugänge zu bestimmen, wird auf sozial- und entwicklungspsychologische Erkenntnisse zurückgegriffen, auch im Feld der Glaubensentwicklung (vgl. Fowler 1991). Beim Theodizeebeispiel könnte die Lösung des betroffenen Kindes sein, dass der betrunkene Fahrer wie eine Marionette vom Teufel gesteuert wurde. Sie entspricht dem elementaren (kognitiven) Zugang der dualistischen Denkstruktur des Kindes. Unter »elementare Zugänge« können auch die vier grundlegenden Zugangs- und Aneignungsformen verstanden werden, mit denen sich Kinder- und Jugendliche ihre Welt erschließen (siehe Kapitel 3.6).

3.4.4 Elementare Wahrheiten

Die vierte Perspektive fragt nach dem gewissmachenden Wahren. Hier zeigt sich, dass der dualistische Lösungsweg des Kindes nicht der elementaren Wahrheit des Alten und Neuen Testaments entspricht. Dort findet sich kein Teufel als göttliche Gegenmacht und auch im Hiobbuch ist der Satan nur eine fiktive literarische Gestalt in Gottes Hofstaat. Auf der anderen Seite ist diese dualistische Vorstellung eine »wahre« Überzeugung dieses Kindes. Beide Wahrheiten gilt es, miteinander ins Gespräch zu bringen.

3.4.5 Elementare Lernformen

Die fünfte – von Friedrich Schweitzer ergänzte Perspektive – fragt nach den elementaren Lernformen: Wie müssen die grundlegenden Formen und Wege der Aneignung aussehen, damit sich alle Mädchen und Jungen mit Hilfe elementarreligiöser Inhalte auf dem Hintergrund ihrer elementaren Erfahrungen und Zugänge elementare Wahrheiten erschließen können? Im Feld der religiösen Bildung könnten dies z.B. religionspädagogische Unterrichtskonzepte sein (vgl.

Kapitel 4). Welche Methoden und Konzepte in der jeweiligen Unterrichtssituation wirklich »elementar« sind, muss im konkreten Fall die Zusammenschau der vier Perspektiven der Elementarisierung erweisen. Da könnte es z.B. sein, dass im Theodizeebeispiel die Methode des Standbildes oder ein bibliodramatischer Zugang für die Elementarisierung hilfreich werden könnte.

Elementarisierungsmodell

Aufgabe: biblische Wahrheiten in ihrer Bedeutung für den Glauben heute ermitteln
Ziel: **Gewissheit**
Problem: Wie kann diese Gewissheit kritisch geprüft werden?

Aufgabe: Komplementarität von überlieferter und gegenwärtiger Erfahrung erschließen
Ziel: **Relevanz**
Problem: Wie bedeutsam ist der Inhalt für das Leben heute?

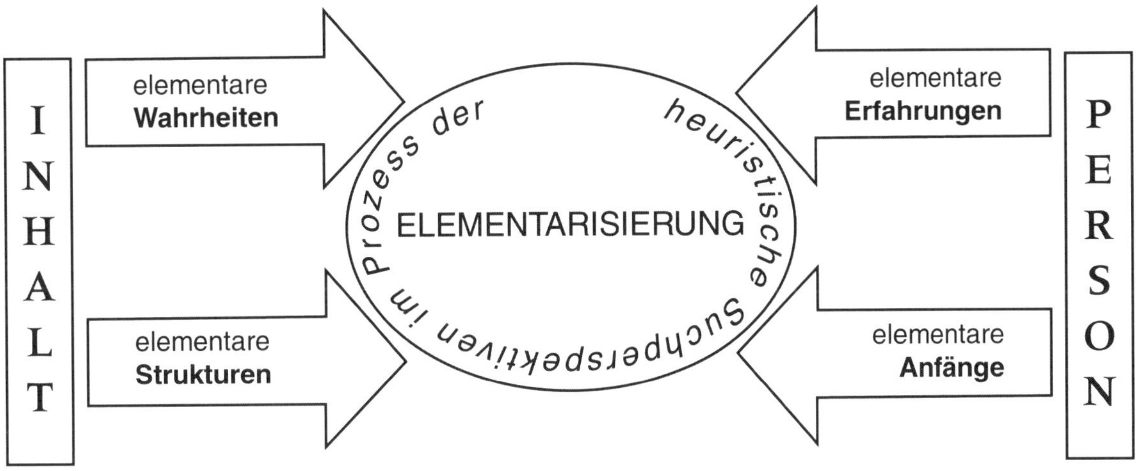

Aufgabe: Sprach- und Sinnzusammenhänge der Bibel sachgemäß konzentrieren
Ziel: **Einfachheit**
Problem: Wie kann das Wesentliche bestimmt und Simplifizierung verhindert werden?

Aufgabe: an die Verstehensvoraussetzungen der jeweiligen Altersstufe anknüpfen
Ziel: **Verständlichkeit**
Problem: Wie ist das zeitlich Angemessene und zugleich zu Neuem Herausfordernde?

Abb. Elementarisierungsmodell nach K. E. Nipkow (Schnitzler 2007, 163)

3.5 Handlungsorientierung

Die Wurzeln des handlungsorientierten Unterrichts reichen bis ins 17. Jahrhundert zurück. Schon Johann Amos Comenius (1592–1670) forderte die Einbeziehung aller Sinne beim Lernen. Reformpädagogen wie Maria Montessori, Célestin Freinet, Georg Kerschensteiner, Berthold Otto und Peter Petersen gelten als Wegbereiter des handlungsorientierten Unterrichts. Neben die Kopfarbeit tritt gleichberechtigt die Handarbeit.

Handlungsorientiert meint jedoch nicht, dass der Unterricht auf materielle (oder geistige) Handlungsprodukte abzielt, sondern dass sich das Lernen im Handlungsprozess vollzieht *(Learning by doing)* und unter anderem die Handlungsfähigkeit zum Ziel hat. Heinz Mühl (1979) hat auf der Grundlage von Berthold Ottos Gesamtunterricht und John Deweys Projektunterricht einen handlungsbezogenen Unterricht für SuS mit dem Förderschwerpunkt geistige Entwicklung konzipiert. Sein Ziel ist nicht das Handlungsprodukt, sondern die Handlungsfähigkeit der SuS und die Förderung ihres selbständigen Handelns. Diese praktische Kompetenz soll möglichst in realen, lebensbedeutsamen Handlungssituationen erlernt werden. Als viertes Ziel neben der Hinführung zu einem sinnerfüllten Leben (1), der Lebenstüchtigung und Lebensorientierung (2) und der »Hinführung zur Ich-Fähigkeit (3) nennt Mühl die Eingliederung in die Gesellschaft (1979, 63). Auch wenn hier SuS mit Behinderung einseitig integrativ handlungsfähig gemacht werden sollen, um in der Gesellschaft dabei sein zu können, wird doch deutlich, dass Handlungsfähigkeit auch ein Schlüsselbegriff der inklusiven Pädagogik ist. Alle sollen handlungsfähiger werden, eben auch im Umgang mit dem Anders-Sein der Anderen.

Die Handlungsorientierung hat längst auch den RU erreicht. Im erfahrungsorientierten Ansatz (vgl. Kp. 2.2.1.1) wurde sie bereits von Anfang an konzeptionell mitgedacht. Und seit Beginn der 2000-er Jahre werden nun unterschiedliche handlungsorientierte Zugänge im RU wie liturgisches, diakonisches, mystagogisches, basales oder ästhetisches Lernen unter dem weiten Umbrella-Begriff des Performativen RU zusammengefasst und als ein neues didaktisches Prinzip kontrovers diskutiert (vgl. Kalloch et al. 2009, 327ff).

Performativer RU geht von der Beobachtung des Traditionsabbruchs aus. Schulischer RU kann nicht mehr damit rechnen, dass SuS religiös bzw. kirchlich sozialisiert sind. Sie können daher auch nicht mehr auf ein religiöses Erfahrungsreservoir zurückgreifen. Damit kann der RU ihre religiösen Erfahrungen auch nicht mehr reflektierend bearbeiten. Das Konzept des Performativen RU versucht deshalb, das Erfahrungsreservoir, das nicht mehr vorausgesetzt werden kann, im schulischen Rahmen anzubahnen.

Im Kontext des inklusiven RU ist der performative Zugang weniger aufgrund des Traditionsbruches und der fehlenden religiösen Vorerfahrung attraktiv, sondern aufgrund seines ganzheitlichen, handlungsorientierten Ansatzes. Auf dem Hintergrund des Unterrichtsprinzips »von unten nach oben« und der Perspektive des schwächsten Gliedes ist performatives Unterrichten im Sinne eines handelnden Vollzugs von Religion im RU unverzichtbar. Denn dort, wo Religion aufgrund kognitiver Einschränkungen nicht reflektiert werden kann, kann sie praktiziert werden: Statt eines Redens über Religion wird religiös geredet oder gehandelt.

Doch wie kann und darf Religion im RU praktiziert werden? Und wo liegen die Grenzen? Beim performativen RU kreist der kritische Diskurs um den Begriff des Probehandelns. Dabei treten zwei Traditionslinien des performative Ansatzes zutage (vgl. Roose o. J.): Zum einen die Vorstellung von der *Performativität*. Sie geht auf die Sprechakttheorie von John Austin zurück (»How to do things with words?«) und versteht performativ als Sprachhandlung in religiösem Vollzug. Und zum anderen die in der Welt des Theaters und der Kunst beheimatete *Performanz*. Sie versteht performativ als Aufführung oder Inszenierung aus glaubender Grundhaltung. Dabei schlüpfen die Akteure in eine Rolle, mit der sie sich identifizieren und eine religiöse »performance« erleben. Dieses Als-ob-Probehandeln auf der Bühne des RU steht jedoch in der Gefahr einer fehlenden Aufrichtigkeit und einer mangelnden Authentizität. Die Performativität im Sinne der Sprechakttheorie ist dagegen echtes, authentisches Handeln. Mit ihr kann das Probehandeln im RU als *›Handeln in der Probe‹* verstanden werden. Religiöses Handeln wird schon praktiziert und zugleich noch eingeübt. Wie in der Chorprobe wird schon »echt« gesungen, aber auch immer wieder unterbrochen, wiederholt, reflektiert und verfeinert.

Dass im schulischen Kontext des konfessionellen RU nicht jede religiöse Handlung eingeübt werden kann, liegt auf der Hand. Die Grenzen sind in dreifacher Hinsicht zu verantworten und einzuhalten:

- □ von der Seite der Schule: Begrenzung durch den allgemeinen Bildungsauftrag und den Bildungsplan (z. B. keine Mission)
- □ von der Seite der Religionsgemeinschaft: Begrenzung durch die religiöse und kirchliche Tradition (z. B. kein Sedermahl, keine Taufe etc.)
- □ von der Seite der SuS: Begrenzung durch die religiöse Sozialisation und den pädagogischen Grundsatz, die Mädchen und Jungen dort abzuholen und zu begleiten, wo sie stehen (z. B. keine religiöse Überwältigung, kein subtiles Überstülpen)

Zu bedenken ist auch, dass im RU SuS trotz gewisser Befreiungsmöglichkeiten einer Teilnahmepflicht unterliegen. Ihre Glaubenszustimmung kann nicht selbstverständlich vorausgesetzt werden. Das Einverständnis zum Einüben religiöser Handlungen wie Singen, Meditieren, Beten, Segnen oder Rituale vollziehen (vgl. Kapitel 5.3) muss jeweils im Unterricht von den SuS neu eingeholt bzw. angemessen rückversichert werden. Die Lehrkraft kann die Zustimmung der SuS, religiöses Handeln einzuüben, nicht einfach aufgrund ihres Verzichts auf eine

Teilnahmebefreiung am RU lediglich »annehmen« oder voraussetzen. Bei SuS mit einer schweren geistigen Behinderung muss die Zustimmung immer wieder in non-verbaler Kommunikation, z. B. mit Hilfe der Körpersprache überprüft und in Abstimmung mit den Eltern eingeholt werden.

3.6 Vielfältige Aneignungsformen

Gemeinsames Lernen wird erleichtert, wenn der gemeinsame Lerngegenstand von LuL auf vielfältige Weise zugänglich gemacht wird (Zugangsformen). Nachhaltiges Lernen wird gefördert, wenn sich SuS eine Kompetenz auf vielfältige Weise aneignen können (Aneignungsformen). Folglich orientieren sich die Zugangsformen der LuL an den Aneignungsformen der SuS. Die Angebote der LuL entsprechen dabei den vielfältigen Aneignungsmöglichkeiten der SuS. Sie bereiten das Lernen am gemeinsamen Gegenstand so vor, dass Mädchen und Jungen die ganze Vielfalt ihrer Aneignungs-, Verarbeitungs- und Handlungsmöglichkeiten nutzen können, um sich nützliche Kompetenzen zu erwerben. Das heißt: Die Unterrichtsgestaltung ermöglicht ein *ganzheitliches Lernen mit allen Sinnen und Tätigkeitsformen.* Oder wie Johann Heinrich Pestalozzi (1746–1827) sagen würde: Ein Lernen mit Kopf, Herz und Hand.

> Die Neurobiologie bestätigt: Bildungsgegenstände, die über verschiedene Sinne erworben werden, aktivieren im Gehirn größere Teile. Informationen aus verschiedenen Eingangskanälen werden auch in unterschiedlichen Regionen des Gehirns abgelegt. Dadurch lassen sie sich leichter wiederfinden und aktivieren. Zudem beugt die Nutzung verschiedener Aneignungsformen der geistigen Ermüdung vor und erhöht die Aufmerksamkeit.

Die »Arbeitshilfe Religion inklusiv« orientiert sich an den vier grundlegenden Aneignungs- und Zugangsformen von SuS. Sie sind für den Bildungsplan mit dem Förderschwerpunkt geistige Entwicklung in Baden-Württemberg leitend (Bildungsplan 2009, 14f). Diese vier Aneignungsformen folgen keinem bestimmten wissenschaftlichen Konzept. Sie verstehen sich als gleichwertige Lernformen, die vom Lebensalter und von der Lernausgangslage der Mädchen und Jungen unabhängig sind.

Abb.: Zugangs- und Aneignungsformen

3.6.1 Basal-perzeptiv 

Die grundlegenden (= basalen) Aneignungsformen der menschlichen Wahrnehmung (= perzeptiv) sind die fünf Sinne: Fühlen, Schmecken, Sehen, Riechen und Hören. Über diese fünf basalen Eingangskanäle nimmt der Mensch die Welt und sich selbst wahr. Durch Formen der Sinnesbehinderung können die fünf basalen Wahrnehmungsformen eingeschränkt, zugleich aber auch geschärft werden. So sind Tastsinn und Hörsinn von blinden Menschen in der Regel überdurchschnittlich ausgeprägt. Der Nahsinn des Fühlens kann auf dreifache Weise weiter unterteilt werden. »Gefühlt werden« kann über die Haut (somatisch), über die Knochen (vibratorisch) und über die Bewegung des eigenen Körpers durch das Vestibulärsystem im Innenohr (vestibulär). Auch die Bewegung ist eine basale Möglichkeit, sich die Welt anzueignen. Durch sie können die Formen der Sinneswahrnehmung und die folgenden Formen der Aneignung um ein Vielfaches erweitert und bereichert werden. Der Bewegungssinn wird nicht selten als sechster Sinn bezeichnet. Vom siebten Sinn wird sprichwörtlich gesprochen. Zu diesem intuitiven Sinn gehört auch der Sinn fürs Religiöse bzw. der »Sinn und Geschmack fürs Unendliche« (Schleiermacher) oder der »Symbolsinn« für das Transzendente bzw. Göttliche (Halbfas). In unserem westlichen Kulturkreis wird oft das Herz oder die Seele als Ort des religiösen Sinnesorgans angegeben. Wie alle Sinne ist auch der religiöse Sinn auf die leiblichen Eingangskanäle des Lernens angewiesen *(Lernen durch Wahrnehmen).*

Exkurs: Religiös-basales Lernen
Die basalen Sinne der somatischen, vibratorischen und vestibulären Empfindung sind im RU noch kaum im Blick. Gerade im Kontext des inklusiven RU, der auch SuS beteiligen möchte, die auf basale Zugänge angewiesen sind, bedarf es in diesem Feld der leiborientierten Religionspädagogik weiterer Entwicklungen (vgl. Schweiker 2005, 2009). Denn eine inklusive Pädagigik duldet keine Restgruppe. Auch SuS mit komplexer bzw. schwer mehrfacher Behinderung müssen inkludiert werden können.

Basal verweist auf *grundlegende anthropologische Strukturen*. Die menschliche Entwicklung nimmt ihren Ausgangspunkt in der befruchteten Eizelle, die sich in drei Keimblätter entfaltet. »Aus dem einen der drei Keimblätter, dem Ektoderm, entsteht u.a. nach und nach die Haut und das Nervensystem. Damit ist die Haut untrennbar mit dem Nervensystem und somit mit den Möglichkeiten der Wahrnehmung verbunden. Die basale Wahrnehmung ist somit die Keimzelle des menschlichen Erlebens. Nach den struktur-genetischen Erkenntnissen von Jean Piaget bilden die somatischen Reflexschemata die Grundstruktur der kognitiven Entwicklung. Fühlen, Spüren und Greifen bilden somit die Grundlage für das Be-greifen. Entwicklungspsychologisch gründen die Kognitionen nach Piaget in den sensorischen und motorischen Erfahrungen der pränatalen und frühkindlichen Lebensphase.

Auch die *Glaubensentwicklung* nimmt in den basalen Erfahrungen der Mutter-Kind-Beziehung ihren Anfang (Fowler 1991). Im engen Hautkontakt zur Mutter, zum Vater und zu Primärpersonen entfaltet sich das, was in der deutschen Sprache mit Ur-Vertrauen übersetzt wurde. Erik Erikson bezeichnete es zutreffender als basales Vertrauen *(basic trust)*. Es ist der fruchtbare Boden, in dem das Gottvertrauen Wurzel schlagen, auf dem der Glaube gedeihen und stehen kann. In theologischer Hinsicht gründen die basalen anthropologischen Strukturen in der Gottebenbildlichkeit.

Die basalen Funktionen werden im Konzept der basalen Stimulation nach Fröhlich in den somatischen, vestibulären und vibratorischen Wahrnehmungsbereich eingeteilt (Bienstein/ Fröhlich 2003, 41–64).

Der *somatische Bereich* verfügt über das größte Sinnesorgan, die Haut. Sie bildet die Kontaktfläche zur Außenwelt. Über die Erfahrungen der Haut und der Muskeln entwickelt der Mensch ein inneres Körperbild. Lange Bewegungslosigkeit, ein erhöhter Muskeltonus, der Verlust eines Körperteils oder neurologische Ausfälle können das Körperbild stark beeinträchtigen. Gezielte Berührungsangebote im Bereich des ganzen Haut- und Muskelkörpers können das Wohlbefinden und das Körperbild positiv verändern. Berührungen zwischen Menschen, seien sie auch indirekt über ein Medium vermittelt, stellen immer einen Austausch dar. Darum wird in der basalen Stimulation auch vom somatischen oder basalen Dialog (siehe Kapitel 5.4, S. 77) gesprochen.

Dass die *vibratorische Erfahrung* einen eigenständigen Sinnesbereich darstellt, ist uns kaum bewusst. Es gehört jedoch zur frühen menschlichen Grunderfahrung, dass äußere Schwingungen durch unsere Knochen und Gelenke bis ins Innere auf den ganzen Körper übertragen werden. Vibrationen werden insbesondere durch das Stehen, Gehen und Sprechen ständig durch die Eigentätigkeit ausgelöst. Sie geben Hinweise auf die Beschaffenheit des Untergrundes und der Kohärenz des eigenen Körpers. Schwerste Beeinträchtigungen des Bewegungsapparats, insbesondere wenn sie zur Immobilität führen, reduzieren diese Erfahrungen und Erkenntnisse erheblich. Werden solchen Menschen vibratorische Anregungen mit der Hand oder von Körper zu Körper ermöglicht, beginnen viele von ihnen nach innen zu lauschen und auf das Neue aufmerksam zu werden.

Im *vestibulären Erfahrungsbereich* sind Anregungen nur über Bewegung möglich. Das Vestibulärsystem im Innenohr informiert uns über die Lage des Körpers im Raum, über Drehung und Beschleunigung. Es sichert das Gleichgewicht und koordiniert die visuelle Wahrnehmung. Die Unterversorgung des Vestibulärsystems kann sich bei Menschen, die sich überwiegend in liegender Position befinden, negativ auf die räumliche Orientierung auswirken. Der Raum kann zunehmend zweidimensional flächig, einer Tapete ähnlich, erlebt werden. Erfahrungen mit Schwerkraft und Raumlage gehören zu den sensorischen Grundbedürfnissen in der Entwicklung der Menschen.

In seiner *vorgeburtlichen Entwicklung* nimmt der Mensch seine Wirklichkeit vornehmlich somatisch, vestibulär und vibratorisch wahr. Diese drei Wahrnehmungsbereiche sind die ersten und grundlegenden Zugänge der Sinneserfahrung. Sie werden zu Recht als basal bezeichnet. Auf ihnen fußen die Formen der olfaktorischen, oralen, auditiven, taktilen und visuellen Sinneserfassung, die im Konzept des basalen Unterrichts selbstverständlich eingeschlossen und von großer Bedeutung sind (Bienstein / Fröhlich 2003, 41).

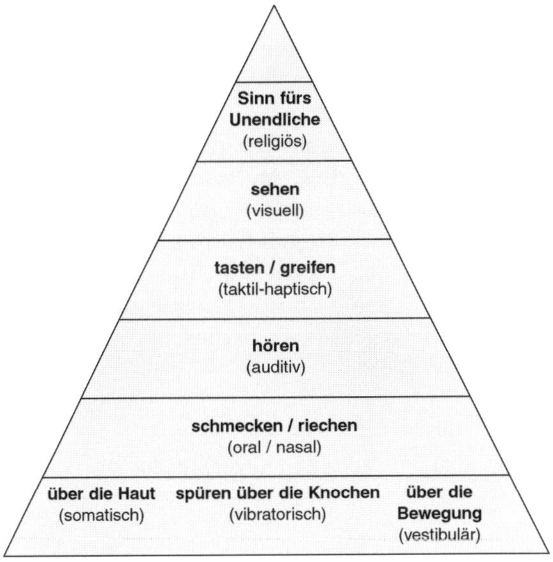

Abb. Wahrnehmungspyramide: Von den basalen Nahsinnen zu den Fernsinnen

Wie existenziell basale Erfahrungen sind, wird in den Grenzsituationen des Lebens besonders deutlich. In ihnen ist der Mensch auf das Elementare, das Einfache zurückgeworfen: Das Wiegen des Neugeborenen im Arm, der Kopf an der Brust der vertrauten Person, die zärtliche Berührung der Hand beim Sterben. Wo Worte versagen, redet der Körper weiter. Die Sprache des Tröstens ist basal. Wenn in solchen Lagen etwas trägt, dann u.a. diese fundamentale Form der Kommunikation. Sie wird über kulturelle Grenzen hinweg universal verstanden.

3.6.2 Konkret-handelnd

Bei der basal perzeptiven Aneignungsform ging es um die empfangende, mit allen Sinnen aufnehmende Aneignung von Welt. Nun geht es um die konkret-handelnde Aneignung, die mit einer aktiv einwirkenden Tätigkeit verbunden ist. Dafür steht das Piktogramm der Hand, die sich tätig mit der Welt auseinandersetzt. Die Welt wird durch gezielte, äußerlich erkennbare Aktivitäten erschlossen. Dies geschieht durch die Entdeckung von vielfältigen, in der Welt und unserer Kultur vorhandenen Wirkungen und Effekten, die Wiederholung der entsprechenden Aktivitäten oder das forschende Erkunden von Gegenständen, Symbolen Pflanzen, Tieren und Menschen. Mit »konkret« ist gemeint, dass die handelnden, erkundenden und forschenden Tätigkeiten auf etwas konkret Gegebenes in der Welt bezogen sind. Mit einer konkreten Tätigkeit können praktische Fähigkeiten erlernt werden, mit einem Gegenstand adäquat umzugehen oder Rituale angemessen auszuüben. Durch interaktive Handlungen mit anderen können Sozialkompetenzen erworben oder wertorientierte Verhaltensweisen gegenüber Mensch, Tier und Schöpfung eingeübt werden *(Lernen durch Tun).*

3.6.3 Anschaulich-modellhaft

Die anschauliche-modellhafte Aneignung meint, dass SuS sich ein »Bild« von der Welt machen oder Bilder bzw. Modelle von der Welt benutzen, um mit der Wirklichkeit besser zurechtzukommen. Das »sich ein Bild machen« schließt auch die Meinungs-Bildung ein. Sie ist eine Form der persönlichen An-*eig*-nung. SuS machen sich eine *eigene* Vorstellung von Ereignissen, Personen, Gegenständen und Zusammenhängen. Dies kann durch Rollenspiele, kreative Ausdrucksformen, die freie Gestaltung von Bodenbildern oder Standbildern und vieles mehr unterstützt werden. In diesen freien Prozessen hin zu anschaulichen Vorstellungen werden SuS herausgefordert zu deuten bzw. zu theologisieren. Von besonderer Bedeutung ist, dass Mädchen und Jungen unterstützt werden, ein eigenes, positives, wirklichkeitsnahes Selbstbild und ermutigende Gottesvorstellungen zu entwickeln. Auch die Entwicklung einer Vision von der eigenen Zukunft oder der Zukunft der Welt kann ein wichtiger »anschaulich-modellhafter« Bildungsprozess sein.

Anschauungen nicht nur zu entwickeln, sondern auch zu nutzen meint, dass SuS anschauliche Darstellungen oder Modelle verstehen und auf die Wirklichkeit anwenden können. Sie lernen mit Hilfe von Modellen, Aufgaben zu bewältigen, Probleme zu lösen und sich in der Welt zu orientieren. Das Lernen am Modell, seien es nun Vorbilder wie Jesus, biblische Personen, Stars oder auch die LuL, ist für den Erwerb von psycho-sozialen Fähigkeiten von zentraler Bedeutung *(Lernen durch Abbild und Vorbild).*

3.6.4 Abstrakt-begrifflich

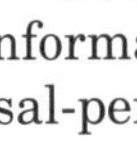

Die »abstrakt-begriffliche« Aneignung beschreibt, dass Objekte, Informationen und Sachverhalte nicht nur basal-perzeptiv, konkret-handelnd und anschaulich-modellhaft, erfasst werden, sondern auch in einer Form, die von konkreter Wahrnehmung, Handlung und Anschauung abstrahiert. Im Extremfall ist es

die Erkenntnis durch das Denken, zum Beispiel ohne bewusste Sinneswahrnehmung, mit »gebundenen Armen« und »geschlossenen Augen«. Dieses Denken setzt jedoch Begriffe und innere Bilder voraus. Entwicklungspsychologisch baut es auf der sensorischen (prä-operational) und der tätigen Form des Denkens (konkret-operational) auf. Diese Aneignungsform vollzieht sich begrifflich mit Hilfe von Symbolen und Zeichen ohne eine konkrete Anschauung. Die klassische Form ist die Textarbeit, im RU insbesondere das Lesen von biblischen Geschichten und das Aufschreiben eigener Gedanken. Erkenntnisse werden auf gedanklichem Wege gewonnen *(Lernen durch Begriffe und Begreifen)*.

Seit Piaget ist bekannt, dass das kognitive Begreifen das physische Begreifen der Dinge voraussetzt. Mit dieser letzten Form der Aneignung schließt sich der Kreis. Alle vier Aneignungsformen bedingen sich gegenseitig. Sie sind allen SuS zugänglich zu machen. Die basalperzeptiven Aneignungsformen gelten auch den kognitiv leistungsfähigen SuS und die abstraktbegrifflichen auch – soweit sie daran partizipieren können – den SuS mit komplexer Behingerung. Inklusives Lernen bedarf der Vielfalt an Aneignungsformen.

4. Welche Konzepte bieten sich an? – Inklusionsfähige RU-Konzepte

Inklusives Lernen in Vielfalt ist nichts völlig Neues. Viele didaktisch-methodische Aspekte, die für den inklusiven RU bedeutsam sind, sind in der Geschichte des RU fest verankert. Viele Konzeptionen des RU bieten unterschiedliche Anknüpfungspunkte für eine inklusive Religionspädagogik. Sie finden sich unter anderem in der liberalen Religionsdidaktik, dem thematisch-problemorientierten RU oder dem therapeutisch-sozialisationsbegleitenden RU wieder.

Ähnlich verhält es sich mit religionspädagogischen Konzepten. Im Folgenden werden diejenigen religionsdidaktischen Zugänge benannt, die für das gemeinsame Lernen in heterogenen Gruppen besonders bedeutsam sind. Anstatt die Konzepte vorzustellen, wird jeweils auf ein Standardwerk verwiesen und das Augenmerk auf die Aspekte der jeweiligen Konzeption gerichtet, die das inklusive Lernen im religiösen Bildungsprozess begünstigen. Abschließend wird in einer Übersichtstabelle dargestellt, inwiefern die didaktischen Prinzipien des inklusiven RU in diesen religionspädagogischen Konzepten Berücksichtigung finden.

4.1 Symboldidaktik

In der Religionspädagogik hat sich die Symboldidaktik in den 80-er Jahren des 20. Jahrhunderts als Gegenpol zu einem stark kognitiv orientierten RU entwickelt. Zugleich führte der Traditionsverlust des christlichen Glaubens dazu, dass christliche Zeichen und Rituale von SuS nicht mehr verstanden wurden und sich ihr Symbolsinn nicht entwickeln konnte. Die beiden wichtigsten Ansätze gehen auf Biehl (1980) und Halbfas (1982) zurück.

Die non-verbale Sprache der Symbole gehört zum Kernbestand der religiösen Sprache. Die Symbolsprache ist der menschlichen Seele unmittelbar verwandt und bedarf nicht notwendiger Weise der reflexiven Interpretation. Symbole können sich jedem Menschen in der sog. »ersten Naivität« (Ricoeur) erschließen. Sie können aber auch kognitiv durchdrungen und verstanden werden. Um das Symbol als Symbol zu erfassen, ist jedoch die Kognition nicht das Entscheidende. Für Jugendliche und Erwachsene ist eine religiöse Bildung hin zur »zweiten Naivität« erforderlich, um mit dem »dritten Auge« bzw. einem wiedergewonnenen Symbolsinn (Halbfas) Wirklichkeit in ihrem tieferen Sinn zu erschließen.

Der inklusive Mehrwert der Symboldidaktik liegt auf der Hand: Symbole sind in jedem Alter und in jedem Entwicklungsstadium und darum für alle zugänglich. Sie können basal-perzeptiv erfahren und kritisch-kognitiv durchdrungen werden (vgl. Biehl). Der Umgang mit Symbolen hat eine ästhetische und handlungsbezogene Dimension. Werden Symbole entwickelt und erstellt, kommt eine handelnd-kreative Dimension hinzu. Jede Symboldidaktik ist per se erfahrungsorientiert, weil sie an alte Erfahrungen anknüpft und neue Erfahrungen mit Symbolen ermöglicht. Da nicht nur traditionelle religiöse, sondern auch alltägliche Symbole in religiöser Perspektive erschlossen werden, ist dieser Zugang auch schüler- und lebensweltorientiert. Im Horizont von individuellen und kollektiven (z. B. jüdisch-christlichen) Symbolen wird deutlich, dass dieser Ansatz die didaktischen Prinzipien der Individualisierung und der Kooperation zu verbinden vermag.

4.2 Kirchen- und Sakralraumpädagogik

Die Kirchenraumpädagogik entwickelte sich in den 80-er Jahren im Kontext des RU und erhielt wichtige Impulse durch die neu entstandene Museumspädagogik. Sie »will Kirchenräume für Menschen öffnen und den Sinngehalt christlicher Kirchen mit Kopf, Herz und Hand erschließen und (...) einen Zugang zu spirituellen Dimensionen ermöglichen.« (Satzung Kirchenpädagogik o. J.) Kirchenpädagogik bedeutet raum- und erfahrungsbezogenes Arbeiten in methodischer Vielfalt.

Das sehr wortgebundene Christentum hat sich in architektonischer Hinsicht als sehr gestaltungsproduktiv erwiesen. Die über Jahrhunderte gewachsene christliche Architektur ist in vielfältige Formen gegossene Kommunikation von biblisch-christlicher Tradition. Christliche Architektur im Besonderen und religiöse Architektur im Allgemeinen repräsentieren die Vielfalt von Theologien, Konfessionen, Religionen und Kulturen. Im Sakralgebäude werden unterschiedliche Erfahrungen und Inhalte begehbar und in doppeltem Sinn auch be-greifbar. Im Vordergrund steht die ganzheitliche Aneignung und Erschließung, nicht die Wissensvermittlung. Das Gebäude ermöglicht sinnliche Erfahrung und Erfahrung von Sinn. Dabei erschöpft sich die Sinnerschließung nicht in der Theologie der Architektur, sondern erstreckt sich auf die reichhaltigen Facetten der Sakral-, Bilder- und Symbolsprache.

Neben den inklusiven Anknüpfungspunkten, die bei der Symboldidaktik schon genannt wurden, ist die Raumpädagogik auch ein Paradies für innere Differenzierung. Am gemeinsamen Lerngegenstand kann im Sakralraum auf vielfältige Weise individualisiert und kooperierend an einem außerschulischen Ort handlungsorientiert gelernt werden, z. B. durch betrachten, beschreiben, messen, gestalten, suchen, meditieren, hören, riechen, erproben, singen, feiern usw. (vgl. z. B. Rupp 2006: Handbuch der Kirchenpädagogik).

4.3 Liturgisches Lernen

Beim liturgischen Lernen wird die religiöse Feier zum Lernort von Religion. SuS machen eine religiöse Primärerfahrung mit dem Ziel, praktische religiöse Kompetenzen zu erwerben. Sie üben sich im Feiern des Glaubens bzw. in einzelnen ausgewählten Formen religiöser Praxis. Neben der Bildungsaufgabe »Liturgiefähigkeit des Menschen« geht es auch um eine Gestaltungsaufgabe: die »Menschenfähigkeit der Liturgie«. Mit diesem performativen Bildungszugang im Sinne von Performativität wird RU als RU deutlich erkennbar und unterscheidbar (vgl. Kapitel 3.5). Das liturgische Lernen kann in einem gemeinsamen Anfangs- und Abschlussritual praktiziert werden, in der Beschäftigung mit verschiedenen Inhalten im RU, bei Schülergottesdiensten und religiösen Schulfeiern, der Teilnahme an Feiern der örtlichen Kirchengemeinden oder im Kontext der Kirchenraumpädagogik (siehe Kapitel 4.2). Jedes Mal wird Liturgie zum Zentrum des Lernens. Liturgie ist »Präsenz des sinnlichen Reichtums« (Grethlein) und bietet allen Beteiligten einen ganzheitlichen Zugang mit allen Sinnen. Es geht ums Hören, Riechen, Berühren, Sehen und Schmecken. Gerade die leiborientierten Formen der liturgischen Praxis wie Segnung, Salbung, Fußwaschung (siehe Kapitel 5.3) ermöglichen allen Mädchen und Jungen, d. h. auch SuS mit einer schweren mehrfachen Behinderung eine intensiv ihnen gemäße aktive Teilhabe am RU. Es sind im Wesentlichen fünf Aspekte, die SuS mit einem erheblichen Förderbedarf beim liturgischen Lernen hilfreich entgegenkommen: (1) Der rituelle Vollzug, d. h. die Wiederholung gleichbleibender Elemente nach einer festen Ordnung. Er bietet ihnen Halt und Verlässlichkeit. (2) Der ganzheitlich sinnliche Vollzug. (3) Der gemeinsame Vollzug, in dem beim Feiern gleiche Augenhöhe spürbar wird und auch das Lehrer-Schüler-Gefälle in den Hintergrund tritt. (4) Der festliche Vollzug, der die Schulroutine und Leistungsorientierung für einige Augenblicke unterbricht.

Liturgisches Lernen ist darum ein performativ, ganzheitlicher Zugang, der die Unterrichtsplanung vom schwächsten Glied aus in besonderer Weise zu realisieren vermag. Dies zeigt sich zum Beispiel im Ansatz des liturgisch-basalen RU (Schweiker 2005) als eine Form der leiborientierten religiösen Bildung (Schweiker 2009). Als Grundlagenwerk empfiehlt sich Husmann / Klie 2005.

4.4 Kräfteschulung

Die Kräfteschulung wurde von Fritz Oser und seinen katechetischen Mitarbeiter/innen in den 70-er Jahren in der Schweiz entwickelt (Oser 1977) und kommt in unterschiedlichen Klassenstufen mittlerweile auch im RU der Grundschulstufe in Deutschland zur Anwendung (Zeeh-Silva 2009a; 2009b). Kräfteschulung ist explizite Schulung religiöser Kräfte im Sinne von Grundfähigkeiten oder Grundkompetenzen, die in jedem Kind angelegt sind und zur Entfaltung kommen können. Dabei unterscheidet die Kräfteschulung drei verschiedene Arten von Kräften: Individuumsbezogene Kräfte (z. B. staunen, in die Stille gehen), interaktionsbezogene Kräfte (z. B. einander zuhören, einander mitfühlend begegnen) und formbezogene Kräfte (z. B. eine Gebetshaltung einnehmen, die Kreismitte gestalten). Häufig geht der Unterricht von einer *Erlebnisgestalt* (siehe Kapitel 5.2) der Natur (z. B. Wasser), der Kultur (z. B. Blindenstock) oder des Kultus (z. B. Kerze) aus und bewegt sich spiralförmig in fünf Sequenzen: (1) Erlebnisgestalt, (2) Spiel, (3) aufnehmendes Tun, (4) ausgebendes Tun und Handlungsbewusstsein.

Es wird deutlich, dass dieses religionspädagogische Konzept an der Kompetenzentwicklung von inneren Kräften und Haltungen arbeitet, die für das gemeinsame Lernen und Leben in Differenz von entscheidender nachhaltiger Bedeutung sind. Es geht um das bewusste Wahrnehmen, das sorgsame Interagieren und das einfühlsame Kommunizieren (siehe Kapitel 5.2–4), zu deren Realisierung die notwendigen Fähigkeiten (Kräfte) erworben werden müssen. Der dabei beschrittene methodisch-didaktische Weg ist sehr sinnlich, bewegungsintensiv und kreativ.

4.5 Diakonisch-soziales Lernen

Das sozial-diakonische Lernen ist ein handlungsorientierter Ansatz und zielt auf ethische Kompetenzen im Rahmen der Moralerziehung. Sein Fokus liegt nicht auf der moralischen Urteilsbildung, sondern auf dem moralischen Handeln. Auf evangelischer Seite ist hier das Projekt Soziales Lernen und auf katholischer Seite das Compassion-Projekt (Metz et al. 2000) zu nennen. »Compassion« wurde von Johann Baptist Metz mit »Empfindlichkeit für das Leid des Anderen« übersetzt. Damit ist die emotionale Seite des sozialen Lernens benannt. Die Handlungsseite besteht darin, durch ein Praktikum, eine Aktion, ein Projekt (siehe Kapitel 5.3), ein bestimmtes Schulprofil (z. B. Michelbacher Modell in Gronbach 2002) oder durch Gelegenheiten im regulären RU gegenüber Menschen, die anders oder hilfsbedürftig sind, handlungsfähig zu werden. Dabei werden Berührungsängste und Vorurteile abgebaut und in persönlichen Beziehungen positive Interaktionserfahrungen ermöglicht. Wird soziales Lernen im RU praktiziert, ist darauf zu achten, dass die Beziehungen möglichst symmetrisch gestaltet werden und die Hilfe so weit wie möglich wechselseitig erfolgt (siehe Kooperation Kapitel 3.3). Das diakonisch-soziale Lernen ist ein Zugang, der auf binnendifferenzierte Weise individualisierte und kooperative Lernformen ermöglicht. Er unterstützt Mädchen und Jungen, ethisch-soziale Kompetenzen zu erwerben, die für das gemeinsame Lernen in Differenz grundlegend sind.

4.6 Ausdrucksspiel aus dem Erleben (Jeux Dramatiques)

Jeux Dramatiques wurde in den 30-er Jahren des letzten Jahrhunderts von Léon Chancerel in der Arbeit mit benachteiligten Kindern entwickelt und kann im inklusiven RU insbesondere beim Spielen und Erarbeiten von biblischen Geschichten und Themen eingesetzt werden. Chancerel übersetzte und bearbeitete das Konzept der Schauspielerausbildung des russischen Theaterpädagogen Konstantin S. Stanislawski. Jeu (Spiel) ist für ihn einerseits die lustbetonte Bewegungsfreude, andererseits die freiwillige Unterordnung unter die Spielregeln. Der Spielaufbau des Ausdruckspiels folgt dem vierphasigen RSPV-Zirkel (Rohstoff – Spielvorbereitung – praktische Durchführung – Verarbeitung). Entscheidend ist, dass Jeux Dramatiques (i.d.R.) nicht vor Zuschauern aufgeführt wird. Es ist ein Theater ohne Publikum. Die ganze Gruppe spielt spontan, ohne Einübung, für sich selbst. Die Rollen werden nach der Einführung in die Geschichte (R) frei gewählt. Dann werden Orte, Abläufe, Verkleidung (i.d.R. Tücher) und Requisiten besprochen. Dies ist die Phase, in der durch Absprachen ein hoher Grad an Individualisierung und Elementarisierung realisiert wird (S). Dabei können auch Gegenstände oder Ideen in Rollen verkörpert werden. Verbale Kommunikation ist möglich, wird aber in der Regel nicht forciert, damit die Spieler/innen sich auf ihre körperlichen Ausdrucksformen konzentrieren können. Beim Spielen (P) gibt es kein Richtig oder Falsch. Die Akteure können sich ganz auf den Ausdruck ihrer Gefühle konzentrieren, da die Geschichten begleitend erzählt oder gelesen werden.

Jeux Dramatiques bietet im inklusiven RU die Chance einer sinnvollen und voraussetzungslosen Beteiligung. Ähnlich wie das Bibliodrama (vgl. www.bibliodrama.de) sucht es den unmittelbaren Zugang zu den Gefühlen der Akteure und den Rohstoffen (Themen und Geschichten). Es lehrt den achtsamen Umgang mit dem Gegenüber. Gerade auch für kognitiv (hoch) begabte Mädchen und Jungen bietet es Gelegenheiten zum spontanen (Bewegungs-) Ausdruck von Emotionen und zur Möglichkeit der anschließenden Reflexion (V). Als Grundlagenwerk für den Einsatz im Schulunterricht empfiehlt sich Seidl-Hofbauer 2009 oder www.jeux.de.

4.7 Religionspädagogische Praxis (RPP)

Die RPP wurde in Abgrenzung zur kognitiv orientierten Reform der Elementarpädagogik Ende der 60-er Jahre einerseits und der antiäutoritären Erziehung andererseits in der Traditionslinie von Pestalozzi, Fröbel und Mater Schörl von Schwester Esther Kaufmann und Franz Kett entwickelt. Der erfahrungsorientierte Ansatz versteht sich als ein Weg ganzheitlicher Erziehung (Kett / Koczy 2009). Er folgt einer Erfahrungsspirale, die bei der subjektiven Erfahrung des Kindes beginnt und von innen nach außen verläuft. Der Erfahrungsprozess erfolgt jeweils in den vier Phasen: Hinführung (1), Begegnung und Anschauung (2), Gestaltung (3) und Deutung (4). Die Symbol- und Gestaltungsdidaktik mit festgelegten Inhalten, Zielen und Methoden nimmt primär die religiöse Prägung von Kindern in den Blick. Durch diese direktive Form der religiösen Erziehung kommen die Kinder als freie Subjekte ihres eigenen Handelns und Theologisierens weniger zur Geltung als wünschenswert. Zugleich bietet die RPP eine Fülle an ganzheitlichen Methoden, die Prozesse der Sensibilisierung, Veranschaulichung und körpersprachlichen Kommunikation ermöglichen. So bietet z. B. das Legematerial der RPP mit einem vielfältigen Materialsatz die Möglichkeit, jede biblische Geschichte materialgestützt zu erzählen oder gemeinsame Bodenbilder zu entwickeln. Sie eignen sich auch hervorragend, innere Vorstellungen, Gedanken und Gefühle in Legebildern einen kreativen Ausdruck zu verleihen und sich über diese dann gemeinsam auszutauschen. Die RPP bietet damit eine Methoden- und Materialressource an, die für die Gestaltung eines inklusiven RU hilfreich ist. Insbesondere der ganzheitlich, erfahrungsorientierte Zugang, der individuelle und kooperative Aktionsformen ermöglicht, ist dem inklusiven Lernen förderlich. Informationen, Materialien und Fortbildungsmöglichkeiten finden sich unter: www.rpa-verlag.de.

4.8 Godly Play

Godly Play ist ein »Konzept zum spielerischen Entdecken von Bibel und Glaube« in der Tradition der Montessoripädagogik für Kinder im Vor- und Grundschulalter. Diese kurze Definition benennt bereits die zentralen Aspekte dieses religionspädagogischen Ansatzes. Auf spielerische Weise tauchen Kinder in den reichen Erfahrungsschatz der Bibel und der christlichen Tradition ein. Dabei entwickeln sie allmählich eine religiöse Sprachfähigkeit und eine persönliche Glaubensbeziehung. Man könnte auch sagen: Es geht um ein spielerisches »Hineinwachsen in den Glauben« im Hören und Tun, in Nachvollzug und kreativem Ausdruck.

Das Konzept von Jerome W. Berryman stammt aus der Sunday School der USA und wurde ins Deutsche übertragen (Berryman/ Steinhäuser 2006; Bd 1–5). Es versucht den Leitsatz Maria Montessoris »Hilf mir, es selber zu tun!« konsequent auf das religiöse Lernen zu übertragen: »Hilf mir, selber zu glauben!«. Kinder sollen nicht belehrt werden, wer Gott ist, sondern dies eigenständig entdecken können. Somit unterstützt das Konzept den angemahnten Perspektivenwechsel, pädagogisches Denken und Handeln vom Kind aus zu gestalten (EKD 1994). Die Kinder selbst sind die Subjekte ihres Lernens. Die Aufgabe der Erziehenden ist es, ihnen eine anregende »vorbereitete Umgebung« zu schaffen, in der sie selbständig – wo nötig mit Unterstützung – agieren können. Diesem Anliegen dienen drei wesentliche Strukturelemente: (1) Das Raumkonzept mit der Idee eines sicheren Vertrauensraums *(safe space)*, in dem sich Kinder mit existenziellen religiösen Fragen auseinandersetzen können. (2) Die in Regalen systematisch geordneten, frei zugänglichen (Geschichten-) Materialien. (3) Und die zeitliche Strukturierung in drei Hauptphasen (erzählen und ergründen, kreativ werden, feiern).

Das Konzept lässt sich an die Erfordernisse des RU anpassen und wird an Grund- und Förderschulen erfolgreich praktiziert (vgl. Zeeh-Silva 2009a, Müller-Friese 2008, Fleig / Schweiker 2008).

Godly Play kann in vielfacher Hinsicht als ein inklusives Konzept bezeichnet werden. Es lädt alle ein, sich in einem sicheren Raum auf Beziehungen auf gleicher Augenhöhe einzulassen. Der äußere Vorgang, den Kreis zu bilden, fördert auch den inneren Prozess, alle SuS in ihrer Unterschiedlichkeit gleichwertig teilhaben zu lassen. Die elementarisierte Sprache, die Körpersprache der Gesten, die anschaulichen Materialien und die meditativ entschleunigende Geschichte unterstützen den Verstehensprozess und das Theologisieren der SuS.

Informationen, Materialien und Fortbildungsmöglichkeiten finden sich unter: www.godlyplay.de.

Übersicht: Religionspädagogische Konzepte und Prinzipien der Inklusion

Die Angaben dienen nur zur groben Orientierung. Sie sind keine exakten Angaben, da die meisten Konzepte auch unterschiedliche Phasen mit verschiedenen Schwerpunkten aufweisen.

Konzepte	**Individualisierung**	**Innere Differenzierung**	**Kooperation**	**Elementarisierung**	**Handlungs-Orientierung**	**Vier Zugangsformen**			
						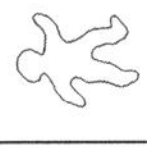			
Symboldidaktik	+	–	o	+	o	+	o	+	+
Kirchenraumpädagogik	+	+	+	o	+	+	+	o	+
Liturgisches Lernen	–	o	+	o	+	+	+	o	–
Kräfteschulung	+	o	+	o	+	+	+	+	o
Sozial-diakonisches Lernen	+	o	+	o	+	+	+	o	+
Religionspädagogische Praxis	+	o	+	+	+	+	+	+	–
Jeux Dramatiques	o	+	+	o	+	o	+	+	–
Godly Play	+	+	o	+	o	+	+	o	–

+ = stark ausgeprägt; o = uneindeutig oder Mittelmaß; – = schwach ausgeprägt

5. Welche Methoden sind hilfreich? – Methodensammlung inklusiv

Die folgende Methodensammlung für den inklusiven RU ist eine Auswahl religionspädagogischer Methoden, die das »Miteinander der Verschiedenen« und ihren gemeinsamen Lernprozess gezielt unterstützen. Der Fokus liegt auf vielfältigen, elementarisierten, handlungs- und körperorientierten Zugängen. Auf Vollständigkeit wird bewusst verzichtet. Damit bleiben klassische Methoden wie z. B. das Unterrichtsgespräch oder die Bildbetrachtung unerwähnt.

Die Methoden sind in sieben Schwerpunktthemen untergliedert, die für das inklusive Lernen im RU von besonderer Bedeutung sind. Eine Überblick zu allen Methoden mit einer Zuordnung zu den vier grundlegenden Zugangs- und Aneignungsformen (basal-perzeptiv; konkret handelnd; anschaulich-modellhaft; abstrakt-begrifflich) findet sich am Ende der Methodensammlung.

Die vier Zugangsformen des Lernens bilden die Kernbereiche der Gliederung (2.–3. und 5.–6.). Sie werden gerahmt von Methoden, die für das Gelingen eines inklusiven RU unter heterogenen Bedingungen entscheidend sind: Gruppenbildung (1.), Kommunikation (4.) und Feedback (7.):

1. Anfangen und die Gruppe bilden
2. Wahrnehmen und erleben
3. Handeln und interagieren
4. Kommunizieren und sprechen
5. Sich bewegen und gestalten
6. Inhalte kennen lernen und bearbeiten
7. Ergebnisse sichern und Rückmeldungen geben

5.1 Anfangen und die Gruppe bilden

Auf den Anfang kommt es an! Dies gilt für den inklusiven RU in besonderer Weise. Bevor mit RU in heterogenen Lerngruppen begonnen werden kann, müssen die Rahmenbedingungen des gemeinsamen Lernens bedacht und ggf. neu gestaltet werden.
Es ist vorab zu klären:

- □ welche Lernbedingungen die SuS brauchen, um ihren besonderen Bedürfnissen gemäß miteinander lernen zu können.
- □ wie die dafür zureichenden Rahmenbedingungen hergestellt werden können (vgl. Kapitel 2).
- □ mit welchen Zugängen der Binnendifferenzierung individuelles Lernen und Fördern realisiert werden kann (vgl. Kapitel 3.1 und 3.2).
- □ welche kooperativen Lernformen in dieser Gruppe Erfolg versprechend sind (vgl. Kapitel 3.3).

Sind entsprechende Vorüberlegungen und Vorkehrungen getroffen, ist es Zeit, die Methodenfrage zu stellen: Welche Methoden sind hilfreich, damit die SuS sich kennen lernen, sich eine Gemeinschaft bildet, Ausgrenzung vermieden wird und sich gegenseitiges Vertrauen spielerisch entwickeln kann?

Kennenlernen und die Gruppe bilden

Der Gruppenfindungsprozess ist in einer heterogenen Lerngruppe komplexer als in einer Gruppe mit vielen Gemeinsamkeiten. Über die gängigen Methoden des Kennenlernens hinaus (wie z. B. Steckbrief erstellen) ist es wichtig, einen Schwerpunkt auf das Wahrnehmen und Wertschätzen von Verschiedenheit zu legen. Es geht darum, die SuS darin zu unterstützen, sich aus gebührender Entfernung zu »beschnuppern« und in kleinen Schritten aufeinander zuzugehen. Gefühle der Fremdheit und der Verhaltensunsicherheit werden dabei nicht »überspielt«. Vielmehr können sie im Spiel wahrgenommen und positive Emotionen sowie Interaktionsmuster aufgebaut werden.

□ Namen-Gestenkreis

Ziel dieses Spiels ist es, die Namen in der Gruppe auf spielerische Weise kennen zu lernen und von jeder Person eine Besonderheit zu erfahren.

Die SuS stehen oder sitzen im Kreis. Jede Person stellt sich nacheinander mit ihrem Namen vor. Während oder nachdem sie ihren Namen sagt, macht sie eine einfache, für sie typische Bewegung oder Geste. Alle wiederholen gemeinsam ihren Namen und »spiegeln« die vorgegebene Bewegung. Der Reihe nach stellt sich eine Person nach der anderen so vor. Das Spiegeln der Bewegung kann – statt gemeinsam – auch von jeder Person als Kettenreaktion nacheinander erfolgen.

□ Spiel mit dem imaginären Ball

Dieses Spiel (Rendle 2008, 93f) eignet sich, um die Namen und einzelne Eigenschaften der anderen in spielerischer Form kennen zu lernen.

Alle stehen im Kreis. Die Lehrperson gestaltet mit den Händen einen imaginären Ball und wirft ihn einer Schülerin zu. Diese fängt ihn auf, nennt ihren Namen und sagt etwas zu ihrer Person (Hobby, Lieblingsspeise etc.). Dann formt sie den Ball zu einem Medizinball, Fußball, Golfball etc. und wirft ihn einem anderen Mitschüler zu. Das Spiel wird beendet, indem die Lehrperson oder ein Schüler den imaginären Ball in die Tasche steckt, aus dem Fenster wirft oder als »Kaugummi« in den Mund nimmt. *Variante:* Das Spiel kann auch mit einem (realen) Wollknäuel durchgeführt werden, der sich zu einem Spinnennetz entrollt bis jede Person an der Reihe war und einen Spinnfaden in der Hand hält.

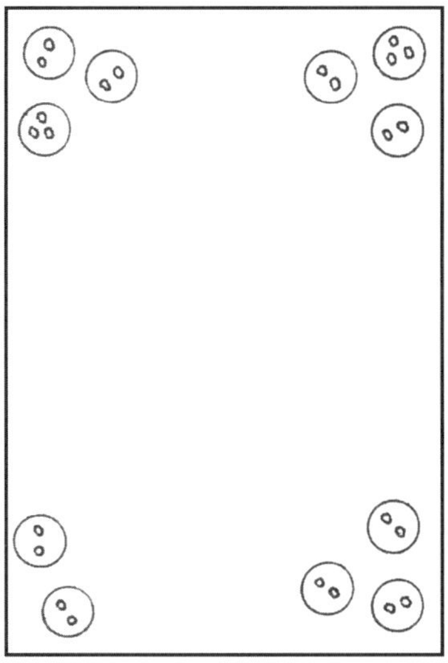

□ Ecken-Spiel: Gemeinsamkeiten wahrnehmen

Dieses Spiel ermöglicht es, Gemeinsamkeiten und Unterschiede in der Gruppe wahrzunehmen, ohne dabei aus der Gruppe herauszufallen. Voraussetzung ist, dass sich jede Person irgendeiner Ecke eindeutig zuordnen können sollte.

Der Raum ist so gestaltet, dass sich die SuS darin frei bewegen können. Die Lehrkraft stellt den SuS Fragen zu ihren Eigenschaften, Vorlieben oder Hobbys. Dabei gibt sie jeweils Antwortmöglichkeiten vor, die immer einer Ecke im Raum zugeordnet werden. Die SuS gehen dann in die Ecke, die ihrer Person entspricht. Dort kommen sie in Zweier- oder Dreier-Gruppen miteinander ins Gespräch und tauschen sich über ihre Gemeinsamkeiten aus. Danach fordert die Lehrkraft die SuS auf, sich umzuschauen, wer zu ihrer Gruppe und wer zur anderen Gruppe gehört. Einzelne SuS aus der jeweils kleineren Gruppe können von der Lehrperson kurz interviewt werden. Zum Schluss kann die Klasse selbst das Stellen der Fragen übernehmen.

Zwei-Eckenspiel als Variante: Die Klasse teilt sich immer wieder in zwei Gruppen auf und ordnet sich den beiden Ecken zu. Die Lehrperson sagt z. B.: Alle, die eine andere Sprache fließend sprechen gehen in die eine Ecke und alle, die nur deutsch sprechen in die andere. Oder: Allen, die evangelisch sind, in die eine Ecke und alle, die nicht evangelisch sind, in die andere Ecke usw.

Schlussauswertung: Die Lehrperson fragt: Was habt ihr Neues über einander erfahren? Seid ihr auch einmal alleine gestanden? Wie war das für euch bzw. für dich? Was hat euch überrascht?

◻ Drei-Einigkeit: Gemeinsamkeiten und Unterschiede entdecken

Bei dieser »trinitarischen« Übung geht es darum festzustellen, was einzelne Personen voneinander unterscheidet und was sie alle gemeinsam haben.

Die Klasse wird ggf. nach dem Zufallsprinzip in Dreiergruppen aufgeteilt. Jede Gruppe bekommt ein *Arbeitsblatt* mit drei Fragen zum Ausfüllen: 1. Das sind drei Dinge, die wir alle mögen. 2. Das sind drei Dinge, die wir alle nicht mögen 3. Darin unterscheiden wir uns: Person 1: Ich bin anders, weil, ... Person 2: Ich bin anders, weil, ... usw.

Sinnlich ansprechender kann diese Übung mit Stationen und Gegenständen so variiert werden, dass sie den Bedürfnissen der Gruppenmitglieder entspricht. An der ersten Station können z. B. Hobbys, symbolisiert durch Piktogramme auf laminierten Kärtchen, ausliegen. Jede Dreiergruppe sucht sich ein Hobby aus, das sie gemeinsam hat, und malt dazu ein eigenes Piktogramm. An der zweiten Station liegen Gegenstände, die Unterrichtsfächer symbolisieren. Die drei Personen suchen sich ein Unterrichtsfach oder eine Tätigkeit, die sie gemeinsam nicht mögen. Sie denken sich dazu eine Pantomime aus. An der dritten Station geht es um Farben, Körpermerkmale, Mahlzeiten oder besondere Fähigkeiten. Hier sucht sich die Dreiergruppe Merkmale oder Eigenschaften aus, in denen sich alle drei unterscheiden.

◻ Einzel-Porträts

Dieser Zugang hilft den SuS im ersten Schritt, sich selber besser kennen zu lernen. Im zweiten Schritt ermöglicht er, dass das gegenseitige Kennenlernen von den äußeren zu den inneren Dingen fortschreitet. Es kommen eigene Werte, Gefühle, Erfahrungen und Visionen zur Sprache, die in ein ganzheitliches Verhältnis gebracht werden können, z. B. in den Zusammenhang von Kopf, Bauch und Herz.

Jede Person bekommt ein A4-Blatt mit einem stilisierten Menschen in »Geh-Haltung«, der einen Rucksack auf dem Rücken trägt. Die Überschrift lautet: »Wer bin ich?« In den verschiedenen Körperteilen stehen die Sätze:

- was ich im Kopf habe (Kopf)
- woran mein Herz hängt (Herz)
- was in mir gut aufgehoben ist (Bauch)
- wofür ich mich einsetze (rechte Hand)
- was ich mit links mache (linke Hand)
- worüber ich oft stolpere (Stolperstein)
- worauf ich sicher gehen kann (Boden)
- was ich mit mir herumschleppe (Rucksack)

In Einzelarbeit füllen die SuS dieses Arbeitsblatt aus. In einem zweiten Schritt tauschen sie sich mit einer Person ihres Vertrauens aus. In einem dritten Schritt zeigen sie der Gruppe im Kreis eine typische Eigenschaft, die sie bereit sind mitzuteilen. Ein Beispiel: »Meine rechte Hand setzt sich dafür ein, dass keine Tiere gequält werden«.

◻ Gemeinschafts-Porträt

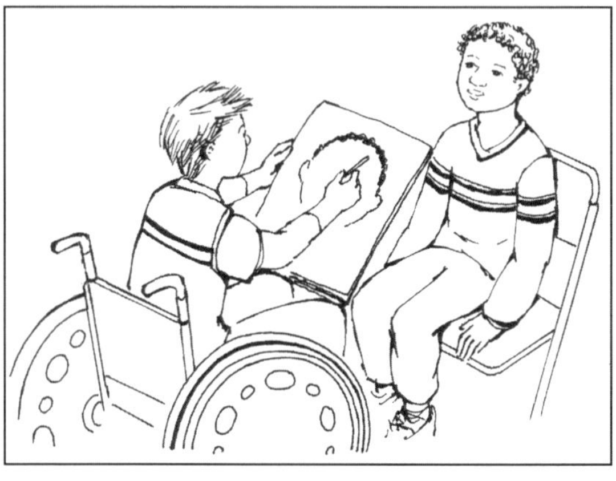

Diese kreative Methode ermöglicht es, andere Personen bewusst wahrzunehmen und von ihnen gemeinschaftlich ein Gesichts- oder Ganzkörperporträt zu erstellen. Bei Personen, die ganz anders, ungewohnt oder gar entstellt aussehen, ist das Betrachten dabei ausdrücklich erlaubt und erwünscht. Die unterschiedlichen künstlerischen Begabungen ergänzen sich zu einem Gesamtkunstwerk.

Die SuS sitzen sich in zwei Stuhlreihen gegenüber, so dass jede Person ein Gegenüber hat und mit einem Zeichenblock (DIN A3 oder A4) und einem Malstift (Kohle, Grafitstift oder Ölkreide) ausgestattet ist. Gibt es eine ungerade Teilnehmerzahl, macht die Lehrkraft mit. In der ersten Malphase wird ein Porträt vom Gegenüber begonnen. Nach ca. drei Minuten wird dem Porträtierten die Zeichnung seines Porträts samt Malstift gegeben. Dann rücken alle Personen auf *einer* Stuhlreihe jeweils einen Stuhl nach links weiter. Nun werden die Porträts mit der gegenübersitzenden Person getauscht, so dass das eigene Porträt wieder zum gegenübersitzenden Maler gelangt. Es wird weiter gemalt. Nach weiteren ca. drei Minuten wird dem Porträtierten wieder die Zeichnung samt Malunterlage übergeben. Dies geht so lange bis alle Personen an jedem Porträt der eigenen Reihe gemalt haben.

In den einzelnen Phasen kann die Lehrkraft unterstützende Hinweise geben wie z. B.: Streicht mit dem Stift ohne großen Druck über die gesamte Fläche. Versucht den Stift ohne Unterbrechung fließen zu lassen. Erfasst die äußere Form des Gegenübers und bringt sie mit leichtem Druck auf das Papier. Nutzt dabei die gesamte Fläche des Blattes.

☐ Gemeinschafts-Kunstwerk

Beim Gemeinschafts-Kunstwerk wird erlebbar, wie aus einzelnen individuellen Puzzleteilen ein schönes, gemeinsames Kunstwerk entsteht. Die Gruppe macht die Erfahrung, gemeinsam ein beeindruckendes Werk zu schaffen, in spielerischer Leichtigkeit, ohne komplizierte Absprache.

Eine Papierbahn wird auf einer langen Tischreihe ausgelegt. Zweiergruppen sitzen oder stehen sich am Tisch gegenüber. Jeweils eine Person aus der Paarung hat einen Kohle- oder Grafitstift. Der Partner ohne Stift zeigt mit der Hand in der Luft, wie mit dem Stift über das Papier gemalt werden soll. Dabei konzentriert sich der »Geführte« auf die Bewegungen der Hand des Gegenübers, überträgt diese Bewegungen auf seine malende Hand und lässt den Stift laufen. Nach ein paar Minuten wird die Art der Führung gewechselt (mit dem Kopf, mit den Augen usw.). Dann wird zwischen »Führendem« und »Geführtem« gewechselt. Die SuS betrachten die so entstandene Zeichnung miteinander und assoziieren frei, was sie darstellen könnte. Jeder sucht sich auf dem Blatt eine interessante Fläche aus. Aus verschiedenen Sätzen Ölkreide nimmt jeder seine Lieblingsfarbe und umfährt damit die Außenlinie der von ihm gewählten Fläche, um sie dann mit seiner Lieblingsfarbe auszumalen. Anschließend wird die farbige Fläche aus dem Papierbogen geschnitten. Mit den so entstandenen Farbflächen wird im Stuhlkreis auf einem großen Papier ein neues Bild gelegt. Eine Person beginnt, seine farbige Fläche auf das Papier zu legen. Ein anderer legt seine Fläche so dazu, wie es für ihn stimmig ist, bis alle SuS ihre Farbfläche angelegt haben. Jede Farbfläche sollte zwei Berührungspunkte zu anderen Flächen haben. Nach diesem Durchgang bekommt jede Person die Gelegenheit, die Position seiner Farbfläche noch einmal zu ändern. Dann werden die Farbflächen aufgeklebt. Abschließend überlegt sich die Gruppe, wie das Bild aufgehängt und benannt werden soll. Diese Methode kann auch mit Themen (»Das sind wir«) oder Geschichten (»Die Schöpfung«) verknüpft oder mit anderen Materialien (Skulpturen, Installationen) durchgeführt werden.

☐ Bewegen und begegnen

Diese Übung ermöglicht es, aus der Distanz und Selbstbezogenheit Schritt für Schritt den anderen in der Gruppe wahrzunehmen und einen ersten optischen und körperlichen Kontakt aufzunehmen.

Alle SuS bewegen sich bzw. fahren im Rollstuhl bei leiser Musik frei im Raum. Die Lehrperson gibt Anweisungen, die auch mit einer Phantasiereise oder Geschichte verbunden sein können: »Ich schau beim Gehen auf den Boden. Ich sehe meine Schuhe. Mein Blick weitet sich. Nun sehe ich auch andere Schuhe. Wem gehören sie wohl? Die Schuhe begrüßen sich mit den Fußspitzen usw. Der Kontakt wird allmählich direkter. Es kommt zum Augenkontakt. Es werden Hände geschüttelt usw.

☐ Körperumriss: Meine Stärken und Schwächen

Diese Form des Porträtierens hilft den SuS zu entdecken, dass sie selbst immer beides haben: Besondere Begabungen (Stärken) und besondere Bedürfnisse (Schwächen). Ziel ist es zu erfahren, dass alle etwas unverwechselbar Kostbares in die Gruppe einbringen können und zugleich auf ihre Weise hilfs- und unterstützungsbedürftig sind. Dabei sollten Behinderungen nicht bagatellisiert werden in dem Sinne »alle sind doch irgendwie behindert«. Vielmehr soll die menschliche Ambivalenz von Stark-sein und Angewiesen-sein entdeckt werden können.

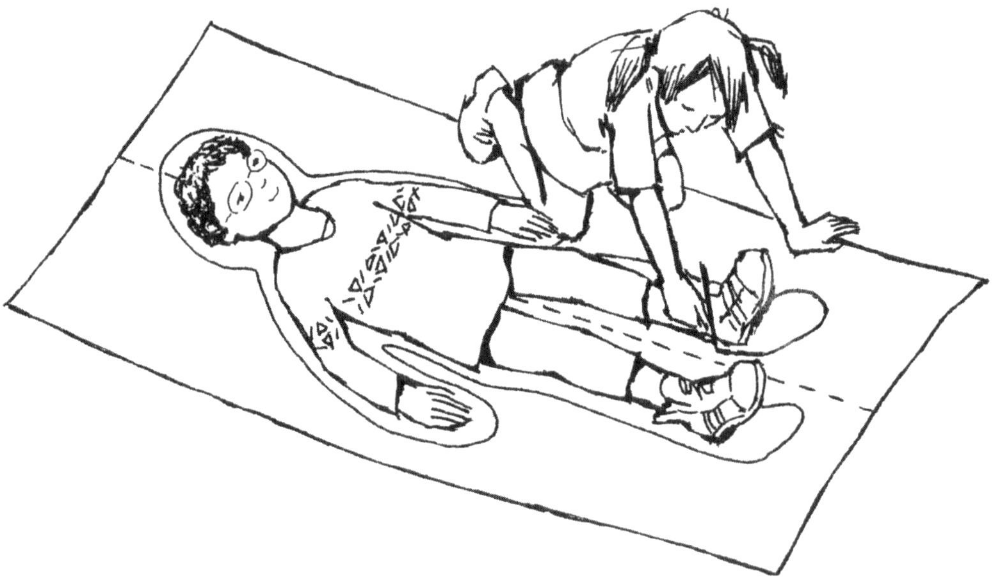

In Partnerarbeit erstellen die SuS gegenseitig einen Körperumriss der eigenen Person, indem sich die eine Person mit dem Rücken auf ein Papier am Boden legt und die andere sie mit einem Stift umfährt. Dann werden die Rollen gewechselt.

In Einzelarbeit gestaltet jede Person die linke Hälfte des eigenen Umrisses mit den persönlichen Schwächen und danach die rechte Hälfte mit den persönlichen Stärken. Die Gestaltung kann über Worte hinaus durch Farben, Stoffe, Collagematerial usw. bereichert werden. Je nach Gruppe ist eine gesonderte Hinführung zu den eigenen Stärken und Schwächen durch eine Bewegungsreise sinnvoll und notwendig.

Jeweils zwei SuS stellen sich ihr Bild gegenseitig vor und tauschen die Gedanken und Erfahrungen zu den beiden Seiten ihrer Persönlichkeit aus. Die Zweierzuteilung kann den SuS überlassen oder dem aktuellen Gruppenprozess entsprechend gesteuert werden.

□ **Lebenslinien**

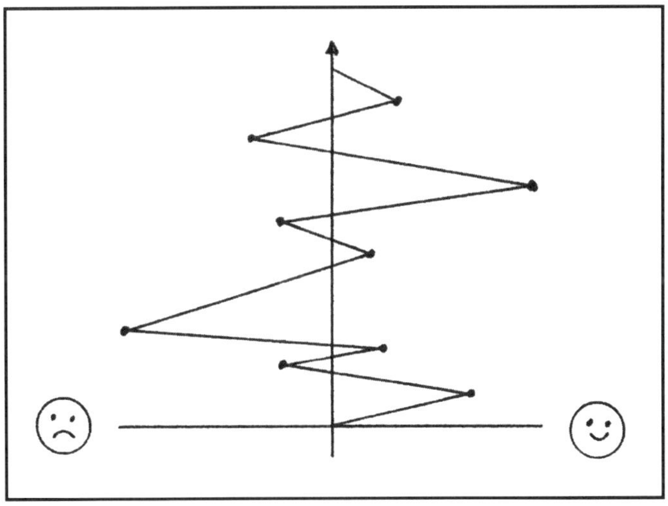

Die SuS zeichnen ein Koordinatensystem. Auf der vertikalen y-Achse tragen sie ihre Lebensjahre ein, von 0 bis zu ihrem aktuellen Alter und ein paar Jahre darüber hinaus. Neben den positiven Bereich der horizontalen x-Achse malen sie eine lächelnde, neben den negativen Bereich eine traurige Smiley-Figur. Die SuS tragen mit Punkten ein, wo es Brüche oder Wendepunkte, traurige oder freudige Ereignisse in ihrem Leben gab. Auch die religiöse Dimension wird einbezogen. Die Punkte erläutern sie mit einem Stichwort (z. B. Umzug, Scheidung der Eltern, Einweisung ins Krankenhaus, Gotteserfahrung, Konfirmation / Kommunion). Alle Punkte kommentieren sie mit einem passenden Smiley-Gesicht und verbinden die Punkte mit einem Strich. Abschließend können sie ihre Erwartungen, Sehnsüchte, Wünsche für die Zukunft eintragen. Die Lebenslinien können auch mit Schnüren und Legematerialien als Bodenbild kreativ gestaltet werden.

Die *Auswertung* erfolgt auf freiwilliger Basis. Die SuS geben nur das preis, was sie preisgeben wollen. Der Grundsatz der Freiwilligkeit muss bei allen Äußerungen vor der Lerngruppe immer eingehalten werden.

Ausgrenzung vermeiden – Gemeinschaft stärken

Es können ganz unterschiedliche Faktoren dazu führen, dass einzelne Personen in einer Gruppe an den Rand gedrängt oder im Extremfall gemobbt werden. Für die Prävention und Intervention ist die Entwicklung der Schulkultur und das interdisziplinäre Unterstützungssystem einschließlich der Schulseelsorge von großer Bedeutung (siehe Kapitel 2.3).

Die folgenden Unterrichtsideen verstehen sich als präventive und diagnostizierende Zugänge. Zur Vertiefung dieser Thematik sind die Handbücher zur Gewaltprävention zu empfehlen (Gugel 2009; 2010). Wichtig ist, dass Ausgrenzungs- und Stigmatisierungsprozesse frühzeitig erkannt und rechtzeitig angemessene Maßnahmen getroffen werden. Dies ist ohne eine methodenunterstützte Wahrnehmung nur schwer möglich, da viele SuS oft nur scheinbar in der Gruppe integriert sind. Bei SuS mit Hörschädigung fällt es zum Beispiel oft nicht auf, dass sie an kommunikativen Prozessen nicht in gleicher Weise teilhaben können und sich deshalb als Außenseiter fühlen, obwohl sie es aus der Sicht der anderen Gruppenmitglieder nicht unbedingt sind.

□ **Wunsch-Befürchtungs-Liste**

Sie gibt der Lehrperson am Anfang eines Schuljahrs bzw. der Gruppenbildung Hinweise auf die Ängste, Befindlichkeiten, Ausgrenzungs-Erfahrungen, Befürchtungen und Wünsche der SuS in der Gruppe.

Die Wunsch-Befürchtungs-Liste (Jocher / Schweiker 2008, 65) kann als Fragebogen gestaltet sein. Sie wird von den SuS einzeln als vertrauliche Botschaft an die Lehrperson und zur Selbstvergewisserung ausgefüllt, ggf. mit Assistenz. Mögliche Fragen könnten sein: Was wünschst du dir? Was soll im RU keinesfalls passieren? Was brauchst du, damit es dir in der Gruppe gut geht? Die Wünsche und Befürchtungen können von den Mädchen und Jungen auch in freier, kreativ gestalteter Form erfolgen und anschließend ggf. im Kreis mitgeteilt und besprochen werden. So kann z. B. ein Wunschbild und/oder ein Befürchtungsbild gemalt werden. Auch die Methoden »Standbild« sowie »Bildhauer und Modell« können als konkret-handelnder und anschaulich-modellhafter Zugang zu diesem Zweck eingesetzt werden.

□ Regel-Vertrag

Er ermöglicht eine gemeinsame Verhaltensgrundlage, auf die sich einzelne, die Gruppe und die Lehrkraft bei Grenzüberschreitungen immer wieder beziehen können. Bei der gemeinsamen Entwicklung des Regelvertrags (Jocher / Schweiker 2008, 66) können auch die Anliegen und Konsequenzen aus der Wunsch-Befürchtungsliste (s. o.) aufgenommen werden.

Die Regeln in der Klasse werden im Kontext einer Unterrichts-Einheit gemeinsam entwickelt, in einem Vertrag festgehalten und in einem feierlichen Rahmen unterzeichnet bzw. bestätigt. Konsequenzen für Regelverstöße werden vorab thematisiert und gemeinsam vereinbart. Der Regelvertrag sollte mit den Schulregeln abgestimmt und mit allen LuL der betreffenden Klasse kommuniziert werden. Wichtig ist, dass die LuL eine Art »Frühwarnsystem« für erste Anzeichen von Ausgrenzungen entwickeln. Verächtliche Gesten und Worte dürfen nicht ignoriert, sondern sollten umgehend thematisiert werden. Die Wertschätzung jeder einzelnen Person bildet – unabhängig von Leistung und Verhalten – die Leitschnur des Umgangs miteinander in der Gruppe, das konsequente freundliche Erinnern und Einfordern der Regel bildet die Rahmung.

□ Soziometrieübung / Stimmungsbarometer

Mit dieser Übung kann in einem zeitsparenden Stimmungsbild eine Momentaufnahme über den Zusammenhalt in der Klasse oder eine Veränderung in der Lerngruppe »diagnostiziert« werden. Die Übung eignet sich auch als Wahrnehmungsinstrument, im Rahmen einer Mobbing-Prävention oder einer Anti-Mobbing-Intervention. Sie kann auch als Längsschnitt über einen größeren Zeitraum durchgeführt werden.

Auf dem Fußboden wird ein Kreppband o. ä. als Linie aufgeklebt. Die beiden Enden der Linie können als Pole auch mit einem Plus und einem Minus gekennzeichnet werden. Die Lehrkraft fragt die SuS zum Beispiel nach ihrem Alter oder nach der Länge ihres Anfahrtswegs zur Schule. Die SuS stellen sich jeweils dort auf der Linie auf, wo sie sich nach ihrer Einschätzung und in Absprache mit den anderen SuS selber verorten. Oder die Lehrperson fragt im Sinne eines Stimmungsbarometers nach der Stimmung der Mädchen und Jungen, ihrem Wohlbefinden in der Klasse oder dem Ausmaß ihrer Wut. Führt man die SuS einfühlsam von den allgemeinen zu den eher »brisanten« Fragen, sind ihre Reaktionen in der Regel offen und ehrlich. Um die Wahrnehmung der SuS zu schärfen, kann die Lehrkraft am Ende der Übung fragen, was den SuS an der Aufstellung aufgefallen ist. Die Antworten werden nicht kommentiert oder bewertet.

□ Komplimenten-Dusche

Die Komplimentendusche hilft den Mädchen und Jungen, ihre individuellen Unterschiede und ihre persönlichen Qualitäten zu erkennen. Sie fördert ihr Selbstwertgefühl und ihren Rückhalt in der Gruppe.

Eine Person in der Mitte des Kreises schließt die Augen. Sie bekommt von jeder Person ein Kompliment zugesprochen: »Ich finde gut an dir, dass du ...« oder »Ich mag, dass du ...«. Wichtig ist: Es dürfen keine negativen Botschaften ausgesprochen und keine Kommentare abgegeben werden. Was gesagt wird, bleibt – ohne Worte, Gesten oder Mimik – stehen. Auch die Lehrerperson kommentiert nicht. Erlaubt sind Empathie und »aktives Zuhören«. Diese Vereinbarungen sind vorab zu treffen und bei Verstoß sofort zu thematisieren. Ist damit zu rechnen, dass einzelne SuS diese Regeln nicht einhalten können, sollte auf diese Übung solange verzichtet werden, bis dies realisierbar erscheint. Sind SuS mit Hörschädigungen in der Gruppe, kann die Komplimenten-Dusche auch mit offenen Augen, per Briefpost, per »Sprachrohr« in Gebärdensprache oder mit Pantomime durchgeführt werden.

☐ Fragebogen Selbst- und Fremdeinschätzung

Ein solcher Fragebogen hilft SuS, sich selbst im Spiegel anderer einzuschätzen und angemessene Rückmeldungen zu geben.

Zuerst bewertet jede Person auf der linken Seite des Blattes die Eigenschaften der eigenen Person auf einer Skala von 1 bis 6. Bin ich zum Beispiel schüchtern, sozial, geduldig, unsicher, ehrgeizig, nett oder hilfsbereit? Die Adjektive können durch Bildsymbole unterstützt werden. Dann faltet jede Person ihr Blatt vertikal in der Mitte, so dass die Selbsteinschätzungen auf der linken Seite verdeckt sind. Alle suchen sich nun eine Partnerin oder einen Partner, die bzw. der zu den gleichen Eigenschaften eine Fremdeinschätzung auf der rechten Seite des Blattes vornimmt.

Auswertung: Die Wertungen und Gefühle werden in den Zweierteams unter der Fragestellung besprochen: Bei welchen Eigenschaften hat dich die Fremdeinschätzung positiv überrascht oder enttäuscht? Danach können in der Gesamtgruppe Gefühle und Erkenntnisse ausgetauscht werden: Wie ging es dir in der Auswertung zu zweit?

Beispiel:

Schüchtern: sehr 1 – 2 – 3 – 4 – 5 – 6 gar nicht | Schüchtern: sehr 1 – 2 – 3 – 4 – 5 – 6 gar nicht

(in der Mitte das Blatt falten)

☐ Abgelehnt – aufgenommen

Die SuS können bei dieser Übung (Rendle 2008, 111) nachempfinden und reflektieren, was es bedeutet, in einer Gruppe abgelehnt oder aufgenommen zu werden.

Die Klasse bildet – bis auf wenige SuS – zwei Kreise (A und B). Die SuS des A-Kreises blicken nach innen und haken sich ein. Damit drücken sie gegenüber anderen SuS Ablehnung und Zurückweisung aus. Diejenigen in Kreis B stehen locker im Kreis, ohne sich die Hände zu geben, und schauen nach außen. Sie signalisieren Offenheit und Aufnahmebereitschaft. Einige, die sich nicht in einem der beiden Kreise befinden, versuchen, in den Kreisen A und B Aufnahme zu finden.

Auswertung: Was ist dir aufgefallen? Welche Erfahrungen hast du mit den beiden Kreisen gemacht? Was hast du an deinem Körper gespürt?

☐ Außenseiterspiel

Mit dem Außenseiterspiel (Rendle 2008, 112) erfahren die SuS wie es Menschen geht, die fremd sind, nicht dazugehören oder abgelehnt werden.

Die SuS bekommen die Spielanleitung: 1. Sorgt für ausreichend Platz. Wählt eine Person aus, die in eurer Klasse beliebt ist. Sie bekommt die Rolle des »Außenseiters«. 2. Spielt »Treffen, Begrüßen und Unterhalten«. Lauft durch den Raum, schüttelt euch die Hand, umarmt einander und unterhaltet euch. Der Außenseiter läuft ebenfalls herum und versucht, mit euch in Kontakt zu kommen. Wehrt jeden Kontaktversuch ab und weicht dem Außenseiter aus.

Auswertung: Wie hast du dich in der Rolle der freundlich begrüßenden und zugleich ablehnenden Person gefühlt? Wie ging es dir als Außenseiter?

Vertrauensübungen und -spiele

Vertrauen kann weder beim Einzelnen noch in der Gruppe vorausgesetzt werden. Es in einer Gruppe einzuüben, ist ein langer und nicht ungefährdeter Wachstumsprozess. Gegen Enttäuschung und Verletzungen gibt es keine Garantie. Durch ein sensibles Vorgehen, klare Spielregeln und die sorgfältige Reflexion von Erfahrungen kann der Vertrauensbildung jedoch ein guter Boden bereitet werden. Sich auf den anderen und auf Gott Schritt für Schritt einzulassen, lässt sich einüben, auch wenn der Glaube selbst unverfügbar bleibt. Die folgenden Spiele und Übungen zur Vertrauensbildung können dabei hilfreich sein. Sie folgen den Prinzipien: 1. Von der Gruppenerfahrung zur Einzelerfahrung. 2. Vom kleinen zum großen Risiko bzw. Vertrauen.

□ Das Mond-Sterne-Spiel – blind erspüren

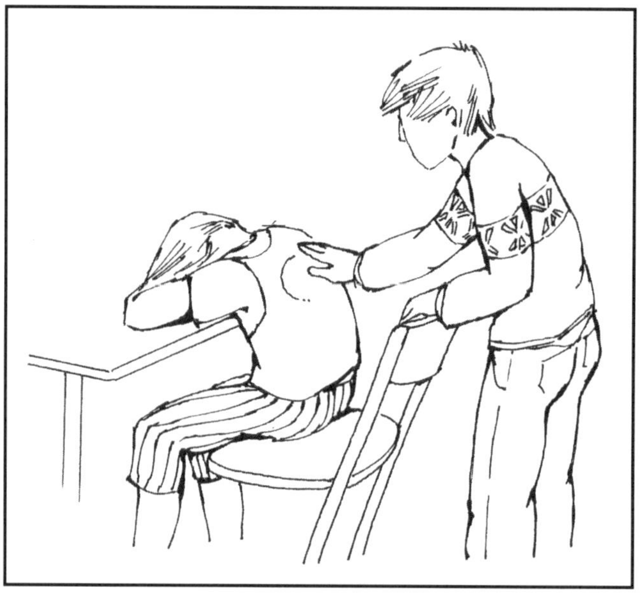

Das Spiel (Zeeh-Silva 2009b, 70) bietet die Möglichkeit, durch kleine Berührungen Sympathie in einem geschützten Rahmen zum Ausdruck zu bringen.

Die SuS sitzen an ihren Tischen und werden in Stern- und Mondkinder oder bei Jugendlichen in Hip- und Hop-Teens aufgeteilt. Die Namensgebung kann je nach Alter und Thema gestaltet werden. Alle SuS legen Kopf und Arme auf den Tisch und schließen die Augen: Sie hören leise Musik, atmen ruhig, warten und werden still. Auf ein akustisches Zeichen stehen die Mondkinder leise auf. Jedes Mondkind geht zu einem Sternenkind und streichelt es ruhig und sanft auf dem Rücken. Nach einem zweiten Zeichen stellen sich die Mondkinder in einem Halbkreis vor die Klasse. Jetzt erst öffnen die Sternenkinder die Augen wieder und raten, welches Mondkind sie berührt hat. Wer erraten wurde, setzt sich auf seinen Platz zurück. Wurde das Streicheln des Mondkindes als angenehm empfunden, winkt ihm das Sternenkind oder gibt seinen Empfindungen einen körpersprachlichen Ausdruck. Sind alle Mondkinder erraten, werden die Rollen getauscht.

□ Das Band

Ein rundes Tuch ermöglicht den SuS, sich getragen zu fühlen und gleichzeitig selbst zu tragen. Sie lassen sich auf ein kleines Vertrauensrisiko ein und machen dabei die erstaunliche Erfahrung, wie wohltuend und tragfähig eine Gemeinschaft sein kann.

Ein 0,8–1m breites strapazierfähiges Tuch wird in einer Länge von 4m (für ca. 15 SuS) an den Enden mehrfach fest zusammengenäht, so dass ein kreisrundes Band entsteht. Die SuS stellen sich im Kreis in das Band, so dass es ihre Rücken und Gesäße bedeckt. Nun lehnen sie sich vorsichtig rückwärts in das Band. Die Dynamik der ganzen Gruppe ist im Tuch unmittelbar spürbar.

Auswertung: Wie hast du dich gefühlt? Wie hast du dich und die Gruppe im Tuch gespürt?

□ Blinde führen und sich führen lassen

Die SuS erfahren, wie schwer es ist, sich dem anderen anzuvertrauen bzw. für den anderen Verantwortung zu übernehmen. Sie spüren, wie gut es tut, wenn es gelingt.

Die Mädchen und Jungen bilden Zweiergruppen. Eine der beiden Personen bekommt die Augen verbunden. Sie wird von der sehenden Person an der Hand geführt. Eine alternative Form der Führung ist, wenn die blinde Person ihre Hand auf die Schulter der sehenden Person legt. Der Weg kann nach Bedarf erleichtert oder erschwert werden. Auch die Unterstützung durch Hände oder durch verbale Hinweise kann variiert werden.

Auswertung: Wie war es für dich als blinder Mensch, so auf den anderen angewiesen zu sein? Konntest du ihr bzw. ihm vertrauen? Was hat dir dabei geholfen? Was hat dich daran gehindert? Nach der Reflexion der Erfahrungen werden die Rollen getauscht.

□ Das Tragetuch

Die Mädchen und Jungen machen die Erfahrung, dass es auf die Kraft und Aufmerksamkeit jeder einzelnen Person ankommt, wenn Vertrauen tragfähig sein und nicht enttäuscht werden soll.

Ein stabiles Tuch (2m x 1,50m) oder eine Hängematte wird auf eine Weichmatte gelegt. Eine Schülerin legt sich hinein bzw. wird ggf. aufgrund einer Behinderung hineingelegt. Alle SuS bzw. Fachkräfte fassen an den Rändern des Tuches an. Dass sie auch stark genug sind, muss zuvor sichergestellt werden. Nun heben sie die Schülerin langsam an, schaukeln sie ggf. und lassen sie dann behutsam auf die Matte ab.

Auswertung: Wie hast du dich im Tuch gefühlt? Hattest du Angst oder Vertrauen? Wie habt ihr euch beim Tragen gefühlt?

□ Sich in die Hände fallen lassen

Einzelne SuS trauen sich, sich fallen zu lassen und dabei ihr Vertrauen ganz auf die Unterstützung anderer SuS in der Gruppe zu setzen.

Eine Person steht aufrecht in der Mitte eines eng geschlossenen Personenkreises und schließt die Augen. Die Kreispersonen sind in Hab-Acht-Stellung. Nun macht sich die Person in der Mitte steif, schließt evtl. die Augen und kippt sich nach vorne, nach hinten oder seitwärts. Sie wird dabei von den Personen im Kreis sanft und sicher aufgefangen und immer wieder in die Senkrechte gebracht.

Auswertung: Siehe Tragetuch.

Anwärmspiele

Anwärmspiele sind ideal, um sich bei einer Erstbegegnung langsam anzunähern (vgl. auch Kennenlernspiele Kapitel 5.1). Sie eignen sich für den Einstieg in das neue Schuljahr, in eine neue Unterrichtseinheit oder zur Gruppenbildung. In einer Gruppe mit unterschiedlichsten Begabungen und Bedürfnissen ist darauf zu achten, dass beim »Anwärmen« nicht Kräftemessen, Konkurrenz, Wettbewerb oder das Gewinnen im Vordergrund stehen. Erstrebenswerter sind Erfahrungen der Kooperation, wechselseitiges Wahrnehmen, Gemeinschaftserfahrung und Interaktionen, bei denen sich die Teilnehmenden gegenseitig ergänzen und gemeinsame Erfolgserlebnisse feiern. Die Bewegungsrichtungen *der Anwärmspiele sind: 1. Von der Distanz zur Nähe 2. Vom Allein-Sein zum Dabei-Sein.*

□ Begegnen und begrüßen

Diese Übung beginnt in der Distanz und führt auf spielerische, dynamische Weise zu ersten Kontaktaufnahmen und Berührungen.

Alle laufen bzw. fahren im Rollstuhl durch den Raum. Jede Person schaut auf die eigenen Füße und nimmt dann auch die Füße der anderen wahr. Man nickt sich gegenseitig zu, staubt sich mit den Fingern ab, schüttelt so viele Hände wie möglich. Der Spaßfaktor spielt eine große Rolle. Das Tempo wird erhöht oder verlangsamt. Die ganze Szenerie kann in eine erfundene Geschichte eingebettet und verortet werden, z. B. in der Fußgängerzone, beim Gemeindefest, im Schulhof etc.

□ Kreisfangen

Dieses Spiel bringt Bewegung in die Gruppe. Es setzt voraus, dass sich einzelne (gerne) umarmen, und macht viel Spaß.

Alle stehen im Kreis. Eine Person ist Fänger/in und steht in der Kreismitte. Die Fängerin versucht, einen Spieler im Kreis zu fangen. Die Spieler/innen im Kreis dürfen sich dabei nur seitlich zu den jeweiligen Nebenspielern bewegen. Durch Umarmen können sie sich vor dem Gefangen-werden schützen. Denn die Fängerin darf nur Einzelpersonen fangen. Sobald sich zwei Spieler umarmen, versucht die Fängerin, eine andere Person zu fangen. Alle Spieler im Kreis versuchen also, durch Umarmen mit einem Nebenmitspieler diesen und auch sich selbst vor dem Gefangenwerden zu schützen. Sobald die Fängerin von den umarmenden Spielern weg geht, muss die Umarmung wieder gelöst werden. Sobald die Fängerin einen Kreisspieler gefangen hat, wechselt sie mit diesem die Position.

Erweiterung: Dreht sich der Fänger vor den Umarmenden, muss die Umarmung aufgelöst werden.

□ Bewegungen entwickeln und nachahmen

Bei diesem Anwärmspiel werden Selbstmitteilung, Perspektivenübernahme, Körpergefühl und emotionale Ausdrucksfähigkeit gefördert.

Alle sind in einem Raum mit ausreichend Platz, um sich frei bewegen zu können. Der Blick ist nach vorne gerichtet. Aus der Gruppe geht eine Person nach vorne und gibt (Tanz-) Bewegungen vor, die von der gesamten Gruppe nachgemacht werden. Als Bewegungsimpuls wird unterschiedliche Musik eingesetzt. Nach ca. einer Minute wird gewechselt. Die Vorspielerin geht zurück in die Gruppe und übergibt mit einer Geste oder einem Gegenstand an eine andere Person. Diese tritt aus der Gruppe und geht als neuer Vorspieler nach vorne.

Variante: Diese Form kann auch als freies Gebet mit Gesten oder als Bewegungslied im Kreis variiert werden.

□ Au ja-Spiel

Dieses Spiel bringt Lockerheit, Spontaneität und Fantasie in die Gruppe.

Eine Person – zu Beginn meist noch die Lehrkraft – beginnt und schlägt etwas vor, z. B.: »Kommt, lasst uns alle hüpfen« oder: »Wir kratzen uns am Kopf«. Alle Mitspieler rufen darauf: »Au ja!« und führen diese Tätigkeit aus, bis der Nächste eine neue Idee einbringt. Die Aufgaben führen jeweils immer alle SuS durch. Damit dies möglich ist, müssen die Aufgaben einfach erfüllbar sein. Es ist darauf zu achten, dass niemand dabei gefährdet, beleidigt oder ausgeschlossen wird.

□ Leiten und leiten lassen

Das Spiel hilft SuS, den anderen feinfühlig wahrzunehmen, sich auf ihn einzustellen, ihn gut zu leiten bzw. sich leiten zu lassen.

Zwei Personen stehen sich gegenüber und halten ihre Handflächen paarweise aneinander, ohne sich zu berühren. Eine Person »führt« die andere und diese lässt sich »führen«.

Varianten: Dies kann auch mit weiteren Berührungsformen variiert werden, z. B. Hand an Hand, Rücken an Rücken, Kopf an Kopf, Kopf folgt Hand usw. Die Handlungen können auch gespiegelt werden: Eine Person führt langsame Bewegungen aus und die Partnerin muss wie ein Spiegel die Bewegungen nachahmen.

5.2 Wahrnehmen und erleben

Sich selbst und andere bewusst wahrzunehmen, ist keine Selbstverständlichkeit. Kinder und Jugendliche müssen dies geduldig einüben. Beim Wahrnehmen und Erleben ist es gut, von der Nähe in die Ferne und vom Ich zum Du zum Wir fortzuschreiten. Zuerst geht es um grundlegende religiöse Wahrnehmungsformen: Die Fähigkeit, in sich selbst hineinzuhören, Stille zu erleben und Eindrücke zu meditieren. Dann werden unter der Überschrift der Körperarbeit basale Formen der Wahrnehmung vorgestellt. In einem weiteren Abschnitt werden unterschiedliche Möglichkeiten aufgezeigt, Empathiefähigkeit zu stärken. Schließlich wird gezeigt, wie das Erleben und Arbeiten mit Filmen, das gemeinsame Lernen unterstützt.

Stille und Meditation

Die Schul-, Alltags- und Medienwelt ist meist laut, schnell und bewegt. Ruhe und Stille sind für SuS oft ungewohnt. Der Mehrwert der Stille erschließt sich erst langsam. In sich selbst hineinzuhören, in die Tiefe der eigenen Seele hinab und zu Gott hinaufzusteigen, braucht Zeit. Viele SuS müssen erst behutsam in die inneren und äußeren Räume der Stille hinein begleitet werden. Die Stille hilft ihnen, die kleinen und die wirklich wichtigen Dinge besser wahrzunehmen. Wichtige Prinzipien *sind: 1. Vom Lärm in die Stille 2. Von der Bewegung in die Ruhe.*

□ DONNERWETTER

Das Donnerwetter ist ein Von-Laut-nach-Leise-Spiel (Zeeh-Silva 2009b, 65). Es ermöglicht, vom Lärm in die Stille zu kommen. Die Dynamik führt die SuS von laut nach leise.

Das Spiel kann auf dem Boden sitzend, im Kreis stehend oder an Tischen durchgeführt werden. Alle Bewegungen und Rhythmen werden also entweder auf den Fußboden, auf den eigenen Körper oder auf die Tischfläche übertragen. Die Lehrperson führt die SuS durch das Unwetter hindurch und macht ihnen die Bewegungen vor.

Ein Beispiel

Die ersten Regentröpfchen:	*Leichtes Fingertrippeln*
Es werden mehr und mehr Regentropfen:	*Stärkeres, schnelles Fingertrippeln*
Ein Wind kommt auf:	*Streichen, Reiben mit beiden Handflächen*
Der Wind treibt Blätter über das Land:	*Schnelle Krabbelbewegungen mit den Fingern*
Ein Sturm:	*Stärkeres Streichen mit beiden Handflächen, Windgeräusche mit dem Mund*
Donnergrollen:	*Trommeln der Fäuste, schnelles Stampfen mit den Füßen*
Ein Blitzschlag:	*Einmaliges Aufstampfen mit den Füßen oder Aufschlagen mit den Handflächen*
Der Regen wird schwächer:	*Fingertrippeln*
Der Wind verzieht sich:	*Leichtes Streichen mit den Handflächen*
Nur noch wenige Regentröpfchen fallen:	*Leichtes Fingertrippeln, bis keines mehr hörbar ist.*
Erleichtert atmen die Menschen auf:	*Endlich ist wieder Ruh. Dreimal ruhiges Ein- und Ausatmen.*

□ OBJEKT-IMPULS / STILLER IMPULS

Objekt-Impulse (Zeeh-Silva 2009a, 37) ermöglichen die Fokussierung der kindlichen Aufmerksamkeit. Sie regen das Assoziationspotential der Kinder an und eröffnen einen selbst gesteuerten, individuellen Zugang zum Thema.

Es werden Gegenstände (Objekte) ausgewählt, die mit dem Unterrichtsinhalt und der Unterrichtsintention übereinstimmen. Sie entstammen häufig dem Alltag der Kinder und ermöglichen dadurch jedem Kind, das Objekt mit eigenen Vorerfahrungen in Verbindung zu bringen. Objekt-

Impulse werden mit Erläuterungen oder auch als stille Impulse ohne Worte eingeführt. Sie können in der Kreismitte platziert, durch die Sitzreihen weitergegeben oder für alle – auch medial – gezeigt werden. Sie ermöglichen – auch haptisch und taktil – das »Begreifen« mit allen Sinnen. Objekt-Impulse können auch religiös gedeutet werden und dienen so der Einübung des Symbolsinns und als Wegbereiter der Symbolfähigkeit.

Ein Beispiel: Zur Thematik ›Außenseiter‹ kann ein beliebig großer Kreis aus Kieselsteinen gelegt werden, wobei ein Stein außerhalb des Kreises platziert wird. Jedes Kind erkennt diese elementare Bildsprache und kann dazu seine Erfahrungen äußern.

□ Erlebnisgestalt

Eine Variante des Objekt-Impulses aus dem Konzept der »Kräfteschulung« von Fritz Oser ist die Erlebnisgestalt (Zeeh-Silva 2009a, 30; vgl. Kapitel 4.4). Sie wird im Unterschied zum Objekt-Impuls gezielt ausgewählt und eingesetzt, um eine bestimmte seelische Fähigkeit (Kraft) zu fördern. Kräfte im Sinne dieses Konzeptes sind z. B. vertrauen können, Dankbarkeit zum Ausdruck bringen, einen Raum behutsam begehen oder Stille erleben.

Ein Beispiel: Ein Schneckenhaus wird als Erlebnisgestalt eingesetzt, wenn die SuS die Fähigkeit erlernen sollen, den Weg in die Stille zu gehen. Erlebnisgestalten ermöglichen Lernprozesse durch positive, spielerische Erlebnismomente.

Körperarbeit

In keiner anderen Arbeitsform kommen sich SuS im Unterricht so nahe wie bei der Körperarbeit. Sie berühren sich, zuweilen auch von Haut zu Haut. Dabei berühren sich nicht nur ihre Körperoberflächen, sondern auch ihre inneren Gefühlswelten. Darum ist hier ein hohes Maß an Sensibilität im Umgang miteinander gefragt. Es bedarf der Fähigkeit, die Grenzen der Berührung zu erkennen und zu benennen. Die Prinzipien *sind: 1. Von der Distanz zur Nähe; 2. Von der Selbstwahrnehmung zur Fremdwahrnehmung (siehe auch Berührungsübungen S. 69ff).*

□ Stopp-Sagen

Diese Übung hilft den SuS, das eigene Distanzbedürfnis wahrzunehmen, es anderen deutlich zu zeigen, gemeinsame Stopp-Zeichen zu vereinbaren und diese auch einzuhalten.

Die SuS stehen sich paarweise in einem größeren Abstand in zwei Reihen gegenüber. Je eine Person eines Paares geht langsam auf die gegenüberstehende Person zu. Diese bestimmt das Maß an Nähe und Distanz, indem sie mit einer abweisenden Handbewegung genau an der Stelle »Stopp« sagt, die mit ihrem persönlichen Distanz- und Nähegefühl übereinstimmt. Die sich bewegende Person bleibt sofort stehen. Der Abstand wird von beiden bewusst wahrgenommen. Dann werden die Empfindungen ausgetauscht. Anschließend werden die Rollen getauscht.

Auswertung: Nach der Übung macht sich die Lerngruppe Gedanken über den Sinn von Grenzziehungen bei der Köperarbeit. Sie vereinbart, wie ein »Stopp!« bei der Körperarbeit signalisiert werden soll.

□ KÖRPERWORTE

Dieser Zugang hilft, die eigene Körpersprache und die anderer Menschen besser zu verstehen.

Körperworte sind in körperliche Gesten umgesetzte Gefühle. Die Emotionen eines Menschen in einer Erzählung werden zunächst verbalisiert und in einem zweiten Schritt körpersprachlich inszeniert. Die Mädchen und Jungen nehmen zum Beispiel die Körperhaltung ein, welche die Trauer über den Tod Jesu bei seinen Jüngerinnen und Jüngern ausgelöst haben mag. Dabei kann jeder Schüler seinen eigenen Körperausdruck finden, der von allen gemeinsam betrachtet und anschließend nachgeahmt wird.

□ BILDHAUER UND MODELL

Diese Methode ermöglicht eine körperliche und dennoch distanzierte Kontaktaufnahme. Sie leitet dazu an, menschliche Gefühle und Rollen in Körperhaltungen zum Ausdruck zu bringen. Sie hilft SuS, sich in Personen, z. B. aus biblischen Geschichten, hineinzuversetzen.

In Partnerarbeit formen die Bildhauer ihr Modell frei oder nach Vorgaben (z. B. Bettler, Star, trauriger Mensch). Sie bringen ihr Modell vorsichtig in die von ihnen gewünschten Körperhaltungen, indem sie die einzelnen Körperteile durch behutsames Bewegen verändern. Wenn alle Bildhauer fertig sind, bleiben die Modelle eingefroren und die Bildhauer gehen als Museumsbesucher durch den Raum und betrachten alle Modelle.

Auswertung: Die Körperhaltungen der Modelle werden besprochen und dann die Rollen gewechselt.

□ ÖTZI-ÜBUNG

Durch die körperliche Zuwendung entsteht bei dieser Übung (Rendle 2008, 105) ein Gefühl des Angenommenseins. Sie sensibilisiert für die körperlich-somatischen Bedürfnisse des anderen und weckt die Bereitschaft, sich für sein Wohlbefinden einzusetzen.

In Partnerarbeit werden zwei Rollen eingenommen. Ötzi, der Urmensch aus dem Südtiroler Eis, macht es sich rücklings auf einer Decke bequem. Er schließt die Augen und atmet ruhig. Der Partner in der Rolle des Forschers versucht, den im Eis gefundenen Urzeitmenschen »aufzutauen«. Durch Massieren mit den Händen versucht er, alle Gelenke von Ötzi aufzutauen. Er beginnt mit den Füßen und endet an den Schultern. Dabei beachtet er die Regeln der guten Berührung (siehe Basaler Dialog, Kapitel 5.4). Währenddessen erklingt ruhige Musik. Vorab sollte geklärt werden, welche Körperzonen berührt werden dürfen und welche nicht. Dies kann von der Lehrkraft bestimmt werden oder von den Partnern selbst, indem sie auf einem Papier die Tabuzonen auf einem Körperumriss einfärben.

Auswertung: Nach der Übung werden die Erfahrungen ausgetauscht und dann die Rollen gewechselt.

Empathiefähigkeit stärken

Ein verständnisvoller Umgang mit dem Anderssein anderer setzt ein Einfühlungsvermögen in ihre Situation voraus. Empathieübungen können im RU auch im Kontext von biblischen Heilungsgeschichten eingesetzt werden, um sich in die noch nicht geheilten Personen bzw. in die geheilte Person hineinzuversetzen.

□ ERFAHRUNGSPARCOURS

Bei diesem Stationenparcours machen die SuS Erfahrungen, die ihnen helfen, sich in die Lebensumstände von Menschen mit besonderen Bedürfnissen hinein zu versetzen. Durch inszenierte Selbsterfahrungen erweitern sie ihr Einfühlungsvermögen und Problembewusstsein für Menschen mit diversen Besonderheiten.

Kleingruppen bewältigen an Stationen unterschiedliche Aufgaben. Mit zugebundenen Augen überwinden sie Hindernisse im Raum (blind), erklären Begriffe pantomimisch ohne Worte (gehörlos), zeichnen in spiegelverkehrter Sicht Linien nach (orientierungslos), bewältigen in Rollstühlen eine schwierige Wegstrecke (querschnittgelähmt) oder bekommen mit Ohrstöpseln und Augenbinde ausgestattet (taub-blind) einen Joghurt zu essen. An den einzelnen Stationen des Parcours erhalten sie Hintergrundinformationen zu den Formen der Beeinträchtigung, die sie experimentell erleben.

Nach jeder Station tragen sie ihre persönlichen Erfahrungen in einen Laufzettel ein (Schweiker 2008). Der Parcours wird an die Situation und die Zielgruppe angepasst. Er eignet sich auch als Vorbereitung auf eine Erstbegegnung oder ein Kooperationsprojekt.

☐ Empathieübung blind sein

Die SuS stehen im Kreis und werden z. B. per Durchzählen (A, B, A, B) in zwei Gruppen eingeteilt. Gruppe A verteilt sich im Inneren des Kreises, Gruppe B bleibt im Kreis stehen.

Phase I: Gruppe A schließt die Augen. Gruppe B läuft auf ein optisches Zeichen der Lehrperson kreuz und quer zwischen den Personen der Gruppe A durch, ohne diese zu berühren.

Auswertung: Wie war es für dich? Was hast du wahrgenommen? Wie hast du dich gefühlt? Antworten können sein: Ich habe einen Luftzug gespürt, ein Atmen gehört. Es wurde mir unwohl. Ich wusste nicht, was auf mich zukommt.

Phase II: Die Gruppen A und B wechseln ihre Positionen. Gruppe A steht im Außenkreis, Gruppe B verteilt sich im Innenkreis und schließt die Augen. Gruppe A läuft nahe an den Personen von Gruppe B vorbei und streift sie leicht.

Phase III: Wechsel der Gruppen (s. o.). Gruppe B stampft heftig an den Personen von Gruppe A vorbei.

Auswertung (s. o).

Phase IV: Wechsel der Gruppen (s. o.). Gruppe A rempelt die Personen von Gruppe B mit der Schulter an und/oder berührt sie an vereinbarten Körperstellen mit den Fingerspitzen.

Auswertung (s. o.)

☐ Simulationsübung: behindert sein

Um für die besondere Lebenssituation von Menschen mit besonderen Bedürfnissen sensibler zu werden, können ihre besonderen Lebensumstände über einen kürzeren oder längeren Zeitraum simuliert werden. Durch diesen Situations- und Perspektivwechsel kann sich ein verstehendes Mitgefühl entwickeln.

Einzelne Beispiele: Eine bestimmte Zeit im Rollstuhl (gelähmt), mit geschienten Beinen (gehbehindert), mit Augenbinde und Blindenstock (blind), mit Spezialbrille (sehbehindert), mit Gehörschutz oder Ohrstöpsel (gehörlos), nur mit linker Hand oder linkem Fuß bei Rechtshändern aktiv (motorisch beeinträchtigt / Hemi-Plegie), im Liegesack gelagert (Tetraplegie) oder mit eigener Nacht-Spange, Kaugummi o. ä. im Mund (sprachbehindert). Oder: Eine Zeit in einem fremden Sprach- und Kulturraum, z. B. im Ausland, in einer fremdsprachigen Familie, einer nicht vertrauten Fremdsprachenklasse (ohne Deutsch als Primärsprache oder -kultur) oder in einer höheren Klasse im Mathematikunterricht (lernbeeinträchtigt).

Wichtiger Hinweis: Bei allen Formen der Simulation müssen gesundheitliche Aspekte berücksichtigt und Gesundheitsbedenken ausgeschlossen werden.

Auswertung: Zur Übung gehört die Auswertung der Erfahrungen unmittelbar dazu: Was ist mir deutlich geworden? Inwiefern und in welchen Punkten kann ich jetzt N.N. besser verstehen?

☐ Bärentatze

Dieses Interaktionsspiel sensibilisiert für körperliche Grenzen (Zeeh-Silva 2009b, 80f). Es ermöglicht energiereiche, große Aktionen und fokussiert auf die starken Empfindungen. Dabei kommt es besonders den Bedürfnissen der Jungen entgegen. Zugleich schärft es den Blick für die Grenze zwischen Raufen und Verletzen. Die zentrale Regel ist: Rempeln, aber einander nicht wehtun!

Vorübungen: Die SuS üben in Zweiergruppen, wie sie sich anrempeln und raufen können, ohne einander weh zu tun. Zwei Kinder oder Jugendliche knien einander gegenüber. Sie haben ihre Hände auf dem Rücken. Ihr Ziel ist, einander zum Umfallen zu bringen, ohne Arme oder Hände einzusetzen. Zuvor wird ein Signalwort wie ›Au‹ oder ›Stopp‹ vereinbart. Sobald es ausgesprochen wird, muss die Handlung sofort unterbrochen werden. Es wird auch vereinbart oder vorgegeben, was geschieht, wenn jemand diese Regel nicht befolgt.

Wenn Bodenmatten, Sitzkissen, Matratzen zur Verfügung stehen, kann ein Kreis gebildet werden, in welchem sich eine kleine Gruppe raufen darf, während die übrige Gruppe den Schutzkreis bildet, der die Innengruppe ›abfedert‹ und darauf achtet, dass niemand ›herauspurzelt‹. Danach wird gewechselt, damit alle SuS diese Erfahrung machen können, wobei sich die Gruppen selbstständig bilden sollten.

Auswertung: Die SuS im Außenkreis beschreiben, was sie beobachtet haben. Die SuS, die sich im Innenkreis gerauft haben, erzählen, was sich gut angefühlt hat und was ihnen unangenehm war bzw. wehtat. Dabei kommen auch die sensiblen Empfindungsbereiche zur Sprache und die Tendenzen zur Grenzüberschreitung.

□ Standbild / Klickbild

Beim Standbild können sich Mädchen und Jungen mit unterschiedlichen Begabungen in verschiedenen Funktionen und Rollen einbringen. Im Unterschied zum Rollenspiel wird keine Sequenz gespielt, sondern Haltungen, Gefühle und Beziehungen in einem ruhenden Bild aus bis zu zehn Personen dargestellt. So erleben sie die Geschichte körperlich und entdecken das Beziehungsgeflecht der Personen in der Geschichte. Im Standbild können neben Personen auch Gefühle (zum Beispiel Angst) und Gegenstände (zum Beispiel ein Geldstück) als Rolle besetzt werden. Das Rollenspiel und auch die Fähigkeit, Gefühle in Köpersprache zu übertragen, müssen eingeübt werden (vgl. Körpersprache). Als Anwärmübung können Gefühle genannt und blitzschnell von allen in Körperhaltungen umgesetzt werden. Ein Erbauer oder eine Erbauerin errichtet das Bild. Sie darf laut denken und ihre Handlung begründen. Abschließend wird eine Feinjustierung vorgenommen: Wohin geht der Blick? Wer berührt wen? Stimmen Nähe und Distanz? Dann wird das Bild ›eingefroren‹ und es folgt die Beobachtungs- und Interviewphase. Die Zuschauenden sprechen ihre Beobachtungen aus. Was fällt auf? Wie stehen die Personen zueinander? Einzelne können auch in das Bild treten, einer Rollenperson die Hand auf die Schulter legen und in einer Ich-Aussage Gedanken oder Gefühle dieser Person zum Ausdruck bringen. Die Personen im Bild können auch interviewt werden.

Auswertung: Das Interview schließt mit der Aufforderung: »Wie geht es dir (in deiner Rolle)? Drücke dein Befinden in einem Satz oder in Körpersprache aus.« Am Ende wird das Bild »aufgetaut« und die Akteure erhalten einen Applaus. Abschließend werden die Erfahrungen ausgewertet mit der Frage: »Was ist dir deutlich geworden?«

Ein Beispiel zum Standbild »Insider – Outsider«

Die Gruppe macht ein kurzes Brainstorming über Ausgrenzungssituationen. Die Beispiele werden stichwortartig von den SuS oder der Lehrperson notiert, z. B.: Auf dem Sportplatz darf eine/r nicht mitspielen; auf dem Pausenhof wird eine/r ausgelacht usw. Je nach Gruppe kann auch die Lehrperson die Situationen einbringen und auf Zetteln notieren.

Es werden Gruppen von ca. 4 bis 5 Personen gebildet. Jede Gruppe zieht einen Zettel und stellt die Situation im Standbild dar. Wenn die Gruppen ihre Standbilder entwickelt haben, werden die Bilder nacheinander den anderen Gruppen präsentiert (s. o.).

Erweiterung

- □ Jede Person nimmt in der Erarbeitungsphase innerhalb der Kleingruppe jede Haltung ein, d. h. jede ist einmal »Opfer« und »Gruppenmitglied«.
- □ Die Gruppen entwickeln Standbilder, in denen das Opfer fehlt. Bei der Präsentation dürfen sich zuschauende SuS nacheinander in die Haltung des Opfers begeben.

Anschließend wird in der Gruppe über die verschiedenen Ausgrenzungssituationen und die eigenen Gefühle in den unterschiedlichen Rollen reflektiert (s. o.).

□ **Filme im inklusiven RU (Margit Metzger)**
Für die besondere Situation des inklusiven RU empfehlen sich zahlreiche aktuelle und qualitätsvolle Kurzfilme. Dabei ist zwischen Filmen, die als Impulse Gefühle und Gedanken auslösen, und Filmen, die informieren und dokumentieren, zu unterscheiden. Beide Filmarten sind für inklusive Gruppen geeignet. Sie können verschiedene didaktische Funktionen einnehmen: Eröffnung, Erarbeitung oder Abschluss einer Unterrichtseinheit.

Bei der Filmauswahl ist darauf zu achten, dass alle SuS den Film sowohl sinnlich (z. B.: Untertitel, Audiobeschreibung) als auch inhaltlich (Inhalt, Aufbau, Gestaltung, Symbole) wahrnehmen und verstehen können. Filme lassen sich durch inhaltliche Vorarbeit, aber ebenso durch eine nachträgliche methodische Aufbereitung besser erschließen. Kompetenzerwerb mit Filmen kann durch kreative Aneignung des Films »mit allen Sinnen« gelingen. Dazu eignen sich viele der in diesem Band vorgestellten Methoden genauso wie filmspezifische Methoden.

»Filmspezifisch« meint Methoden, die nur bei Filmen eingesetzt werden können, wie zum Beispiel der Filmabbruch verbunden mit der Frage, wie die Geschichte wohl weitergehen könnte. Eine andere Methode, die sich auf die dramaturgische und emotionale Ebene des Films bezieht besteht darin, den Ton eines Films bei einer zweiten Sichtung selbst musikalisch zu gestalten. Dazu eignen sich in inklusiven Gruppen besonders das Orff'sche Instrumentarium.

Die SuS erhalten mit Hilfe von Filmen oder Filmsequenzen eine konkrete, visuelle und akustische Anschauung des gezeigten Inhalts. Kurzspielfilme zeigen Geschichten, die ihnen häufig ermöglichen, sich mit den dargestellten Personen zu identifizieren. Eine besondere Chance für inklusives Lernen in ausgeprägt heterogenen Gruppen bieten dabei Animationsfilme, die altersmäßig nicht genau definierte Figuren in den Mittelpunkt stellen (z. B. Tiere). Sie bieten den Vorteil, dass sich Zuschauerinnen und Zuschauer verschiedenen Alters und verschiedener Kompetenzen mit den gezeigten Figuren identifizieren können. Wenn diese Filme eine klare Handlungsstruktur und keine Sprache enthalten, wie z. B. beim Kurzfilm »Anders-Artig«, ist ihr Inhalt für alle Zuschauenden leicht zugänglich (siehe die kommentierte Filmauswahl unter Kapitel 6.3).

5.3 Handeln und interagieren

Zum Handeln und Interagieren gehören im inklusiven RU unterschiedlichste Formen des liturgischen Lernens, wie z. B. die Anfangs- und Abschlussrituale im RU oder Rituale der Berührung. Für das inklusive Lernen, bei dem SuS mit schwermehrfacher Behinderung selbstverständlich und gleichberechtigt teilhaben können, sind Berührungen und basale Kommunikationsformen von zentraler Bedeutung. Neben dem Lied und der musisch-ästhetischen Bildung sind Kooperations- und Interaktionsspiele, Aktionen und Projekte wichtige Zugänge, um das ›Miteinander der Verschiedenen‹ hilfreich zu unterstützen.

Liturgisches Lernen

Religiöse Bildung ist auch Lernen durch Tun (learning by doing). Es ist nicht nur Unterricht über Religion, sondern auch durch religiöse Einübung und Ausübung. Diese Form des religiösen Lernens wird auch als »performatives Lernen« oder »liturgisches Lernen« bezeichnet. Rituale, Symbolhandlungen, Lieder, Gebete, Stille und Meditation gehören von Anfang an zum katechetischen Unterricht und gewinnen auch im RU zunehmend an Bedeutung. Das gemeinsame Feiern, Singen, Stille werden, Salben, Essen und Unterwegssein sind sinnliche, handlungsorientierte und für das inklusive Lernen bedeutsame Formen der religiösen Bildung.

□ **Anfangs- und Abschlussrituale**
Rituale sind für den RU in heterogenen Lerngruppen von herausragender Bedeutung, da sie in hohem Maße Identität stiften und Gemeinschaft stärken. Für SuS mit Besonderheiten, wie z. B. Sinnesbeeinträchtigung, Wahrnehmungsverarbeitungsstörung, Autismus, psychische Labilität oder geistige Behinderung, sind wiederkehrende Rituale unverzichtbar, weil sie die Zeit klar erkennbar

strukturieren. Durch regelmäßig wiederkehrende Abläufe, die in gleicher Weise *(rite)* vollzogen werden, gewinnen SuS Handlungssicherheiten. Die zuverlässig vollzogenen Rituale schaffen einen Raum des Vertrauens und tragen zur Lehrerentlastung bei.

Anfangs- und Abschlussrituale sind in der Religionsstunde von besonderer Bedeutung. Sie geben ihr einen Rahmen und ein Erkennungsmerkmal, das dieses Fach von anderen Fächern unterscheidet.

Ein Beispiel: Das Anfangsritual findet im Stuhlkreis um eine gestaltete Mitte (siehe Bodenbild, S. 84) statt. Die Lehrkraft begrüßt die SuS mit einem kurzen Wort. Die SuS schließen die Augen. Eine Schülerin nimmt die Zimbel oder Klangschale aus der Mitte und schlägt sie an. Wer den Klang nicht mehr hören kann, öffnet die Augen. Nun zündet ein Schüler die Kerze in der Mitte an und spricht einen Wunsch aus: »Ich wünsche mir, dass wir eine schöne Religionsstunde haben«. Der Wunsch kann auch durch Ereignisse in Klasse, Schule oder Umwelt motiviert sein. Als Hilfe, einen Wunsch zu benennen, können für nicht sprechende SuS Piktogramme (vgl. Boardmaker, S. 99 [Link]) im Bodenbild ausgelegt werden. Nun singen alle ein Bewegungslied, das zum Stundenthema überleitet.

□ Lied und Gesang

Singen macht Spaß, tut gut! Nicht nur aufgrund des Klangerlebnisses. Denn beim Singen kommt der ganze Körper ins Schwingen. Singen ist eine basal-vibratorische Erfahrung! Sie kann auch von nicht singenden SuS, z. B. Mädchen und Jungen mit einer schweren mehrfachen Behinderung, intensiv wahrgenommen werden, wenn sie sich an den Körper einer singenden Person anlehnen oder sie in einem Klangkörper oder auf einem akustischen Wasserbett liegen. Im Singen können Gefühle wie Dank, Bitte, Klage oder Freude zum Ausdruck gebracht werden. Inhalte und Gedanken kommen in poetischen Worten zum Klingen.

Folgende Lieder eignen sich für den inklusiven RU, da sie auf unterschiedliche Weise das ›Miteinander der Verschiedenen‹ thematisieren:

Lieder zum Miteinander der Verschiedenen:

- □ Aufstehn, aufeinander zugehn (T und M: Purple Schulz / Josef Piek / Clemens Bittlinger)
- □ Einander brauchen mit Herz und Hand (T und M: Okko Herlyn)
- □ Ein jeder kann kommen (T und M: Winfried Radeke)
- □ Gut, dass wir einander haben (T und M: Manfred Siebald, Hänssler Verlag)
- □ Ich gebe dir die Hände und schau dir ins Gesicht (T: Rolf Krenzer; M: Ludger Edelkötter)
- □ Ja, Gott hat alle Kinder lieb (T und M: Margret Birkenfeld)
- □ Suchen und fragen (T: Diethard Zils; M: Jo Akepsimas)
- □ Unsre Hände sollen eine starke Brücke sein (T: Rolf Krenzer; M: Reinhard Horn)
- □ Vergiss es nie, dass du lebst war keine eigene Idee (T und M: Paul Janz, dt: Jürgen Werth)
- □ Wenn einer sagt, ich mag dich du (Kindermutmachlied, M und T: Andreas Ebert)
- □ Wo einer dem andern neu vertraut (EG 551: T: Reinhard Bäcker; M: Detlev Jöcker)
- □ Wo ein Mensch Vertrauen gibt (T: Hans-Jürgen Netz; M: Fritz Baltruweit)
- □ Wo zwei oder drei (Kanon; EG 568: T: Mt 18,20; M: Martin Rößler)

Das Singen und Hören von Liedern kann durch Gesten, Bewegungen, Tänze oder Instrumentalisierung sinnlich bereichert werden. Im Bewegungslied vermischen sich Musik, Sprache und Bewegung. Wie Jonglierbälle müssen diese drei Bestandteile aufeinander abgestimmt sein. Zahlreiche christliche Bewegungslieder gibt es im Elementarbereich für Kinder bis sechs Jahre, z. B. von Detlev Jöcker, Daniel Kallauch oder Rolf Krenzer. Klassiker sind die:

Bewegungslieder:

- □ Ausgang und Eingang (EG 175: T und M: Joachim Schwarz)
- □ Gottes Liebe ist so wunderbar (Autor/in unbekannt)
- □ Du hast uns deine Welt geschenkt (T und M: Detlev Jöcker)
- □ He's got the whole world (T und M: Obie Philpot)
- □ Vom Anfang bis zum Ende (T und M: Daniel Kallauch)

Für ältere Kinder und für Jugendliche können vorhandene Lieder durch selbst entwickelte Gesten, Gebärden und Bewegungen ergänzt werden (siehe Deutsche Gebärdensprache und »Schau doch meine Hände an«, S. 77).

☐ Musik

Musik wird nicht nur ›gemacht‹. Sie ist von Anfang an schon in uns. Atemrhythmus, Herztöne, Vibrationen und Stimme sind die angeborenen »Musikanlagen« unseres Lebens. Sie berühren unser Innerstes und bringen Empfindungen auf unterschiedliche Weise zum Klingen. Musizieren ist darum nicht nur eine Methode, sondern eine grundlegende spirituelle Ausdrucksform, die alle Menschen verbindet. Für den inklusiven RU ist darum die »Elementare Musik- und Bewegungserziehung« in der Tradition von Carl Orff (1895–1982) und Gunild Keetman (1904–1990) von besonderer Bedeutung. Das Orff'sche Instrumentarium ist für den RU eine Bereicherung. Elementares Musizieren verknüpft Musik mit Sprache, Bewegung (s. u. S. 80ff) und Tanz (s. u. S. 83). Musik schwingt und fordert auf, sich zu bewegen. Niemand will dabei stillsitzen, sondern klatschen, stampfen, Instrumente spielen, schnippen, tanzen.

☐ Körper- und Raumklänge

Köperklänge oder auch »Klanggesten« (vgl. Zeeh-Silva 2009b, 69) sind alle Rhythmen, die mit dem Körper erzeugt werden, z. B. Klatschen mit offenen Handflächen, Klatschen mit Zeige- und Mittelfinger in die offene Handfläche, Reiben beider Handflächen aneinander, Zungenschnalzen, Aufeinanderklopfen der Fingerknöchel *(knocking)*, Schnipsen, Stampfen oder differenzierte Kontaktmomente zwischen Fußfläche und Boden. Werden unterschiedliche Körperklänge rhythmisch kombiniert, entsteht »Body Percussion« bzw. im Stimm- und Mundbereich »Vocal Percussion«.

Das Repertoire der Liedbegleitung erweitert sich, wenn Raumklänge im Klassenzimmer, die für die bewegte Liedgestaltung interessant sind, einbezogen werden.

Beispiele für Raumklänge sind: Mit den Händen oder einzelnen Fingern auf Tische, Stühle oder unterschiedliche Wandflächen klopfen, patschen oder tribbeln. Das Entwickeln unterschiedlicher Klänge kann von den SuS ausgehen. Ein Schüler stellt zur Erprobung eine neue Idee vor. Alle ahmen sie in dynamischen Varianten laut und leise nach.

Rituale der Berührung

Körperlich-basale Zugänge berühren die tiefsten und ältesten Schichten der religiösen Erfahrung. Fähigkeiten, Fertigkeiten, Haltungen und Kenntnisse, die körperlich-basal erworben werden, besitzen eine erhöhte Nachhaltigkeit. Sie sind verleiblichte Kompetenzen. Die basale Körpersprache der Berührung ist universal und verbindet alle Kulturen. Sie inkludiert, weil alle Menschen diese Sprache kennen. Dennoch muss diese Sprache der Nahsinne, will sie der Verständigung dienen, auch gelernt werden.

☐ Berührungen einüben

Die somatische Berührung (d. h. der Haut) einer anderen Person sollte jeweils mit einer kleinen Vorübung der Selbstberührung beginnen. Dazu *ein Beispiel:* »Führt eure Handflächen so leise ihr könnt zusammen. Legt dann beide Hände langsam auf eure Wangen, als wären es zwei weiche, leichte Federn.« Jede Berührungsübung folgt der Struktur: Vorübung – Wahrnehmung – Feedback (vgl. Zeeh-Silva 2009a, 27).

Wer einen anderen Menschen auf einfühlsame Weise berühren möchte, ist auf eine Rückmeldung dieser Person angewiesen. Neben der verbalen Antwort, gilt es auch die körperlichen Antworten des anderen wahrzunehmen und die eigenen Aktionen in einem *basalen Dialog* an den Reaktionen und Bedürfnissen des Gegenübers auszurichten. Diese gegenseitige dialogische Rückkoppelung ist ein Lernprozess, in dem immer wieder die Grenzen einer guten Berührung überschritten werden können. Darum ist es wichtig, mit den SuS ein Stopp-Zeichen zu vereinbaren und sie darin zu ermutigen, dieses Signal vor Grenzüberschreitungen selbstbewusst einzusetzen (vgl. Stopp-Sagen S. 63). Die Aufgabe der Unterrichtenden ist es, das Wohl aller Mädchen und Jungen im Auge zu haben, körperliche Überschreitungen zu benennen und für die konsequente Einhaltung der vereinbarten Regeln zu sorgen.

Als Vorbilder für die sensible Berührung können biblische Gestalten vorgestellt werden, z. B. Jesus selbst oder die Frau, die Jesu Füße mit Duftöl salbt. Berührungen sind ein fester Teil der religiösen und liturgischen Traditionen. Sie können im RU (performativ) ein- und ausgeübt werden (siehe auch Körperarbeit S. 63ff).

☐ SAMTPFOTE

Diese Übung kann z. B. mit einer Katze als Bild- oder Objekt-Impuls (vgl. S. 62) und einem Unterrichtsgespräch über Samtpfoten eingeleitet werden (Zeeh-Silva 2009b, 80). Sie dient dazu, auf indirekte, durch Materialien vermittelte Weise, in spielerischer Form für Berührungen sensiblisiert zu werden.

Im Sitzkreis befinden sich unter einem Tuch verdeckt unterschiedliche Materialien, die sich weich auf der Haut anfühlen (Federn, Samt- und Seidenstoffstücke, Fellstücke etc.). Die SuS sitzen im Kreis. Jedes Kind ertastet sich einen Gegenstand. Zu zweit streicheln sich die SuS mit diesem Gegenstand über die Handinnen- und Außenseite und über die Wangen, wobei das fühlende Kind die Augen schließt und versucht, das jeweilige Material zu erraten. Alle Gegenstände werden verdeckt oder hinter dem Rücken weitergereicht, so dass jede Person die verschiedenen Materialien fühlen und erraten kann.

Spielvariante: Alle SuS begeben sich mit einem Gegenstand ›auf die Straße‹. Sie gehen rasch durch die Bankreihen im Klassenzimmer. Die Lehrkraft kann unterschiedliche Geh-Rhythmen mit einem Tamburin vorgeben. Auf ein Signal gehen die SuS aufeinander zu. Dies kann durch das Rufen der Zahlen 2–4 in Kleingruppen von dieser Anzahl erfolgen. Sie begrüßen sich, indem sie sich mit ihren Gegenständen auf zarte Weise berühren. Dann tauschen sie ihre Gegenstände, z. B. Feder und Fellchen aus. Danach geht es weiter.

Auswertung: Was hat mir am besten gefallen? Welche Gegenstände waren an bestimmten Körperstellen unangenehm?

☐ SEGNEN UND HAND AUFLEGEN

»Segnen, das heißt die Hand auf etwas legen und sagen: Du gehörst trotz allem Gott« (Dietrich Bonhoeffer). Auch SuS können – in Verbindung mit Körperarbeit und Sensibilisierungsübungen – Schritt für Schritt an das Segnen und Salben herangeführt werden. Dazu braucht es kein besonderes Amt und auch keinen besonderen Glauben! Gott handelt im Segen durch den, der in seinem Namen einem Menschen Stärkung, Heil und Trost zuspricht. Das zugesprochene (biblische) Wort »im Namen Gottes« oder eine entsprechende Formulierung ist darum wichtig. Es beugt auch dem Missverständnis vor, der Segen sei magisch oder durch Menschen gewirkt.

Ein Beispiel: Die SuS stehen beim Abschlussritual im Kreis. Sind SuS im Rollstuhl, begeben sich alle auf gleiche Augenhöhe in den Sitzkreis. Jede Person streckt den linken Arm in Richtung Kreismitte aus, so dass die Handinnenfläche empfangend geöffnet ist. Die rechte Hand wird jeweils auf die linke Schulter der rechten Person gelegt. Dadurch schließt sich der Kreis. Der über die linke Hand symbol-sprachlich empfangene Segen wird mit der rechten Hand durch den Kreis weitergegeben, während die Lehrperson ein Segenswort spricht, z. B. einen irischen Reisesegen.

Der Segen hat auch in Schülergottesdiensten eine zentrale Bedeutung. Besonders im Rahmen von Schulabschlussgottesdiensten und Schulentlassungen kann dieses Element umfassend ausgestaltet werden.

Ein Beispiel: Bei einer Schulentlassfeier kann das Lied »Gott, dein guter Segen ist wie ein großes Zelt« (Liederbuch für die Jugend Nr. 382) für die Schulabgänger gesungen werden. Der Kehrvers wird umgedichtet: »Gott, dein guter Segen ist wie ein großes Zelt, hoch und weit, fest gespannt über ihrer Welt. Guter Gott, wir bitten dich: Schütze und bewahre sie. Lass sie unter deinem Segen leben und ihn weitergeben. Bleib' bei ihnen alle Zeit, segne sie, segne sie, denn der Weg ist weit.« In einzelnen Strophen können den SuS Segensworte oder Wünsche individuell ›zugesungen‹ und durch Handlungen und Symbole erlebbar gemacht werden. So kann zu Psalm 91,1f ein bemalter Schirm über der betreffenden Person aufgespannt werden mit der gesungenen Strophe: »Gott, dein guter Segen ist wie ein Regenschirm, der dich birgt in Gefahr und beschützt ganz firm.«

□ SALBEN

In biblischer Zeit diente das Salben der Körperpflege (Rut 3,3; Mt 6,17) und der Heilung (Jes 1,6, Mk 6,13). Es ermöglicht Wohlempfinden (Ps 23,5). Im religiösen Ritus ist mit der Salbung die Verleihung von Macht, Kraft und Ehre verbunden, z. B. bei der Königs- und Priestersalbung.

Im RU kann das Salben als besondere Form der Wertschätzung, der Zuwendung und der Steigerung des Wohlbefindens praktiziert werden. Das Berührtwerden mit Öl an Stirn oder Händen ermöglicht es, die Nähe Gottes zu spüren oder zu ahnen. Dieses Ritual spricht primär die Wahrnehmung über die Haut (somatischer Sinn) an, aber auch den Hör-, Seh- und Geruchssinn. Es wird, auch von kirchenfernen SuS, als wohltuend und hilfreich erfahren. Das Ritual kann auch im Kontext einer biblischen Salbungsgeschichte, der Körperarbeit oder einer Sensibilisierungsübung (siehe S. 63ff und 58ff) vollzogen und mit einem ermutigenden (biblischen) Wort abgeschlossen werden. Als Öl eignen sich fein riechende Massageöle oder eigens hergestellte Ritualöle.

Ein Beispiel: Beim Thema »Wer ist der Größte?« (Mt 20,20ff) können aktuelle Zusammenhänge, z. B. eine Casting-Show, aufgegriffen und mit der Antwort Jesu kontrastiert werden: »Wer der Erste unter euch sein will, der soll euer Diener sein« (V. 27). Die Bibelstelle gipfelt in dem Gedanken, dass Jesus Christus für uns zum Diener geworden ist (V. 28). Dieser »fröhliche Wechsel« vom Knecht zum Herrn (vgl. Luther oder EG 27) kann durch eine Salbung aller SuS bekräftigt werden.

□ KREUZ ZEICHNEN

Beim Zeichnen des Kreuzes wird sichtbar und spürbar, dass diese Vollzüge im Namen Gottes geschehen und er hier am Werk ist. Ein guter Zeitpunkt, das Kreuzzeichen auf die Stirn oder in die Hand zu zeichnen, ist der Übergang z. B. beim Abschluss des RU oder des Schuljahres. Das Zeichnen des Kreuzes lässt sich auch gut mit dem Segnen und Salben verbinden.

Ein Beispiel: Die SuS überlegen sich, was sie ihrer Nebensitzerin bzw. ihrem Nebensitzer Gutes auf den Weg mitgeben könnten. Sie formulieren einen positiven Wunsch. In der Abschlussrunde wird eine Schale mit Wasser weitergereicht. Ein Schüler taucht seinen Zeigefinger in das Wasser und zeichnet der Person neben sich ein Kreuz in die offene Hand, während er seinen Wunsch ausspricht. Dann wandert die Wasserschale um eine Person weiter. Bei größeren Gruppen können auch mehrere Schalen eingesetzt werden; ggf. muss ›Assistenzbedarf‹ bedacht werden.

□ Füße waschen

Das Waschen von schmutzigen Füßen ist in biblischer Zeit ein alltägliches Ritual beim Nachhausekommen (2. Sam 11,8). Dies wird vor allem bei der Beherbergung von Gästen erwähnt. Dem Gast werden Wasser und Fußwanne bereitgestellt. Wurden die Füße nicht von Dienern, sondern von der Hausherrin oder dem Gastgeber gewaschen, galt dies als eine besonders ehrende Handlung (1. Sam 25,41). Als Jesus seinen Jüngern die Füße wusch, gab er ihnen ein Beispiel, selber diese Rolle einzunehmen, um sich gegenseitig auf diese Weise etwas Gutes zu tun (Joh 13,1–17).

Die Fußwaschung kann mit einer entsprechenden Hinführung auch von SuS praktiziert werden. Im Sommer ist das auch unter freiem Himmel an einem Brunnen oder Bach möglich. Schüssel, Waschlappen, Schurz und Handtuch sollten in entsprechender Anzahl bereit stehen.

Ein Beispiel: Die Fußwaschung Jesu (Joh 13) wird als Geschichte aus dem Erleben (siehe Jeux Dramatiques, Kapitel 4.6) mit dem Impuls gespielt: Was würde passieren, wenn das Beispiel Jesu Schule macht? In der Auswertung und Weiterführung kann mit der Frage gearbeitet werden: Was würde ich tun, wenn ich heute als Jesus zu den Menschen käme?

Kooperations- und Interaktionsspiele

Jedes Mitglied einer Gemeinschaft ist wichtig und unverzichtbar, damit sie intakt bleibt. Es ist wie bei einem lebenden Organismus. Ein Glied ist auf das andere angewiesen und steht mit ihm in einem lebendigen Austausch (vgl. 1. Kor 12,12ff). Der Austausch in der Gemeinschaft muss jedoch kontinuierlich gepflegt und gefördert werden. Dazu können nachfolgende Kooperations- und Interaktionsspiele dienen. Bei ihnen sind die Prinzipien zu beachten: Von der Distanz zur Nähe und: Von geringer zu vermehrter Verantwortungsübernahme.

□ Gemeinsam etwas bewegen

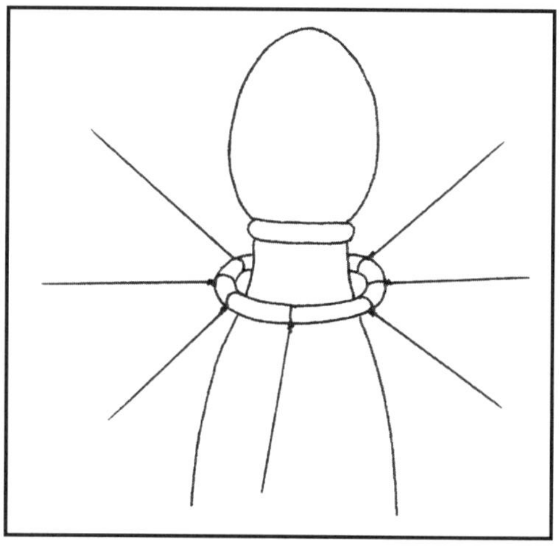

Bei den vier folgenden Spielen geht es um das gemeinsame Erreichen eines Gruppenziels, indem die Gruppenmitglieder lernen, scharfsinnig aufeinander zu achten und sich dabei feinfühlig miteinander abstimmen.

Der Vorteil dieser Spielform ist, dass sich unterschiedliche Geschicklichkeiten ausgleichen und ergänzen. Nicht jede Person muss sehen können. Einzelne können sich auch die Augen zubinden und mit Hilfe von verbalen Anleitungen agieren. Zugleich können mit diesem Spiel thematische Hinführungen verbunden werden, z. B. Turmbau und Sprachverwirrung.

Jede Person hält eine Schnur in der Hand, die an einem Gegenstand befestigt ist. Der Gegenstand wird von allen SuS mit den Schnüren so bewegt, dass eine gemeinsame Aufgabe bewältigt wird:

- □ ein Plastikrohr wird gemeinsam so bewegt, dass ein auf dem Boden liegender Ball durch es hindurch rollt.
- □ ein rundes Holzstück mit Loch, in dem ein (hölzernes) Ei ruht, wird so bewegt, dass es auf einem senkrechten Rundstab zu liegen kommt.
- □ Ein rundes Holzstück, an dem ein Haken hängt, wird so bewegt, dass es Bauklötze mit einer Kerbe oder Öse wie ein Baukran so aufnehmen kann, dass mit ihnen ein Turm o. ä. gebaut und auch wieder abgebaut werden kann.

□ Gemeinsam eine Pipeline bauen

Bälle, Wasser oder (gleitende) Nahrungsmittel werden in Half-pipes oder Röhren an bestimmte Orte transportiert. Die SuS halten die Röhren so, dass dabei von der kostbaren Fracht nichts verlorengeht.

Ein Beispiel: Das Spiel kann als thematische Hinführung in der Dimension »Welt und Verantwortung« eingesetzt werden. In Zeiten des Klimawandels sind die Wasserreserven noch ungleicher verteilt als seither. Hier zu viel (ein voller Eimer) und dort zu wenig (ein leerer Eimer). Wie gelingt es, einen Ausgleich zu schaffen? Wie kann die Wasserverschwendung minimiert werden?

☐ Gemeinsam den Gordischen Knoten lösen

Alle SuS halten sich im Kreis an der Hand und verknoten sich, indem sie – ohne die Hände loszulassen – über die Arme der anderen steigen oder unter ihnen durchkriechen. Nun versuchen sie den Knoten wieder zu lösen, ohne sich gegenseitig loszulassen. Als Spielvariante kann eine Person, die die Verknotung (vor der Tür) nicht miterlebt bzw. gesehen hat, versuchen den Knoten zu lösen, indem sie der Gruppe Anweisungen gibt.

Ein Beispiel: In einer Klasse, in der Konflikte herrschen, wird die beschriebene Spielvariante praktiziert und anschließend die Person befragt, die den Knoten lösen musste: Was war dein erster Gedanke, als du die Verknotung deiner SuS sahst? Was hätte dir geholfen, die Lösung schneller zu finden? Und an die Gruppe gerichtet: Wie hättet ihr eurer Mitschülerin helfen können, die Lösung leichter zu finden? Die Vorschläge können in einem zweiten Spielversuch umgesetzt und zur Konfliktbewältigung der Gruppe in Bezug gesetzt werden.

☐ Gemeinsam balancieren

Alle SuS stehen hintereinander auf einem Balken oder Seil. Nun werden zwei Personen ausgesucht. Sie müssen ihre Position so tauschen, dass sie auf dem Balken bzw. dem Seil bleiben. Dabei werden sie von allen unterstützt und gehalten. Das Spiel kann mit einem großen Tuch oder einer Plane variiert werden. Alle stehen bzw. sitzen im Rollstuhl auf dieser Unterlage. Sie müssen sich so bewegen und unterstützen, dass das Tuch bzw. die Plane unter ihren Füßen bzw. Rädern einmal komplett umgedreht werden kann, ohne dass dabei eine Person den Boden berührt.

☐ Interaktives Rollenspiel

Das interaktive Rollenspiel ist eine hilfreiche Methode, um in ein Thema oder in eine Geschichte hineinzufinden. Die SuS »schlüpfen« in Rollen oder Gegenstände (siehe Jeux Dramatiques, Bibliodrama, Standbild).

Interaktiv meint, dass eine Rollenspiel-Szene von den SuS gemeinsam entwickelt bzw. weiterentwickelt wird. Besonders geeignet für das Rollenspiel sind offene Situationen, in denen Entscheidungen zu treffen sind. Häufig handelt es sich dabei um Konfliktmomente, die nach einer Lösung verlangen. Einzelne Konfliktsituationen werden von den SuS im Rollenspiel dargestellt und von der beobachtenden Gruppe konkret benannt. Lösungsvorschläge werden anschließend von den beobachtenden und von den darstellenden SuS entweder gruppenweise oder als spontanes ›Eingreifen‹ einzelner SuS in entsprechenden Spielmomenten weiter gespielt.

Projekte und Aktionen

Wettspiele enden mit Gewinnern und Verlierern. Kooperative Spiele, Projekte und Aktionen legen den Schwerpunkt auf den Spielprozess und die interaktive Problemlösung. Die Lust an der Zusammenarbeit und am gemeinsamen Erfolg steht im Vordergrund.

☐ Planspiel

Planspiele können im fächerübergreifenden Unterricht umgesetzt werden oder in Schulprojekten, die sich mit lebensrelevanten Handlungsfeldern auseinandersetzen, wie z. B. »streiten und versöhnen«. Planspiele gleichen dem Drehbuch eines Film- oder Theaterstücks. In der Regel steht am Anfang eine komplexe Problemstellung, die von den SuS gemeinsam gemeistert werden muss (*mastery learning*), z. B. die Fragestellung: Wie kann eine Flutkatastrophe vermieden werden? Der Beitrag des RU könnte die Auseinandersetzung mit der Thematik »Schöpfung bewahren« oder »mit Schuld umgehen« sein.

□ **PROJEKTARBEIT**
Die Projektarbeit und das projektorientierte Lernen (POL) ist so etwas wie die Königsform des individualisierten und zugleich kooperativen Unterrichts. Sie bietet die Chance, die diversen Aufgabeenstellungen und Anforderungen im Projekt so auf die Gruppe zu verteilen, dass die unterschiedlichen Begabungen, Motivationen und Bedürfnisse optimal zum Gelingen des gemeinsamen Projekts beitragen. Beispiele für unterschiedliche Formen der Projektarbeit sind: Sozialprojekte (Fundraising, Seniorennachmittag), Kooperationsprojekte (mit anderen Schularten oder Institutionen) oder interreligiöse Projekte (Abrahamsfeier, interreligiöse Schulfeier).

□ **AKTION**
Als »Aktion« wird ein »praktischer Einsatz« bezeichnet, der von der Klassengemeinschaft geplant, organisiert und durchgeführt wird. Er findet im realen Lebenszusammenhang der Mädchen und Jungen statt. Die SuS setzen in die Tat um, was sie im Unterrichtsverlauf als »gutes Handeln« erkannt oder im Spiel exemplarisch erprobt haben.

Ein Beispiel: Das gute Handeln des Martin von Tours findet eine konkrete Umsetzung in einem Projekt, in dem die SuS miteinander oder mit Not leidenden Menschen teilen, was sie selbst besitzen oder an Begabungen weitergeben können.

5.4 Kommunizieren und sprechen

Die Verständigung über das Sprechen und Hören ist die primäre Kommunikationsform in unserem Kulturkreis. Sie wird schon im Kleinkindalter selbstverständlich vorausgesetzt. Dabei wird oft vergessen, dass diese Form der Verständigung für gehörlose, schwerhörige, geistig und mehrfach behinderte Menschen nur bedingt praktiziert werden kann. In der Verständigung mit ihnen ist es hilfreich, unterschiedliche Möglichkeiten zu kennen, wie die Laut- und Schriftsprache unterstützt oder ersetzt werden kann.

Die Unterstützte Kommunikation (UK) tritt helfend zur Lautsprache hinzu. Zu ihr gehören die Körpersprache, die Gebärden unterstützte Kommunikation, die Bildersprache, die Leichte Sprache, die gestützte Kommunikation (FC) oder auch Hilfsmittel wie Kommunikationstafeln, Talker oder elektronische Sprachausgabegeräte (vgl. heilpädagogische Hilfsmittel unter 6.1). Diese unterstützenden und teilweise selbständigen Sprachformen könnten in einer Schule, in der viele SuS diese »Sprachen« sprechen, auch als Fremdsprachunterricht erlernt werden. Dadurch werden Brücken der Verständigung gebaut.

Individueller Kommunikationspass

Dieses kommunikative Hilfsmittel wird für SuS erstellt, die sich überwiegend non-verbal *verständigen. Der individuelle Kommunikationspass erleichtert die Verständigung, insbesondere mit SuS mit schwerer mehrfacher Behinderung bzw. macht sie erst möglich. Er bietet LuL und SuS eine (Bild gestützte) Anleitung zur Beachtung individueller Kommunikationsstrategien.*

Im Pass von Georg steht zum Beispiel: *»Wenn ich aufstehen soll, fass mich mit beiden Händen an den Oberarmen und drücke mich leicht nach oben.« Diese Handbewegung wird an einem Foto illustriert (vgl. Beispiel unter Links zu Kommunikationshilfen unter 6.4).*

Unterstützte Kommunikation (UK)

□ **KÖRPERSPRACHE**
Der Körper spricht immer mit, bewusst und auch unbewusst. LuL und SuS können die Körpersprache bewusst erlernen und in der Kommunikation verstärkend einsetzen. Körperhaltung, Gesichtsausdruck (Mimik) und Hände (Gestik) können bewusst so »zu Wort kommen«, dass die Verbalsprache unterstützt und Widersprüche zwischen verbaler und non-verbaler Kommunikation

(double bind) vermieden werden. Die Körpersprache der SuS wahrzunehmen und angemessen zu verstehen, ist nicht zuletzt im Kontext eines seelsorgerlichen RU bedeutsam und beim Verstehen von nicht verbal sprechenden SuS fundamental. Für SuS ist die Fähigkeit, Körpersprache »zu sprechen« und zu verstehen, ein wichtiges Lernziel im Bereich der Sozialkompetenz. Eine hilfreiche Übung ist zum Beispiel »Körperworte sprechen« (siehe Körperworte S. 64).

□ Gebärden unterstützte und lautsprachbegleitende Kommunikation

Es gibt zwei unterschiedliche Systeme, die Lautsprache durch Zeichensprache zu unterstützen: Die Gebärden unterstützte Kommunikation (GuK) für Menschen mit einer geistigen Behinderung und die lautsprachbegleitenden Gebärden für Menschen mit Hörschädigung. Diese Formen der Gebärdensprache folgen der Grammatik der deutschen Lautsprache und werden in Verbindung mit Mimik und Mundbild (lautlos gesprochene Wörter oder Silben) sowie der Körperhaltung gebildet. Eine Gebärdensammlung speziell für Menschen mit dem Förderschwerpunkt geistige Entwicklung ist »Schau doch meine Hände an«. Sie enthält die wesentlichen religiösen Gebärden und ist für den inklusiven RU sehr hilfreich (www.schau-doch-meine-haende-an.de/index.html).

□ Bildersprache

Bildsymbole unterstützen die Kommunikation im öffentlichen Leben, um den Fußballplatz, den Flughafen oder die Toilette zu finden. Neben international standardisierten Piktogrammen gibt es auch verschiedene Symbol- und Bildersysteme. Sie wurden für Personen entwickelt, die ohne

Sprechvermögen sind, oder für Personen, die die Lautsprache verstehen, aber Unterstützung beim Lautspracherwerb benötigen. Die gängigen Systeme der Bildersprache sind die Bliss-Symbole nach Charles K. Bliss (Bundesverband 1995), Minspeak nach Bruce Baker oder die METACOM- und PCS-Symbolbibliotheken (siehe Links Kapitel 6.5). Diese Bildersprachen können im Unterricht vielfältig eingesetzt werden, um die Kommunikation zu vertiefen. Dadurch können SuS mit Sprachproblemen oder SuS, die noch keine Ganzwörter lesen können, einbezogen werden. Jedes Zeichen steht für einen Begriff. Mehrere Symbole können kombiniert werden, um Sätze zu bilden oder Ideen auszudrücken. Besonders das Computerprogramm »Boardmaker« (siehe Links Kapitel 6.5) ist im Bereich der sonderpädagogischen Sprachunterstützung weit verbreitet, trotz hoher Anschaffungskosten. Diese Bildsymbole können im Unterricht bei Tafelaufschrieben, Bodenbildern, Unterrichtsgesprächen, Präsentationen oder auf Arbeitsblättern eingesetzt werden, um allen SuS die Kommunikation zu erleichtern und zu vertiefen, insbesondere den SuS mit besonderen Bedürfnissen im Bereich der Schrift- und Lautsprache.

Beispiele für Bliss-Symbole:

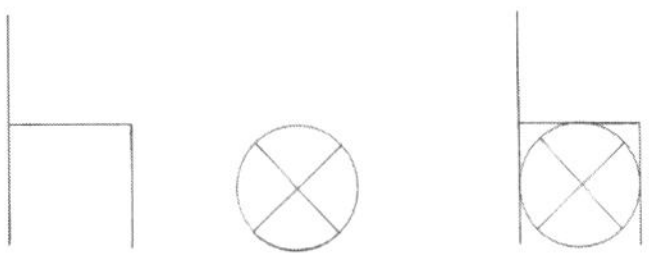

1. Stuhl + Rad = Rollstuhl

2. Die Frau geht zur Post

Siehe http://www.agprim.uni-siegen.de/bliss/lesenschreiben.pdf

☐ Leichte Sprache

Das Schwere leicht zu sagen, ist eine Kunst. Sie hilft allen Menschen. Diese Kunst kann erlernt werden. Dazu hilft das Netzwerk Leichte Sprache (Mensch zuerst, 2008).

Die »Leichte Sprache« beschreibt, wie im alltäglichen Leben so geredet und geschrieben werde kann, dass Menschen mit Lern-, Sprach- und Leseschwierigkeiten sich möglichst barrierefrei an der Kommunikation beteiligen können.

Die wichtigsten Regeln der leichten Sprache sind:

1. Kurze, einfache und bekannte Wörter benutzen. *Zum Beispiel:* Bus statt Omnibus.
2. Keine schweren Wörter oder Fremdwörter benutzen oder sie erklären. *Zum Beispiel:* Levit, ein Helfer im Tempel aus dem Volks-Stamm Levi. Ein Stamm ist eine große Gruppe von Menschen in einem Volk.
3. Immer die gleichen Wörter für die gleichen Dinge benutzen. *Zum Beispiel:* Immer »Dienerin« oder immer »Magd« verwenden.
4. Tun-Wörter statt Haupt-Wörter benutzen. *Zum Beispiel:* »Gott wählt David«, statt: »Gottes Wahl fällt auf David.«
5. Aktive Tun-Wörter statt passive benutzen. *Zum Beispiel:* Sie legt ihn in eine Krippe, statt »er wurde in eine Krippe gelegt«.
6. Abkürzungen, Silbentrennung und Sonderzeichen vermeiden. Bindestriche bei zusammengesetzten Wörtern benutzen. *Zum Beispiel:* Das heißt statt d. h.; Volks-Stamm statt »Volksstamm«.
7. Kurze, einfache Sätze, vorzugsweise in direkter Rede und in Präsens benutzen.
8. Redewendungen und bildliche Sprache vermeiden wie *zum Beispiel* die Redewendung: »Glaube kann Berge versetzen« oder sie erklären.
9. Dunkle, große Schrift und helles, mattes Papier benutzen. Das Geschriebene mit scharfen und klaren Bildern oder Piktogrammen unterstützen. Siehe Bildersprache S. 75.
10. Deutlich und gut artikuliert in einer geräuscharmen Umgebung mit einem sichtbaren, deutlichen Mundbild sprechen.

☐ Gestützte Kommunikation (FC)

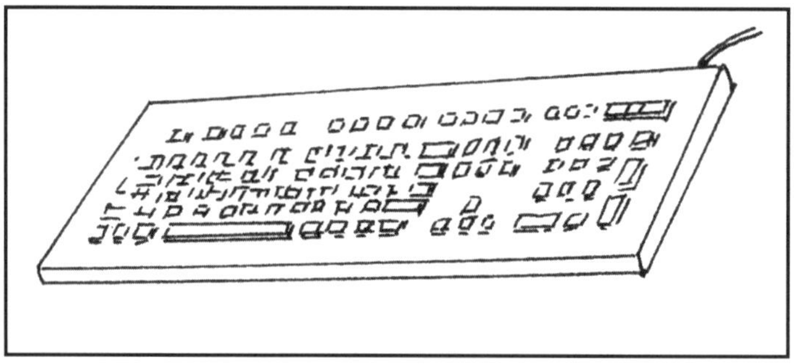

Das Konzept der Faciliated Communication (FC) geht auf die Australierin Rosemay Crossley zurück. Eine Person (Stützer/in) hilft einer kommunikationsbeeinträchtigten Person (Nutzer/in) ein Symbol auf der Tastatur oder Kommunikationstafel anzusteuern, indem sie die Hand oder ein anderes Körperteil des Nutzers berührt, einen leichten Gegendruck ausübt, die Auswahl offensichtlich falscher Tasten verhindert oder ähnliche körperliche Hilfestellungen gibt. Es gilt das Prinzip der Minimalstützung.

Eigenständige Sprachformen

Neben der Unterstützten Kommunikation (UK) gibt es auch eigenständige Sprachformen, die die Laut- oder Schriftsprache ersetzen. Zu ihnen gehören z. B. der Basale Dialog, die Deutsche Gebärdensprache (DGS), die Blindenschrift (Braille) oder das Lormen für blinde und gehörlose Menschen. Bei schwerhörigen SuS kommen unterschiedliche Formen der Hörtechnik (FM-Anlagen etc.) zum Einsatz. Wie der gleichzeitige Bedarf an technischen Hilfsmitteln mit den eigenständigen Sprachformen in Einklang gebracht werden kann, ist eine große Herausforderung. Sie sollte im interdisziplinären Team der Schule oder mit den Fachleuten vor Ort gemeinsam wahrgenommen und bewältigt werden.

☐ Basaler Dialog

Die basale Wahrnehmung ist die Keimzelle der menschlichen Kommunikation. Die ersten Antennen der kindlichen Entwicklung sind die basalen Sinne: Das Baby spürt auf dem Arm die Haut der Mutter *(somatisch)*, wird getragen und gewogen *(vestibulär)* und nimmt die Schwingungen ihrer Stimme und Schritte wahr *(vibratorisch)*. Diese drei basalen Nahsinne sind schon vorgeburtlich ausgeprägt und aufnahmefähig. Die Glaubensentwicklung baut auf diesen basalen Erfahrungen der Eltern-Kind-Beziehung auf. Durch sie entfaltet sich, was in die deutsche Sprache mit Ur-Vertrauen übersetzt wird. Erik Erikson bezeichnete es zutreffender als basales Vertrauen *(basic trust)*. Es ist der fruchtbare Boden, in dem das Gottvertrauen Wurzeln schlagen kann.

Unterschiedliche basale Förderkonzepte wie zum Beispiel basale Kommunikation, basale Aktivierung oder basale Stimulation arbeiten mit den Nahsinnen in der schulischen Bildung und bieten Fortbildungen an. Auch im RU ist es hilfreich die Erfahrungen dieser Förderkonzepte zu nutzen (vgl. Kapitel 3.6.1: Basal-perzeptive Aneignung). Besonders SuS mit intensiven mehrfachen Behinderungen sind auf diese Zugänge angewiesen. Um im basalen Dialog Vertrauen über die Nahsinne aufzubauen, ist es wichtig, die Regeln einer guten Berührung aus dem Konzept der basalen Stimulation nach Andreas Fröhlich zu beachten (Bienstein / Fröhlich 2003, 50):

- ☐ Die Person allein berühren, nicht mit mehreren Personen gleichzeitig.
- ☐ Den Anfang und das Ende der Handlung signalisieren.
- ☐ Die Konstanz in der Berührung erhalten.
- ☐ Kontaktintensität aufbauen.
- ☐ Einen Rhythmus in der Berührung entwickeln.
- ☐ Sicherheit durch die wahrnehmende Berührung ermöglichen

☐ Gebärdensprache (DGS)

Die Deutsche Gebärdensprache (DGS) ist die eigenständige (visuell-manuelle) Sprache der gehörlosen Menschen. Die Sprachgemeinschaft umfasst ungefähr 200.000 Menschen, die auch schwerhörige und hörende Nutzer einschließt. Ihre Grammatik unterscheidet sich grundlegend von der deutschen Lautsprache. Die Sprache besteht aus kombinierten Zeichen (Gebärden), die vor allem mit den Händen in Verbindung mit Mimik und Körperhaltung gebildet werden. Ein auffallender Unterschied zur Lautsprache ist, dass die Gebärdensprache räumlich »gesprochen« wird: Personen und Orte können in einem Gespräch in der Luft verortet werden, und mit den Bewegungsrichtungen der Gebärden zwischen den einzelnen »Raumpunkten« ändern sich auch die Bedeutungen. Um in dieser Sprache zu kommunizieren, muss sie wie eine Fremdsprache erlernt werden, es sei denn sie wird mutterspachlich erworben. Aufgrund der zunehmenden Verbreitung von Cochlea-Implantaten (CI) sind taube und schwerhörige Menschen, deren Gehörnerv noch intakt ist, vermehrt in der Lage in lautsprachbegleiteten Gebärden (siehe S. 75) zu kommunizieren. Nach individuellen Bedürfnissen oder Präferenzen können dann als Unterstützung lautsprachbegleitende Gebärden verwendet werden. Die DGS ist aber auch ein zentraler Bestandteil der Kultur und Identität gehörloser Menschen. Trotz des medizinischen und technischen Fortschritts wird sie daher von vielen Hörgeschädigten sehr bewusst verwendet und eingefordert.

Beispiel:

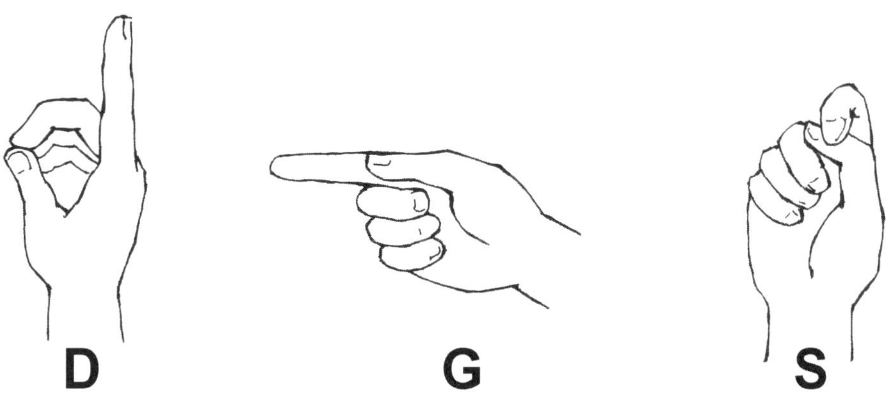

□ LORMEN

Das Lormen oder Lorm-Alphabet ist eine Kommunikationsform für taubblinde Menschen, um sich mit anderen Menschen zu verständigen. Der »Sprechende« tastet dabei auf die Handinnenfläche des »lesenden« taubblinden Menschen. Dabei sind einzelnen Fingern und Handpartien bestimmten Buchstaben zugeordnet. Das Lorm-Alphabet wurde von Hieronymus Lorm 1881 aus eigener Betroffenheit entwickelt. Das Lormen öffnete vor allem spät ertaubten und erblindeten Menschen ein Tor zur Außenwelt und befreite sie aus der sozialen Isolation.

Das Lorm-Alphabet

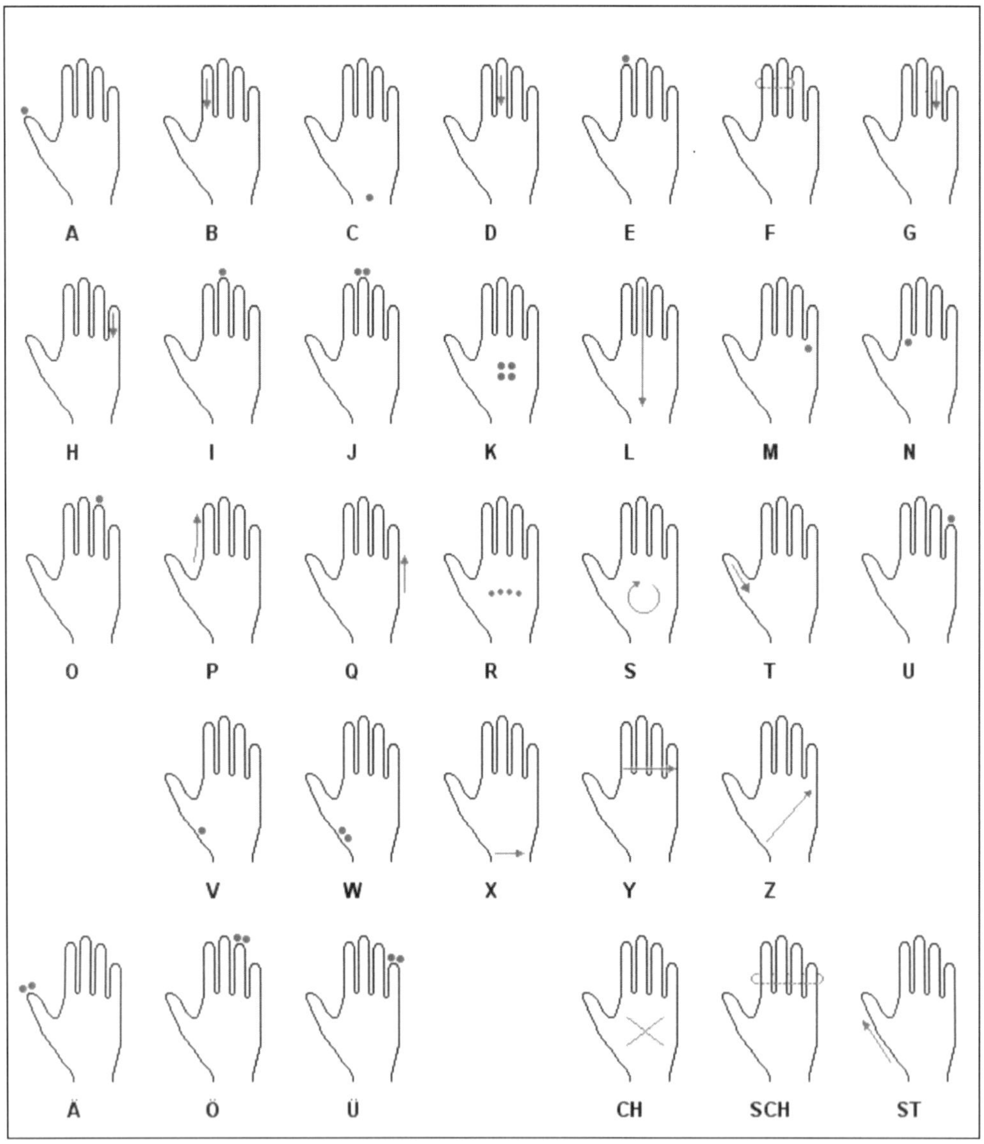

Zum Lormen können folgende Übungen im RU gemacht werden:

1. Gehörlos (mit Ohrstöpsel) und blind (mit Augenbinde) eine Unterrichtssequenz und eine damit verbundene kommunikative Isolierung erleben und die Gefühle reflektieren oder mit kreativen Mitteln zum Ausdruck bringen.
2. Zwei Personen unterhalten sich gehörlos, aber sehend mit Hilfe des Lorm-Alphabets.
3. Sich ein Wort mit vier Buchstaben ausdenken (z. B. Baum) und einer taub-blinden Person diese vier Buchstaben in Lorm-Schrift beibringen. Das ausgedachte Wort lormen und auf eine Antwort der anderen Person warten.

□ Blinden-Schrift (Braille)

Die Brailleschrift wird von Menschen benutzt, die stark sehbehindert oder blind sind. Sie wurde 1825 vom Franzosen Louis Braille entwickelt und arbeitet mit Punktmustern, die auf dem Papier bzw. einer Metallplatte erhöht sind. Pro Buchstabe sind es maximal 6 Punkte, zwei in der Breite und drei in der Höhe. Braille-Schrift kann auf Punkschriftmaschinen oder speziellen Druckern erzeugt werden. PC-Programme können Schwarz-Schrift in Punkt-Schrift umwandeln

Im RU kann diese Schrift unter anderem eingesetzt werden, um Worte zu erspüren. Es kann die Erfahrung gemacht werden, wie viel Sensibilität in den Fingerspitzen nötig ist, um ein Wort zu erfassen.

Das Braille-Alphabet

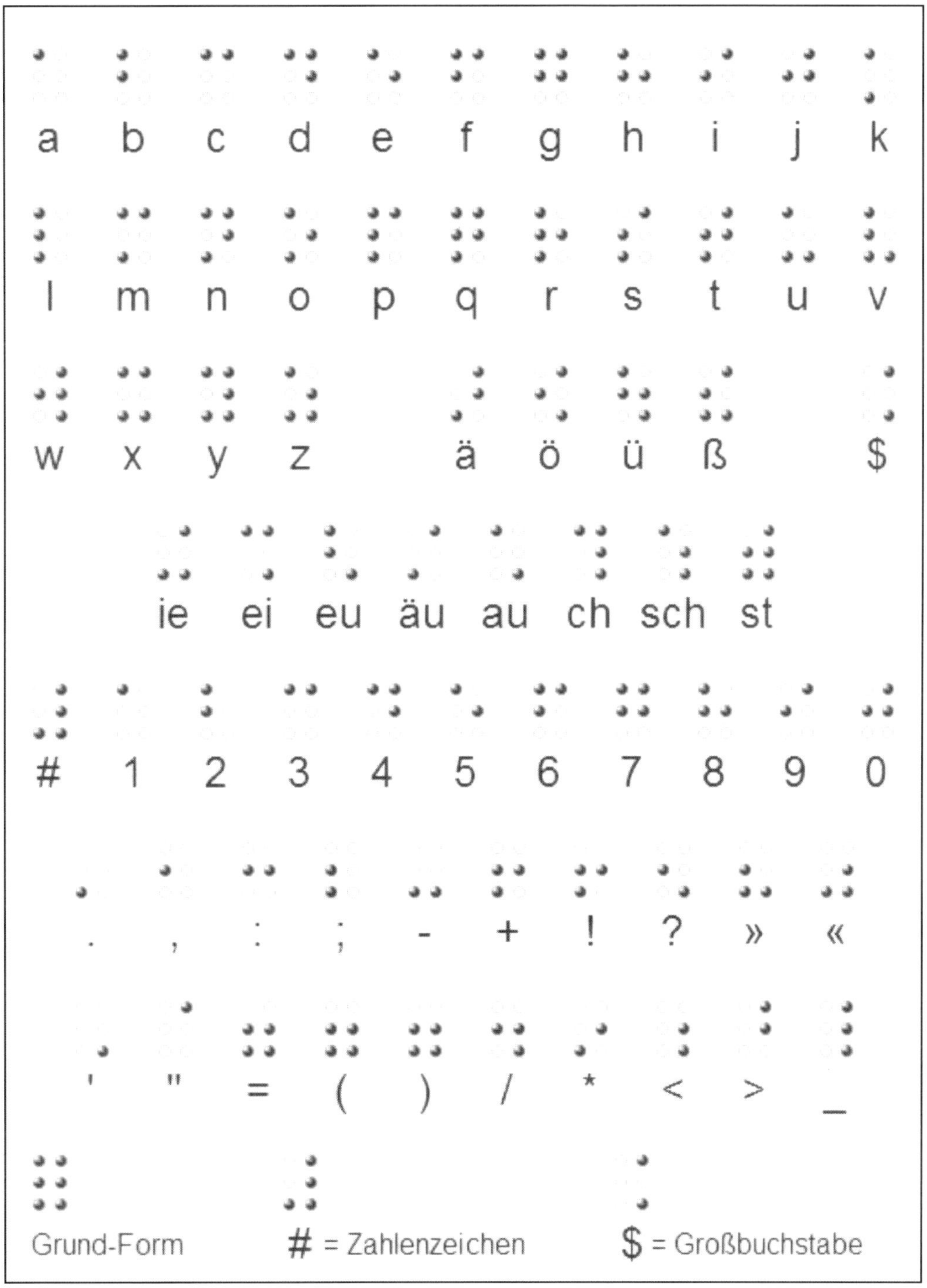

5.5 Sich bewegen und gestalten

Bewegung kommt in der Schule oft zu kurz. Viele Tätigkeiten werden sitzend oder in passiv-rezeptiver Form ausgeführt. Dies ist noch immer so, obwohl längst erkannt wurde, dass vestibuläre Anregungen für den Lernerfolg von großer Bedeutung sind. Besonders für Mädchen und Jungen, die in ihrer Bewegungsfreiheit durch unterschiedliche Formen der Köperbehinderung eingeschränkt sind oder aufgrund eines Aufmerksamkeitsdefizits nicht über einen längeren Zeitraum still bleiben können, sind Bewegungsangebote und bewegte Lernformen unverzichtbar.

Barrierefreiheit

Noch längst nicht alle Schulgebäude sind barrierefrei ausgestattet. Rampen (mit 6% Steigung), Aufzüge oder ebenerdige Zugänge sind noch längst nicht an jedem öffentlichen Ort vorhanden. Barrierfreiheit ist jedoch nicht nur ein Zugangsmerkmal für Menschen mit einer Gehbehinderung. Für sehbehinderte Menschen braucht es Markierungen an der letzten und ersten Treppenstufe, Brailleschrift oder akkustische Signale für blinde oder Piktogramme für geistig behinderte Menschen. Barrierefreiheit für SuS mit Hörschädigungen erfordert eine gute Raumakustik mit geringen Nachhallzeiten oder nach Bedarf visuelle Signale, Hör- oder Induktionsanlagen.

Tipp: *Die inklusive Gestaltung und Ausstattung einer Schule kann auch in einem Schul- oder Klassenprojekt weiterentwickelt werden. Ein gutes Hilfsmittel dafür ist der Index für Inklusion (Booth / Ainscow 2003; siehe auch Schulentwicklung Kapitel 2.3).*

Bewegte Gebete, Segensworte, Glaubensbekenntnisse

Texte mit Körperbewegungen und Gesten zu »untermalen«, fördert das Sprachverständnis, die Memorierfähigkeit und das ganzheitliche Verstehen. Zugleich wird dadurch die Fähigkeit gefördert, eine persönliche Körpersprache und Ausdrucksfähigkeit zu entwickeln. Wort und Form werden synchron in Einklang gebracht. Die passenden Gesten und Bewegungen zu den Worten zu finden, ist bereits ein Akt der inhaltlichen Auseinandersetzung und der Textauslegung. Die körpersprachliche Gestaltung von Texten ist vollkommen frei. Sie bleibt dem Ideenpotential und der Interpretation aller Beteiligten überlassen. Meist bedarf es mehrerer Erprobungsphasen, bis sich für einen bestimmten Text die Bewegungen herauskristallisieren, die von den SuS bevorzugt werden. Eine beliebte Variante ist, dass jeweils eine Schülerin Bewegungen zu einem Text entwickelt, die von der ganzen Gruppe spontan nachvollzogen werden. Dabei führen die SuS nicht nur alle Gesten für sich alleine aus, sondern agieren auch interaktiv, indem sie zum Beispiel an einer bestimmten Textstelle die Arme auf die Schulter des anderen legen.

Einerseits können nahezu alle Texte in eine selbst entwickelte körpergestische Sprache übertragen werden. Andererseits finden sich in der Literatur zahlreiche Lieder, Segensworte und Gebete mit vorgegebenen Gesten. Sind SuS anwesend, die als Primär- oder Begleitsprache gebärden, sollten diese standardisierten Sprachformen verwendet werden (siehe Gebärdensprache S. 77). Falls in der Klasse SuS sind, die Bewegung und Text nicht gleichzeitig, sondern nur nacheinander vollziehen können, ist auf das Nacheinander von Sprechen und Bewegen zu achten.

□ BEWEGTE GEBETE

Zu fest formulierten Gebeten wie Vaterunser oder Psalm 23 gibt es unterschiedliche Bewegungsvorschläge oder Tänze. Das selbständige Suchen und Finden von stimmigen Gesten ermöglicht eine Harmonisierung von Körper, Geist und Seele. Dadurch kann eine ganzheitliche Stimmigkeit während des Gebetes erlebt werden. Dabei führen die SuS nicht unbedingt alle Gesten für sich alleine aus. Einzelne Gesten können auch interaktiv gestaltet werden. Im Vaterunser können sich die SuS z. B. bei »wie auch wir vergeben unserem Schuldigern« gegenseitig die Hand reichen. Sind SuS in der Gruppe, die in Gebärdensprache oder lautsprachunterstützenden Gebärden kommunizieren, empfiehlt es sich verstärkt mit diesen standardisierten Gebärden zu arbeiten.

Ein Beispiel für ein elementares Gebet ist: »Gott, lass uns denken, was gut ist, lass uns reden, was freundlich ist, lass uns tun, was hilfreich ist. Amen«. Die Gesten ergeben sich aus den Worten und können von den SuS selbst entwickelt werden.

□ Bewegte Segensworte

Auch Segensworte können zusammen mit Bewegungen gesprochen werden. Hier *ein Beispiel:*

Gott breite Frieden in mir aus.

Lass ihn wachsen aus mir heraus.

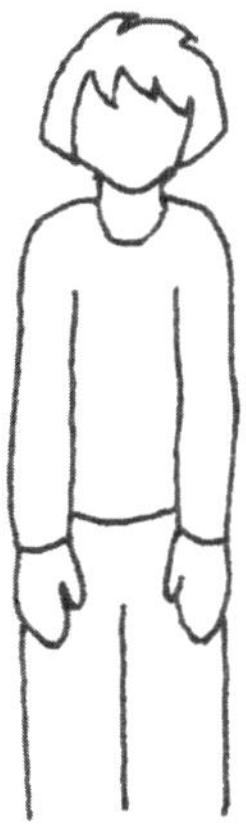

Gib meinen Beinen festen Stand

und halt mich sicher in deiner Hand.

Amen.

□ Bewegte Glaubensbekenntnisse

Glaubensbekenntnisse mit eigenen Worten und Gesten können von SuS selbst entwickelt werden wie folgendes Beispiel von Jugendlichen mit geistiger Behinderung aus Reutlingen zeigt.

Ich glaube an Gott,
der wie eine Sonne ist,

(mit den Armen einen Kreis beschreiben)

der uns geschaffen hat
und uns lieb hat.

(Arme über der Brust kreuzen)

Ich glaube an Jesus Christus,
der uns von Gott erzählt hat.

(Hand an den Mund legen)

Er war gegen Gewalt

(Geste der Abwehr;
beide Handflächen nach außen gedreht)

und hat vielen Menschen geholfen.

(flache Hand rechts und links auf
den Rücken des Nachbarn legen)

Ich glaube an den heiligen Geist,
der die Menschen
mutig, stark und fröhlich macht.

(Arme und offene Hände im „U“ nach oben,
Fäuste machen Arme ganz nach
oben öffnen und strecken)

□ Bewegungsreise / bewegte Erzählung

Bewegungsreisen sind in Bewegungen umgesetzte Phantasiereisen. Sie unterstützen, Wahrnehmungs- und Ausdruckskompetenzen zu entfalten. Während die Lehrperson so erzählt, dass ihr Mundbild auch von hörgeschädigten SuS klar erkannt wird, gestalten die SuS die Bewegungsmomente der einzelnen Handlungen auf individuelle Weise. Das Hörverstehen oder Hörverständnis kann auch erforderlich machen, dass auf die Gleichzeitigkeit zugunsten des Nacheinanders verzichtet wird. Auf eine Bewertung der Bewegungen wird bewusst verzichtet, um die freie Entfaltung der SuS zu ermöglichen. Diese Form der *bewegten Erzählung* eröffnet durch die Körpersprachlichkeit auch SuS, die die Verbalsprache nicht vollständig entschlüsseln können, eine aktive Teilnahme und vertieft zugleich die Nachhaltigkeit des Gelernten.

Ein Beispiel: Die Metamorphose von Raupe in Schmetterling soll für die SuS in einer Bewegungsreise erfahrbar und zur Darstellung gebracht werden. Ein Klangsignal markiert den Anfang und den Schluss der Erzählung sowie die Momente der Verwandlung in Raupe, Kokon und Schmetterling. Während die Lehrperson erzählt, vollziehen die SuS die Entwicklungsschritte von Raupe zum Schmetterling körpersprachlich nach.

Wichtiger Hinweis: Bewegungsreisen bedürfen der Einübung, da während der ganzen Erzählung primär über den Körperausdruck kommuniziert wird und die Verbalsprache in den Hintergrund tritt. Sie eignen sich für alle Wachstums- und Verwandlungserzählungen und können darüber hinaus jede Erzählung vertiefen. Sie eignen sich auch, aktuelle Bewegungsmomente von SuS aufzunehmen und sie spielerisch in eine Stillephase zu führen.

□ Liturgischer und freier Tanz

»Tanzen ist mit dem Körper träumen.« Es gibt eine Vielzahl unterschiedlicher Tänze für Gruppen. Doch nicht alle sind »barrierefrei«. Nicht jeder Tanz eignet sich dafür, dass auch SuS im Rollstuhl, mit Gehbehinderung, Sehbehinderung oder Hörschädigung uneingeschränkt teilnehmen können. Ggf. müssen Bewegungsabläufe verändert oder neu entwickelt werden.

Ein Beispiel:
Alle fassen sich im Kreis an den Händen und gehen metrisch im langsamen 4/4-Takt zur Musik in Richtung Kreismitte:

- □ rechts vor – links vor – Wiegeschritt (rechts zurück – links vor)
- □ rechts zurück – links zurück – Wiegeschritt
- □ Hände lösen und in 8 kleinen Schritten rechts um die eigene Achse einen Kreis beschreiten.
- □ Wieder von vorne beginnen.

SuS im Rollstuhl fahren die Bewegungen vor, zurück und im Kreis bzw. werden entsprechend geschoben. Benötigen sie ihre Hände zur Fortbewegung, legen die Personen links und rechts von ihnen – falls möglich – die Hände auf ihre Schultern. Somit ist der Kreis geschlossen. Die Hände bieten auch hör- und sehbehinderten SuS Orientierung (vgl. auch www.rollstuhltanz.de).

Als Tanzliteratur mit Tonträgern sind zu empfehlen Hirsch (2002), Sebastian (1997), Religionspädagogisches Zentrum (2003) und für Jugendliche die CD-Reihe der Jugendseelsorge Solothurn.

Kreative Ausdrucksformen

□ Kreatives Gestalten

Kreatives Gestalten erweitert das Verarbeitungs- und Vertiefungsangebot des RU, indem für die SuS neben Malmaterialien auch Materialien zur plastischen (räumlichen) Gestaltung angeboten werden (vgl. Zeeh-Silva 2009a, 36). Das Ziel ist eine erweiterte Methoden- und Kommunikationskompetenz sowie eine Erweiterung der Ausdrucksfähigkeit im Sinne des Freien Gestaltens. Wesentlich für die Identitätsbildung ist, dass alle SuS ihre persönlichen Eindrücke und Gefühle in der Gestaltung der Materialien zum Ausdruck bringen können. Der kreative Prozess beschreibt den Weg vom Eindruck zum Ausdruck.

Neben verschiedenen Maluntergründen und Malutensilien (Wachskreide, Wasserfarben, weiße Papierbögen unterschiedlicher Stärke und Größe) sollten in Schachteln oder Kisten möglichst folgende Materialien zur Verfügung stehen: Klebstoffe, Woll- und Stoffreste, Nähmaterial, Kartonstücke, Korken, Styroporkugeln, Holzstäbe, Goldpapier, Aufklebematerialien wie Perlen, Glassteine, Naturmaterialien, Holzbausteine sowie Ton- oder eine andere Modelliermasse. Diese vertiefende und verarbeitende Tätigkeit fördert neben der Nachhaltigkeit des RU auch die ästhetische, personale und kommunikative wie auch die hermeneutische Kompetenz der SuS. Zur Betrachtung, Würdigung und Reflexion der entstandenen Werke eignet sich der Mutmachkreis (siehe S. 91).

□ EXPRESSIVBILD

Ein Expressivbild oder »Sekundenbild« drückt sehr gezielt ein konkretes Gefühl wie Furcht oder Freude aus. Dabei ist das Vorgehen expressiver Natur, d. h. die Farb- und Formgestaltung ist spontan, schnell, oft innerhalb weniger Minuten oder gar Sekunden ausgeführt. Diese rasche, emotionale Bildgestaltung legt unmittelbar Gefühle frei, als handle es sich um eine ›Ausatmung‹ der Gefühle. Dabei gilt die für das Freie Malen *wichtige Regel:* Es gibt kein Falsch oder Richtig. Der beurteilungsfreie Vertrauensraum ist wichtig, damit die SuS ihre Gefühle und Gedanken frei äußern können.

Ein Beispiel: Josefs Angst im Brunnen. Die SuS bekommen die Form eines Kreises und füllen diese mit Farben der Angst und der Verlassenheit aus.

□ BODENBILDER GESTALTEN

Das klassische Setting, in dem Bodenbilder gestaltet werden, ist der Sitzkreis. In ihm entsteht eine gestaltete Mitte. Ein Bild wird entwickelt oder durch die Lehrkraft vorgegeben. Es kann in einer kurzen Unterrichtssequenz eingesetzt oder über mehrere Stunden – auch unter Mitwirkung der SuS – sukzessiv aufgebaut werden. Bevorzugt werden Tücher, Naturmaterialien und Kleinteile, die beständig und ästhetisch attraktiv sind. Sie sind auch als sog. Kett-Materialien erhältlich (www.rpa-verlag.de; vgl. Religionspädagogische Praxis, Kapitel 4.7).

Bei der Gestaltung von Bodenbildern können SuS innere Prozesse individuell oder gemeinschaftlich zum Ausdruck bringen. Dieser Weg führt von innen nach außen. Es kann aber auch der umgekehrte Weg beschritten werden, indem im Erleben der Bodenbilder oder Madalas innere Prozesse ausgelöst werden. Dabei dienen Bodenbilder unter anderem dazu, Geschichten zu illustrieren, zur Besinnung anzuregen oder innere Bearbeitungsprozesse zu begünstigen. Auf diese Weise unterstützen sie eine Vielzahl von Methoden im Kontext des narrativen, meditativen und gestaltpädagogischen Unterrichts. Bodenbilder empfehlen sich für das inklusive Lernen, weil sie Inhalte visualisieren. Sie laden zum »begreifenden« Handeln ein und fördern das Gemeinschaftsgefühl. Dadurch entfalten sie eine »bildende« Kraft (siehe Objekt-Impuls S. 62).

RU-Raum und Raumpädagogik

»Der Raum lernt mit.« Seine Gestaltung ist für das Wohlfühlen und die Bildung an der Schule grundlegend. Die SuS der Klasse und der Schülermitverwaltung (SMV) sollten in die Gestaltungsprozesse und die Entscheidungsfindungen aktiv einbezogen sein. Nur so kann ein Raum den biologischen, psychischen, religiösen und sozialen Bedürfnissen der SuS entsprechend eingerichtet und somit auch zu *ihrem* Raum werden. Er unterstützt oder behindert als »dritter Lehrer« neben Mitschüler/in und Lehrperson ihr Lernen.

Dass sich der RU durch Inhalt und Form von anderen Fächern wie Mathematik und Sport unterscheidet, zeigt sich auch in der Raumgestaltung und im Setting. Ein eigener Fachraum Religion ist zwar wünschenswert, doch meist nicht realisierbar. Jedoch können auch kleine Veränderungen mit geringen Mitteln eine deutlich veränderte Raumatmosphäre schaffen wie z. B. die Bildung eines Stuhlkreises, eine gestaltete Mitte oder ein Wandtuch mit Illustration. Es entsteht ein »verwandeltes Klassenzimmer«. Da der RU den SuS auch Gelegenheit bietet, sich mit den existenziellen Fragen des Lebens und seiner Grenzen auseinanderzusetzen, ist es wichtig, dass SuS einen »sicheren Raum« vorfinden, in dem sie sich mit ihren ganz persönlichen Anliegen öffnen können (vgl. Godly Play, Kapitel 4.8). Zur äußeren Raumgestalt gehört auch der innere vertrauensvolle und tragfähige Beziehungsraum der SuS und ihrer Religionslehrkraft.

Lernumgebung gestalten

Klassenzimmer, Korridor und Religionsraum können zu einer Lernlandschaft umgestaltet werden: Offene Regale, Kreativmaterialien, Bücher, realienkundliche Gegenstände, IT-Medien und vieles mehr gehören zu ihrer »Geografie«. Nischen zum individuellen Arbeiten und für den zeitweiligen Rückzug sind wichtig und dies nicht nur für SuS mit Autismus. Auch die Nutzung von Medieninseln (PC, Drucker, Scanner, Kopierer etc.), Flächen zum gemeinsamen Arbeiten und Gestalten auf Tischen, an Wänden und in Vitrinen dürfen nicht fehlen. Lernumgebungen werden je nach Bedürfnissen als Wohnräume, Lernbüros, Ateliers, Bühnen oder Meditationsräume eingerichtet. Evtl. müssen kleine architektonische Veränderungen vorgenommen oder Falt- oder Schrankwände aufgestellt werden.

5.6 Inhalte kennen lernen und bearbeiten

Erzählen und bearbeiten von biblischen Geschichten

Biblische Geschichten gehören zu den zentralen Lerninhalten im RU. Wie können sie so erzählt werden, dass sie von Kindern und Jugendlichen trotz unterschiedlicher Lernvoraussetzungen verstanden, geliebt und existenziell aufgenommen werden? Und wie können LuL die Zugangsformen zu biblischen Geschichten so anbieten, dass alle SuS sie ihren vielfältigen Begabungen gemäß verinnerlicht und aktiv bearbeitet? Dazu einige Hinweise, die den oben beschriebenen vier Zugangs- und Aneignungsformen folgen (siehe Kapitel 3.6).

□ 1. Basal-perzeptive Erzähl- und Aneignungsformen

In einer heterogenen Gruppe empfiehlt es sich, Erzählformen zu praktizieren, die unterschiedliche Sinneskanäle (z. T. auch gleichzeitig) bedienen.

Schwerpunkt Hören: Das Hören ist beim Erzählen der vorherrschende Sinneskanal. Der Text wird in leichter und elementarer Sprache vorgetragen. Aus der biblischen Geschichte kann ein Hörspiel entwickelt oder es können in Form der bewegten Erzählung (siehe S. 83) im Erzählverlauf passende Geräusche erfunden werden.

Schwerpunkt Sehen: Das Erzählen durch unterschiedliche Mittel visualisieren: Durch Gestik oder Mimik, durch Bilder (Flanellbilder, Erzähltheater/ Kamischibai), durch biblische Erzählfiguren (Biblische Erzählfiguren, Stabpuppen), durch Personen (Schattentheater), durch Tücher und Gegenstände (vgl. RPP, Kapitel 4.7) oder durch geschichtenspezifische Materialsets (Godly Play Kapitel 4.8). Es können auch wie beim Stummfilm Daumenkinos oder Comics ohne gesprochene Sprache mit Untertiteln erstellt werden.

Schwerpunkt Spüren: Eine Geschichte wird nach dem Konzept »Streichelwiese« als »Rückenerzählung« (Deister / Horn 1999) oder als Berührungsreise fühlbar gemacht (vgl. Rückenreise, Zeeh-Silva 2009a, S. 76–79). Während die Lehrkraft die Erzählung vorträgt, sind die Rollen so verteilt, dass es haptisch erzählende und spürende SuS gibt. Die agierenden SuS übersetzen die Ereignisse der Erzählung in somatische Angebote, indem ihre Hände die Erzählhandlungen auf dem Rücken eines Mitschülers individuell wiedergeben.

Schwerpunkt Riechen und Schmecken: Die Geschichte wird mit allen Erfahrungsmomenten inszeniert oder in einer wirklichkeitsnahen Situation am See, auf dem Feld oder zu Tisch nachgespielt.

Die vorgestellten Erzählformen können bzw. müssen je nach Bedarf (z. T. auch binnendifferenziert) kombiniert werden. So wird eine Geschichte z. B. mit biblischen Erzählfiguren im Sitzkreis präsentiert, während einzelne SuS, die evtl. blind oder mehrfach behindert sind, diese Geschichte als »Rückenerzählung« spüren oder die gleichen Figuren zum Ertasten bekommen.

☐ 2. Handelnde Erzähl- und Aneignungsformen

Für eine Gruppe lässt sich das handelnde Erzählen durch Bibliodrama (Kapitel 4.5) oder Jeux Dramatiques (Kapitel 4.6) ermöglichen. Dabei ist die Vorbereitungsphase von besonderer Wichtigkeit. Weitere handlungsorientierte Erzählformen sind die *dynamische Erzählung* mit gestischen, mimischen, sprachlichen oder stimmlichen Beteiligungsmöglichkeiten für SuS sowie die *Bewegungsreise bzw. bewegte Erzählung* (siehe S. 83).

SuS werden auch individuell als aktive Subjekte ihres Lernens ermutigt, biblische Geschichten selbst zu erzählen und zu gestalten. Dazu eignen sich die oben genannten Erzählformen (siehe Kapitel 5.6.1). Die SuS werden Handelnde, indem sie den Erzähltext, die Materialien und Szenen selbständig gestalten und präsentieren.

Die Methode der *Objektschachtel* ermöglicht es einzelnen Personen, ihre ganz individuelle Geschichte zu entwickeln und zu gestalten. In einer Objektschachtel befinden sich Gegenstände und Unterlagen (Stoffe, Filze), die dazu helfen, eine (biblische) Geschichte zu erzählen. Die Methode stammt aus dem Konzept Godly Play (siehe Kapitel 4.8). Die Erzählperson entscheidet, auf welcher Unterlage die Geschichte präsentiert wird. Auch Sand oder Erde in einem Erzählsack kann als Unterlage dienen. Zu den Szenen der Geschichte werden passende Gegenstände ausgesucht bzw. hergestellt. Die einfachste Erzählform mit der Objektschachtel ist, dass ein Filzstreifen Stück für Stück im Sitzkreis ausgerollt wird und während des Erzählens immer wieder ein neues Objekt bzw. ein neues Bild aus der Schachtel auf den Filzstreifen gelegt wird.

☐ 3. Anschauliche Bearbeitungs- und Ausdrucksformen

So wichtig wie der Eindruck einer Erzählung ist auch die Aneignung bzw. der individuell bearbeitete Ausdruck der Geschichte. Zur vertiefenden Bearbeitung der Geschichte eignen sich unterschiedliche Medien und Zugänge. Es können sinnliche Geschichtenmaterialien (siehe S. 94) oder unterschiedliche Kreativmaterialien verwendet werden (vgl. Kreativphase bei Godly Play Kapitel 4.8). Die individuell oder gemeinschaftlich erstellten kreativen Ausdrucksformen werden gemeinsam geteilt und besprochen (vgl. Ausstellung S. 92, Mutmachkreis S. 91). Weitere Möglichkeiten der kreativen inhaltsbezogenen Ausdrucksform sind Legebilder nach dem Konzept der Religionspädagogischen Praxis (Kapitel 4.7), Bodenbilder (siehe S. 84) oder Standbilder (siehe S. 66).

☐ 4. Kognitive Aneignungs- und Bearbeitungsformen

Eine klassische kognitive Aneignungsform ist die Textarbeit. Sie eignet sich für alle, die lesen und schreiben können. Wichtig ist hier die Niveaudifferenzierung. Der Text einer Geschichte oder eines Themas wird je nach individuellem Bedürfnis elementarisiert in leichter (unterstützter) Schriftsprache dargeboten oder auf philosophisch-theologisch höchstem Niveau.

Text- und Themenarbeit

In der Arbeit mit Texten ist zu prüfen, ob die Textgrundlage von allen SuS erfasst und verstanden werden kann. Gegebenenfalls müssen Texte vereinfacht (z. B. Leichte Sprache), übertragen (z. B. Braille-Schrift), unterstützt (z. B. Gebärden, Piktrogramme) oder in eine taktile Sprachform (z. B. basaler Dialog Kapitel 5.4) übertragen werden. Die »Textgestalt« ist den individuellen Verstehensvoraussetzungen und Entwicklungsstufen der SuS anzupassen. Die folgenden Methoden beziehen sich auf die Papier-Schreibstift-Arbeit mit geschriebenen Texten. Sie müssen in der Regel durch vielfältige Zugänge binnendifferenziert ergänzt werden.

☐ Texterschließung

Um Texte zu »entschlüsseln«, eignen sich unter anderem folgende Methoden:

- Die *»Fünf-Wort-Methode«* eignet sich, um den Schlüsselaussagen des Textes auf die Spur zu kommen. Die Aufgabe ist, die fünf wichtigsten Wörter im Text zu markieren. Die markierten Wörter sind verschiedene Wortarten: Ein Hauptwort, ein Tunwort, ein Eigenschaftswort, ein Fürwort und ein Wort nach freier Wahl.
- Die *»Sechs-Farben-Methode«* gliedert den Text in Farben. Dabei werden die zentralen Textaussagen (rot), die Aussagen, die die zentralen Thesen bzw. Aussagen begründen (orange), die Gegenargumente (blau), die Zitate (gelb), die Beispiele (grün) und die gliedernden Elemente (braun) angemalt.
- Die *Västeras-Methode* bietet die Möglichkeit, den Text oder Textrand mit unterschiedlichen Zeichen zu versehen, zum Beispiel mit

  »?« wenn etwas nicht verständlich ist oder noch Fragen offen sind
  »!« wenn hier etwas Wichtiges steht
  »→« wenn eine Stelle für das Handeln wichtig ist oder
  »↯« wenn der Leser nicht einverstanden ist.
- Eine *Mindmap* geht vom Hauptgedanken des Textes aus oder in der Farbenmethode von der roten Farbe bzw. in der Västerasmethode vom »!«-Zeichen. Er bildet den tragenden Stamm. Die Äste und Verästelungen der Seitengedanken werden entsprechend grafisch dargestellt.
  Wichtig ist: Es handelt sich um einen kreativen Prozess, der Assoziationen auf jeder Ebene zulässt. Am Ende wird optisch offensichtlich, wo die Schwerpunkte der Gedanken liegen.
- Die *Piktogramm-Methode* setzt den geschriebenen Text in Bildsprache um. Dabei können standardisierte Bilder (siehe Boardmaker S. 99) oder selbst entwickelte Piktogramme verwendet werden. Das Ergebnis dieser Methode kann auch den SuS zur Verfügung gestellt werden, die nur begrenzt in der Lage sind, die Schriftsprache zu entschlüsseln.

  Die kognitiv höher bzw. hoch begabten SuS können die Aufgabe erhalten, schwierige Texte mit diesen Methoden zu elementarisieren, um sie anderen SuS (als Lückentext, Elfchen o. ä.) vorzustellen. Dieses Konzept des Peer-Teachings kann auch bei Quellenarbeit, Exegese, synoptischem Vergleich und anderem mehr durchgeführt werden.

☐ Gruppenpuzzle

Eine effektive Methode der Binnendifferenzierung im Bereich der thematischen Bearbeitung ist das sog. Gruppenpuzzle. Sie heißt so, weil ein Rahmen-Thema in verschiedene Teil-Themen (Puzzle-Teile) zerlegt bzw. »zersägt« wird (engl. JigSaw).

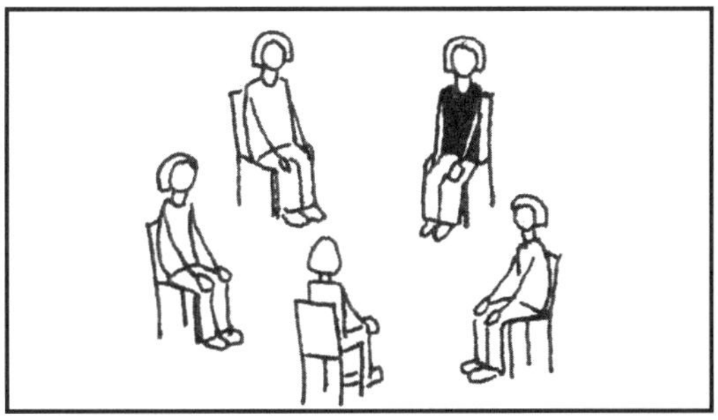

Phase 1: In heterogenen Stammgruppen sitzen zunächst ca. fünf SuS ohne spezielle Kenntnisse zusammen. Sie einigen sich, wer sich für welches thematische Puzzle-Teil als zukünftiger Experte ausbilden möchte. Dabei empfiehlt es sich, die Teilthemen unterschiedlichen Zugangs- und Aneignungsformen entsprechend und der Begabungsvielfalt in der Stammgruppe gemäß zu verteilen.

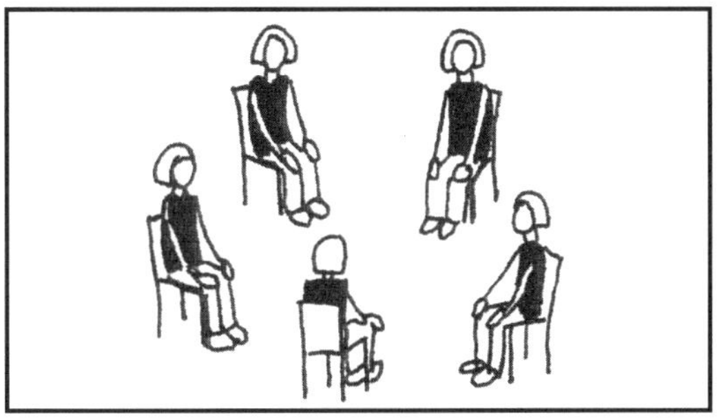

Phase 2: Die Stammgruppen lösen sich auf und kommen in Expertengruppen zusammen. Dort werden sie mit Hilfe von Materialien, Medien (Internet etc.), Lernkontrollen und Lehrbegleitung zu Experten. Für die spätere Vermittlung des Lernstoffes in ihren Stammgruppen entwickeln die »neu ausgebildeten« Experten Handouts, Modelle, Kreativprodukte oder Rollenspiele.

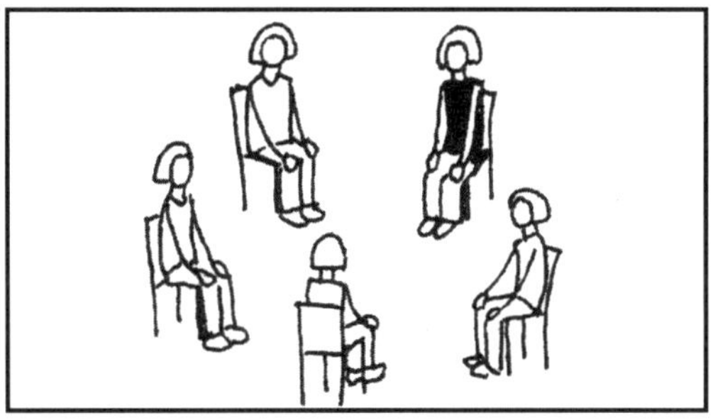

Phase 3: Die Experten kehren in ihre Stammgruppe zurück und informieren sich gegenseitig über das Gelernte. Jeder Experte trägt nun sein Spezialwissen den anderen in unterschiedlichen Präsentationsformen vor und fügt sein Themen-Puzzle hinzu, so dass am Ende »alle alles« wissen, können oder als Haltung verinnerlicht haben.

□ Gruppenanalyse

Die Gruppenanalyse eignet sich für die kritische, schriftliche Auseinandersetzung mit einem Thema in der Kleingruppe von drei bis fünf Personen. Sie kann als Differenzierungsphase für eine bestimmte Schülergruppe eingesetzt werden, während andere SuS andere Formen der Auseinandersetzung mit demselben Lerngegenstand wählen.

Phase 1: Jedes Gruppenmitglied bekommt ein Blatt mit einer Arbeitsaufgabe und *vier Feldern* darunter. Die Aufgaben aller Gruppenmitglieder können identisch sein, z. B. wenn es um die Einschätzung einer ethischen Frage geht wie: Was soll geschehen, wenn ein Schüler in der Schule gewalttätig wird (Fallbeispiel)?

Oder die Aufgaben können verschieden sein, wenn die Gruppe vier unterschiedliche Aspekte eines Themas bearbeiten soll, z. B.: Was muss sich in der Schule verändern, damit dies nicht mehr passiert (primäre Prävention)? Wie können zukünftig Opfer geschützt werden (sekundäre Prävention)? Wie ist diese Gewalt zu erklären (Anamnese)? Wie kann man helfend eingreifen, wenn so etwas geschieht (Intervention)?

Phase 2: Erste Auseinandersetzung: Jedes Gruppenmitglied bekommt genügend Zeit, die Arbeitsaufgabe in Einzelarbeit zu bearbeiten und seine vorläufige Antwort oder seine Ideen in das *erste Feld* zu schreiben.

Phase 3: Am Ende der festgelegten Zeit wird das Arbeitsblatt im Uhrzeigersinn jeweils an die nächste Person weitergereicht. Jeder liest jetzt zunächst die These und die Stellungnahme, die auf dem Blatt stehen, das er bekommen hat. Anschließend schreibt er in das Kommentarfeld *eins* die zentralen eigenen Gedanken bezüglich der These und der Stellungnahme.

Phase 4: Das Blatt kreist erneut um eine Position nach links. Erneut wird Zeit für die Analyse und Reflexion der vorherigen Beiträge gegeben. Jeder trägt die Gedanken jetzt in das Kommentarfeld *zwei* ein.

Phase 5: Das Vorgehen wird noch einmal wiederholt. Anschließend wandert das Blatt noch eine Position weiter. Der Bogen ist jetzt wieder bei dem Gruppenmitglied, das die erste Eintragung vorgenommen hat. Alle SuS haben nun zu ihren Gedanken eine Vielzahl von Anregungen in den Kommentarfeldern *eins bis drei* erhalten.

Phase 6: Alle SuS formulieren eine Zusammenfassung und eine erweiterte Stellungnahme. Sie bekommen etwas Zeit, um die Gedanken der Gruppenmitglieder zu lesen, sich mit ihnen auseinanderzusetzen und die wesentlichen Punkte der schriftlichen Diskussion in *Feld vier* zusammenzufassen. Im Anschluss an die Zusammenfassung muss jeder eine erweiterte Stellungnahme zu seiner These formulieren, in die die Auseinandersetzung mit den Gedanken der anderen einfließt. Die eigenen Gedanken sind nun i.d.R. durch die Anregungen der anderen reichhaltiger, facettenreicher oder tiefgründiger geworden.

Phase 7: Gruppengespräch: Nach dieser Phase erhält die Gruppe Gelegenheit, die Ergebnisse vorzustellen und ggf. eine Gruppendiskussion zu führen, in der offene Fragen oder weitere Gedanken vorgestellt werden.

☐ Doppelkreis bzw. Kugellager

Diese Methode bietet eine schüleraktive Möglichkeit zum Austausch von Meinungen und Informationen für jede einzelne Person. Zugleich ist sie ein klassischer Baustein in der Lernspirale (vgl. Klippert 2009, 22ff und 2010, 160ff).

Die Klasse wird nach dem Zufallsprinzip (z. B. Durchzählen) in zwei gleich große Gruppen eingeteilt. Die erste Gruppe bildet den Innenkreis, die zweite den Außenkreis, so dass sich je zwei SuS gegenübersitzen oder -stehen. Bei einer ungeraden Zahl bilden zwei SuS ein Paar, das gemeinsam agiert (siehe Assistenz S. 26 und 36f). Nach jeder Aufgabenstellung bewegt sich der Außen- oder Innenkreis – auf ein akustisches Signal hin – um einen Stuhl bzw. eine Position weiter. Dadurch werden neue Zufallspaare gebildet.

Beim Informationsaustausch geben Schülerexperten nach dem *Prinzip* ›Lernen durch Lehren‹ ihre erworbenen Kenntnisse oder Fertigkeiten an die gegenüberstehende Person weiter, beim Austausch von Meinungen und Stellungnahmen reagieren sie auf die entsprechenden Aufgaben der Lehrkraft.

☐ Kreativer Vortrag

Mit einer Methode aus dem Improvisationstheater kann ein Vortrag körpersprachlich bereichert werden: Eine Person referiert ein bestimmtes Thema, z. B.: Würde Gott sich für den Naturschutz einsetzen? Dabei hält sie beide Hände auf den Rücken. Eine zweite Person steht dicht hinter ihr und gestikuliert mit den eigenen Händen stellvertretend für die sprechende Person. Das Ziel ist, dass sich verbale und non-verbale Sprache und die Begabungen der Partner sinnvoll und kreativ ergänzen.

Außerschulisches Erfahrungslernen

Ein offener RU, der die Türen zur Lebenswelt aufstößt, ermöglicht ein Erfahrungslernen, das unterschiedliche Sinne und Handlungsmöglichkeiten erschließt. Lerngänge zu Kirchenräumen, Synagogen oder Moscheen (vgl. Kirchen- und Sakralraumpädagogik Kapitel 4.2), Exkursionen ins Bibelmuseum oder die Sternwarte, eine Fahrt nach Taizé oder auf den Kirchentag sowie ein Besuch bei Krankenhaus-, Gefängnis- oder Betriebsseelsorger/innen erschließen außerschulische Orte, an denen Religion mitten im Leben erlebt und reflektiert werden kann. Für schwerhörige SuS müssen evtl. mobile Höranlagen mitgenommen werden.

Wichtige außerschulische Erfahrungen können über einen längeren Zeitraum auch in Sozial- oder Gemeindepraktika erworben werden, wie sie zum Beispiel in den Konzepten »Agentur Mehrwert gGmbH für Soziales Lernen« oder »Compassion« (Metz et al. 2000) realisiert werden. Hier ist zu bedenken, dass Kinder und Jugendliche mit Besonderheiten nicht als Objekte, sondern als Akteure der sozialen Hilfe betrachtet werden. Sie sollten nach Kräften unterstützt werden, sich in Seniorenwohnheimen, Sozialstationen, Kirchengemeinden oder bei diakonisch-caritativen Trägern und Projekten sozial zu engagieren (siehe diakonisch-soziales Lernen Kapitel 4.5).

Medienarbeit (Margit Metzger)

SuS leben in unserer Medienwelt und kommunizieren medial. Deshalb knüpfen die Zugänge der Medienarbeit an ihr Alltagsverhalten an. Sie ermöglichen eine breite Vielfalt des Lernens. Hochbegabte SuS können damit ihre eigenen Lernwege genauso entwickeln wie solche, die auf gestützte Kommunikation angewiesen sind.

Neben den klassischen Medien wie Bilder, Kurz- und Spielfilme (Kapitel 6.3) eignen sich auch neuere digitale Medien wie z. B. DVDs und Internet in besonderer Weise für inklusives Lernen. Sie fördern individualisiertes offenes Lernen ebenso wie partnerschaftliches Lernen in Kooperationen. Sie sind deshalb auch wichtige Elemente für Freiarbeit und Stationenlernen. Online-Lernphasen können die schulische Situation als »Blended Learning« ergänzen.

Zu unterscheiden sind zwei methodische Formen der Mediennutzung. Zum einen können diese Medien rezeptiv genutzt werden, z. B. Wikipedia als Wissenspool. Zum anderen können sie aber auch für aktive Medienarbeit eingesetzt werden. Jugendliche können z. B. mit ihren Handys eigene kurze Filme drehen, diese evtl. im PC schneiden und bearbeiten und anschließend – soweit dies rechtlich möglich ist – in YouTube veröffentlichen.

Theologisieren

Beim Theologisieren reflektieren SuS ihre Lebenserfahrungen und Sachverhalte auf der Grundlage ihres Glaubens. Wichtig ist, dass dies nicht nur kognitiv, sondern mit allen Sinnen geschieht. Es ist einfacher, über eine biblische Geschichte oder eine Lebensgeschichte zu theologisieren, wenn diese durch Materialien und Medien visualisiert und objektiviert werden. So wird es zum Beispiel in der sog. Ergründungsphase bei Godly Play (Kapitel 4.8) praktiziert. Dort finden sich auch die vier zentralen hermeneutischen Schlüsselfragen:

1. »Ich frage mich, welcher Teil der Geschichte hat dir am besten gefallen?«
2. »Welcher Teil der Geschichte ist wohl der Wichtigste?«
3. »In welchem Teil der Geschichte kommst du vor?«
4. »Ich frage mich, ob wir wohl einen Teil der Geschichte weglassen können und immer noch die ganze Geschichte haben, die wir brauchen?«

Kommt bei der Weihnachtsgeschichte zum Beispiel die Antwort: »Das Jesuskind könnten wir weglassen«, wird das Baby aus der Krippe genommen. In der Regel entzündet sich darüber eine hitzige theologische Diskussion. Der englische Junge (so ein Praxisbericht von Peter Privett), der diesen Vorschlag machte, musste sich rechtfertigen und sagte: »Wenn Jesus in der Krippe liegt, dann starren alle ihn an. Ist er weg, schauen sie sich auch gegenseitig an und dann ist doch Jesus da!« Die Wortbeiträge der SuS werden ggf. von der Lehrperson mit Hilfe der Geschichtenmaterialien nachvollzogen und auf diese Weise visualisiert. Die Jesusfigur kann z. B. nach der Äußerung des Jungen zwischen die Figuren gehalten werden, die »sich nun anschauen«.

Freiarbeit

Die Freiarbeit ist eine klassische Form des individuellen Arbeitens. Sie kann aber auch kooperativ in Kleingruppen stattfinden. Der RU lässt sich jedoch aufgrund seines Gemeinschaftsbezugs nicht komplett in Freiarbeitsphasen auflösen!

Freiarbeitsmaterialien im RU sind rar und meist in Form von differenzierten Arbeitsblättern als Papier-Stift-Aufgaben ausgearbeitet. Stärker verbreitete Freiarbeitsformen im RU sind das Stationenlernen, die Lernstraße oder die Lerntheke. Religionspädagogische Freiarbeitsmaterialien für alle Sinne sind selten (Meyer-Mintel 2008, Bayer 2000, Ehrenfeuchter 2002).

Die Freiarbeit, wie viele andere Methoden auch, will eingeübt sein. Sinnvoll ist es, dass SuS diese Methodenkompetenz erst erworben und nachgewiesen haben müssen, bevor sie diese Arbeitsform ausüben. Ein Kennzeichen der Freiarbeit ist, dass trotz Anleitungen und Selbstkontrollen Unterstützungsbedarf entsteht. Die wichtigsten Regeln für Hilfesuchende sind:

1. Ich denke selber nach, ob ich die Lösung finde
2. Ich frage meine Mitschülerinnen und Mitschüler, ob sie mir weiterhelfen können
3. Ich frage die Lehrperson bzw. melde meinen Hilfebedarf z. B. an der Tafel oder einem Faden am Schwarzen Brett mit meinem Namensklämmerchen an.

5.7 Ergebnisse sichern und Rückmeldungen geben

Feedback geben

Über die Rückmeldungen anderer Personen können SuS ihr Verhalten besser wahrnehmen, reflektieren und mit einem Zugewinn an Sozialkompetenz positiv verändern.

□ FEEDBACK-RITUAL MIT KARTEN

Folgende Karten können SuS helfen, direkte und ehrliche Rückmeldungen zu geben. Die Karten liegen in der Mitte des Stuhlkreises. Die Schülerin, die an der Reihe ist, sucht sich eine Karte aus, liest sie vor und richtet ihre persönliche Rückmeldung an eine Person ihrer Wahl. Sie kann das Feedback auch non-verbal durch eine Geste, ein Ritual, in Körper- oder Zeichensprache zum Ausdruck bringen. Anschließend legt sie die Karte wieder in die Mitte zurück.

Abb.: Mädchen und Jungenköpfe, aus Zeeh-Silva 2009b, S. 104

A: Regeln für die sprechende Person	B: Regeln für die zuhörende Person
1. Gehe zur Person, der du etwas sagen möchtest und schaue sie dabei an. 2. Sprich in Ich-Botschaften. 3. Teile deine Gefühle ohne Drohungen oder Beschimpfungen mit. 4. Fasse dich kurz.	1. Höre das Feedback ruhig an. 2. Verteidige dich nicht. 3. Überlege dir, ob du nach dieser Übung mit der Person über ihr Feedback reden möchtest, evtl. gemeinsam mit der Lehrerin. 4. Sprich mit der betreffenden Person über deine Gefühle. Beachte die Regeln von A.

□ MUTMACHKREIS

Nach einer Mal- und Kreativphase versammeln sich alle im Kreis und legen ihre Bilder oder Werke vor sich auf den Boden (Zeeh-Silva 2009a). Sie umwandern diese »Ausstellung« langsam in eine Richtung, so lange, bis jede Person wieder bei ihrem Werk angekommen ist. Jede Person bekommt nun einen kleinen Stein und darf diesen »Mutmachstein« auf das Werk eines anderen legen und dabei eine Mut machende Rückmeldung geben. *Beispiel:* »Hier gefällt es meinem Stein besonders gut, weil es so schön bunt ist«. Ein Schüler beginnt, seinen Stein abzulegen, darauf hin ist die nächste Person an der Reihe, dessen Werk soeben gelobt wurde, so lange, bis alle ein Feedback erhalten haben. Wird das Bild des Schülers gelobt, der den Mutmachkreis begonnen hat und der folglich keinen Mutmachstein mehr in der Hand hat, gibt er das Wort weiter an jemand, der noch kein Feedback gegeben hat. *Wichtiger Hinweis:* Am Schluss liegt auf jedem Bild ein Stein, so dass alle ein Lob bekommen! Auf diese Weise verändert sich die Bild- und Werkbeurteilung der SuS und deren Kategorisierungsschemata von ›Schön‹ oder ›Hässlich‹. Sie lernen, dass in jedem Werk und auch in ihnen selbst etwas Besonderes und Lobenswertes steckt.

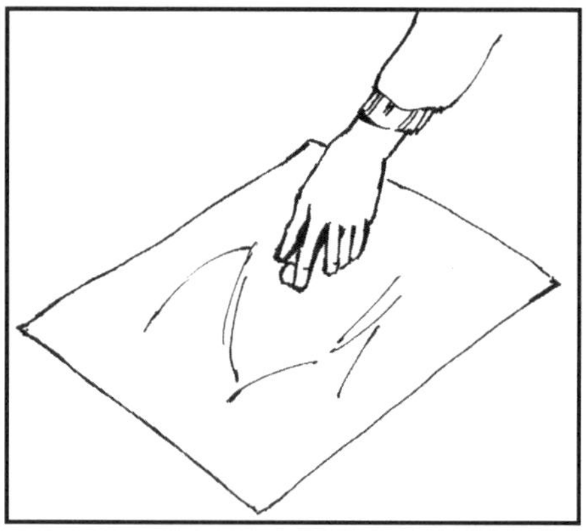

□ STIMME HÖREN UND RÜCKMELDUNG GEBEN

Die Übung will anregen, das Feedback-Geben einzuüben (vgl. Rendle 2008, 109). Der Schwerpunkt liegt auf der konzentrierten und genauen Wahrnehmung. Die Aufgabe ist, die Stimmung der Mitschüler in der Stimme zu erspüren und »hellhörig« zu werden. Es ist zugleich eine Übung, mit den Ohren zu sehen.

1. Alle SuS suchen sich individuell einen kurzen Text aus der Bibel aus und
2. setzen sich in den Stuhlkreis mit Blickrichtung nach außen. Dadurch wird eine bessere Konzentration erreicht.
3. Alle schließen die Augen und kommen zur Ruhe. Die Lehrkraft steht innen im Kreis und tippt die Person an, die sprechen soll. Alle hören zu, wie sich die Stimme »anhört«. Wie empfinde ich die Stimme: hoch/tief, laut/leise, bestimmt/fragend usw.
4. Nach jeder Leseprobe schreiben alle die für sie wichtigen Eindrücke auf ein separates Kärtchen.
5. Nun wird der Name der vorlesenden Person genannt und auf das Kärtchen geschrieben.
6. Alle Kärtchen werden nach Namen sortiert als Rückmeldung an die Vorleser/innen gegeben.

Auswertung: Nach der persönlichen Beschäftigung mit den Rückmeldungen zur eigenen Stimme treffen sich alle im Stuhlkreis und sprechen über die Fragen: Wie ist es mir ergangen? Wie stimmen die Rückmeldungen mit meinen eigenen Eindrücken überein?

□ SCHÜLEREVALUATION

In einer heterogenen Lerngruppe ist es für Lehrkräfte, besonders während der gemeinsamen Input- und Erarbeitungsphase, oft schwierig festzustellen, ob alle dem Geschehen und den Gedankengängen aufmerksam folgen können. Als Rückmeldung an die LuL sind unterschiedliche Instrumente bzw. Formen denkbar (vgl. Colin Cramer 2007). Eine Möglichkeit ist eine Toblerone-Schachtel mit den drei Ampelfarben rot – gelb – grün. Die SuS zeigen während des Unterrichts mit einer eigenen Farbenschachtel an, wie gut sie folgen können, indem sie ihre Ampel immer wieder drehen.

Dokumentations- und Evaluationsformen

□ AUSSTELLUNG

Die im Unterricht entstandenen Werke, z. B. Bilder, Objekte, Texte, werden auf eine Weise präsentiert, die allen eine ruhige und genaue Betrachtung ermöglicht. Die SuS präsentieren ihre Werke im Bodenkreis. Sie betrachten die Werke, indem sie die ausgestellten Objekte langsam »still« umwandern. Nach kurzen Betrachtungsphasen wandern sie auf das Signal einer Klangschale oder eines Glöckchens jeweils zum nächsten Ausstellungsstück weiter. Die Objekte können wie in Galerien mit Titel und Namen beschriftet oder auch an Tischen präsentiert werden.

Zum nachklingenden Erinnern können die SuS für einen kurzen Moment die Augen schließen und Bildeindrücke vergegenwärtigen. Anschließend benennen sie ihre Erinnerungen. Dabei üben sie, die kreativen Gestaltungen des anderen achtsam und sensibel Wert zu schätzen. Es geht darum, jede Person in ihrer einzigartigen Ausdrucksform anzuerkennen. Eine weitere Möglichkeit, der wertschätzenden Rückmeldung ist der Mutmachkreis (siehe S. 91).

□ Wochenblatt

Je freier und selbständig gesteuerter das Lernen gestaltet ist, desto klarer muss es strukturiert und dokumentiert werden. Wird auch der RU phasenweise in Form der Freiarbeit gestaltet, müssen auch die Lernprozesse in diesem Fach in das Wochenblatt oder eine entsprechende Dokumentationsliste eingetragen und von der Lehrkraft überprüft werden.

□ Jahresdokumentation

Um den SuS einen Überblick über einen größeren Zeitraum zu ermöglichen und ihnen einen »roten Faden« zur Orientierung an die Hand zu geben, kann das Curriculum als Jahresthema formuliert und entsprechend dokumentiert werden. Das Thema könnte »Unterwegs im Glauben« sein. Der »rote Faden« wäre dann ein Weg, der mit einem Papierstreifen an der Wand des Klassenzimmers oder im Schülerheft beginnt. Mit jeder Stunde und Themeneinheit kommt ein Bild oder Gegenstand dazu, der das Gelernte repräsentiert. Dadurch wird der gemeinsame Lernweg visualisiert und erinnert. Dies ist verstärkt für SuS wichtig, die auf eine klare Tages- und Jahresstruktur oder eine Gedächtnisunterstützung angewiesen sind. Die Dokumentation kann auch in die gestaltete Mitte einfließen (siehe Bodenbild S. 84), indem neue Symbole oder Piktogramme hinzugelegt werden. Sie kann auch durch die fortschreitende Verzierung der Religionskerze durch die SuS erfolgen oder durch weitere kreative Formen.

□ Portfolio

Das Portfolio ist eine digitale oder materielle Sammelmappe, in der die SuS ihre Lern- und Entwicklungsprozesse mit ausgewählten Materialien dokumentieren. Für SuS mit haptischen Bedürfnissen oder non-verbalen Kommunikationsformen kann diese Mappe auch dreidimensional, z. B. in Form einer Landschaft oder als Schatzkiste mit Gegenständen gestaltet werden. Inhalte des Portfolios können Kompetenzprofile, außerschulische Veranstaltungen, Praktika, Entwicklungsperspektiven, Zielvereinbarungen, Texte und Materialien sein. Dokumentationen und Auswertungen können auch in einem persönlichen Lerntagebuch oder Logbuch geführt werden.

□ Entwicklungsdokumentation

Um die individuellen Ressourcen und Entwicklungsschritte der SuS klarer zu erkennen und gezielter zu fördern, können Dokumentationsinstrumente eingesetzt werden, wie z. B.:

1. Die *Schatzmappe bzw. -kiste* der SuS bzw. das Portfolio mit eigenen Notizen, Entwürfen, Arbeitsproben, Erinnerungsobjekten, mit Lerntagebuch oder Lobzetteln.
2. Die *Beobachtungsmappe* der LuL mit Beobachtungen, Vorkommnissen und Entwicklungsnotizen.
3. *Dokumentationsmappe* mit Inhalten aus der Beobachtungs- und Schatzmappe, die für die Dokumentation der Entwicklung der SuS von entscheidender Bedeutung sind. Die Inhalte aus der Schatzmappe, die einen »Repräsentationscharakter« haben, werden zusammen mit den SuS einmal pro Schuljahr ausgewählt und ausgewertet. Leistungsdefizite und -stärken können durch eine individuelle Entwicklungsbegleitung zeitnah erkannt und gefördert werden.

Leistungsbewertung

In einer heterogenen Lerngruppe wird die Leistung nicht an einem für alle verbindlichen Bildungsstandard gemessen. Der Vergleichspunkt ist die individuelle Lernausgangslage der einzelnen SuS. Die Bewertung der LuL gibt dem Einzelnen eine möglichst genaue Beschreibung seines persönlichen Lernfortschritts und Arbeitserfolgs. Auf Ziffernoten sollte so weit wie möglich verzichtet werden. Wichtig ist, der Selbsteinschätzung der SuS viel Raum zu lassen und auch die Rückmeldungen von anderen SuS einzubeziehen (vgl. Feedback geben S. 91f).

6. Welche Arbeitsmittel gibt es? – Hilfsmittel und Medien

6.1 Heilpädagogische Hilfsmittel

Die Fülle an heilpädagogischen Hilfsmitteln für Menschen mit unterschiedlichen Behinderungen ist unüberschaubar. Es gibt eine Vielzahl an Kommunikationsgeräten mit natürlicher und synthetischer Sprachausgabe (sog. BigMack, Talker), Mobilitätshilfen, Sehhilfen, Hörgeräte, FM-Anlagen, Funktionskontakte zwischen Mensch und Maschine, Spezialwerkzeuge und vieles mehr.

Welche Hilfsmittel Mädchen und Jungen mit besonderen Bedürfnissen benötigen, wissen die SuS und ihre Eltern aufgrund jahrelanger Erfahrung in aller Regel am besten. Darüber hinaus sind die Experten der zuständigen sonderpädagogischen Beratungs- und Kompetenzzentren bzw. der Förderschulen zu Rate zu ziehen. Oft müssen in Kooperation mit der Rehabilitations- und Orthopädietechnik Sonderbaulösungen entwickelt oder im Lebenslauf der SuS immer wieder neu angepasst werden.

6.2 Religionspädagogische Arbeitsmittel

Religionspädagogische Arbeitsmittel sind im RU für die inklusive Arbeit, je nachdem, welche Sinne der SuS angesprochen werden, unterschiedlich verfügbar. Visuelle Medien, wie z. B. Bilder oder Filme (siehe S. 95ff) oder auch akustische Tonträger sind in einer reichen Fülle für jede Altersgruppe vorhanden und in den regionalen Medienstellen ausleihbar. Religionspädagogische Arbeitsmittel für die Nahsinne und die handlungsorientierte Freiarbeit, sind dagegen dünn gestreut.

□ **Freiarbeits- und Erzählmaterialien**

1. Legematerialien: www.rpa-verlag.de
2. Godly Play-Materialien: www.godlyplay-materialien.de

□ **Erzählmaterialien**

3. Erzählen mit Biblischen Erzählfiguren: www.abf-ev.de (Arbeitsgemeinschaft biblische Figuren)
4. Erzählen mit Eglifiguren: www.egli-figuren.de
5. Biegefiguren und Zubehör (fertig angezogene Figuren in der Höhe von etwa 12 cm): www.junge-gemeinde.de

□ **Bilder – nicht nur im RU**

6. Gemäldesammlung: www.uni-leipzig.de/ru
7. Fotosammlung: www.flickr.com und www.pixelio.de
8. Andachtsbilder: www.versacrum.de

6.3 Kurzfilme zum gemeinsamen Lernen für SuS (Margit Metzger)

Bei den folgenden Kurzfilmen für SuS handelt es sich lediglich um eine kleine Auswahl von Kurzfilmen zum Thema Inklusion unter dem Stichwort »Andersartigkeit«. Sie zeigen Menschen in ihrer Verschiedenheit; im inklusiven Unterricht können sie zur Gruppenbildung und Unterstützung der wertschätzenden Wahrnehmung von Verschiedenheit beitragen.

Die Kurzspielfilme und dokumentarischen Filme zeigen in oftmals beeindruckender Weise die Persönlichkeiten und Kompetenzen der Kinder, Jugendlichen und Erwachsenen mit Handicap. In diesen Medien wird deutlich, dass »anders-artige« Kinder, Jugendliche und Erwachsene nicht auf Mitleid, sondern auf Begegnungen und Unterstützung in Gleichwertigkeit angewiesen sind. Sie zeigen, dass gemeinsames Leben und Lernen, ein Miteinander der Verschiedenen, möglich ist und alle Beteiligten bereichert.

Bedacht werden sollte bei der Filmauswahl für eine inklusive Klasse oder Gruppe auch, ob nicht die Filme besonders geeignet sind, die nicht direkt die Situation der Gruppe spiegeln. Das bedeutet, einen Film zu wählen, der Menschen mit anderen als den in der Gruppe vorkommenden Beeinträchtigungen zeigt.

□ ANDERS-ARTIG

Christina Schindler, Deutschland 2001; 7 Min., f., Trickfilm. DVD-educativ: mit zahlreichen Extras.
Vier grüne Chamäleons schlüpfen aus ihren Eiern. Dann kommt noch ein Chamäleon, aber dieses ist rot. Die anderen reagieren äußerst zurückhaltend. Es passt sich auch nicht wie die anderen seiner Umgebung an und ernährt sich im Gegensatz zu den anderen vegetarisch. Unglücklicherweise lockt seine rote Farbe einen Greifvogel, der eines der getarnten Chamäleons entführt. Das rote Chamäleon ist nun klar das schuldige Tier und die anderen verfolgen es – bis zum Nest des Vogels. Als es das Nest erreicht, gefolgt von vielen bunten Chamäleons, erschrickt der Angreifer und flüchtet mitsamt seinen Jungen. Das gerettete Chamäleon dankt dem Roten. Bei der Berührung überträgt sich kurz die rote Farbe.

Stichworte: Fantasie, Außenseiter, Toleranz; *Eignung:* ab 5 Jahren

□ DAS GRÜNE SCHAF

Carsten Strauch, Deutschland 2008; 4 Min., f., Animationsfilm
Marcel hat es nicht leicht in der Schule. Als grünes Schaf wird er häufig ausgegrenzt und mit Vorurteilen konfrontiert. Doch seine Familie gibt ihm Halt. Der Film erzählt in kurzen Interview-Ausschnitten vom Alltag der Patchwork-Familie El Sapo und berichtet von den Schwierigkeiten eines partnerschaftlichen Zusammenlebens zwischen Fröschen und Schafen.

Stichworte: Ausländer/innen, Außenseiter, Familie, Vorurteile, Humor; *Eignung:* ab 10 Jahren

□ FELIX

Andreas Utta, Deutschland 2007; 21 Min., f., Kurzspielfilm
Der zwölfjährige Felix chattet seit Wochen mit Lena. Jetzt möchte sie ihn endlich persönlich treffen. Aber Felix zögert das Treffen hinaus und wählt schließlich einen Treffpunkt an der Autobahn. Zu Lenas Erstaunen taucht er auf der anderen Seite der Fahrspur auf, zwischen ihnen der tosende Verkehr. So unterhalten sich die beiden über die Autobahn hinweg – in Gebärdensprache. Lena ist gehörlos. Felix jedoch hat ihr die ganze Zeit vorgemacht, er sei ebenso taub wie sie. Für sie hat er fieberhaft die Gebärdensprache gelernt, damit er ihr gegenüber treten kann, ohne dass sie etwas merkt. Als sie sich dann in einer Raststätte treffen, fliegt der Schwindel auf. – Im Mittelpunkt des Films steht Felix, der hörende Junge, dem es schwer fällt, mit Lena näher in Kontakt zu kommen.

Stichworte: Liebe, Kommunikation, Freundschaft, Behinderte Menschen, Gehörlose, Außenseiter; *Eignung:* ab 10 Jahren

☐ Stille Post

Oliver Rauch, Deutschland 2006; 3 Min., f., Kurzspielfilm

Unterrichtsende in der 3. Klasse einer Grundschule. Die SuS dürfen sich ein Spiel wünschen. Die vorwitzige Miriam schlägt ›Stille Post‹ vor und alle sind begeistert. Neben Miriam sitzt Paul, ein schwarzer Junge. Auf der anderen Seite sitzt Luise, der Miriam etwas zuflüstert, eine Gemeinheit auf Pauls Kosten. Spannung und Schadenfreude in der Klasse steigen. Da durchbricht eines der Kinder den Kreislauf.

Stichworte: Außenseiter, Ausländer/innen, Kinder, Kommunikation, Diskriminierung, Mobbing, Toleranz; *Eignung:* ab 8 Jahren

☐ Lisanne

Lars-Gunnar Lotz, Deutschland 2005; 18 Min., f., Kurzspielfilm

Marlon möchte seiner 15-jährigen Schwester Lisanne, die Downsyndrom hat, ihren großen Traum erfüllen, mit dem Auto nach Dänemark ans Meer zu fahren. Unterwegs bleiben sie in einem kleinen Dorf mit Motorschaden liegen. Lisanne lässt sich allerdings von ihrem Wunsch nicht abbringen und macht sich allein auf den Weg zum nächsten Bahnhof, löst eine Karte nach Dänemark und wartet, bis der Zug kommt. Doch sie findet den richtigen Zug nicht. Ihr Bruder sucht sie und beide setzen die Reise fort.

Der Film zeigt, wie beide letztendlich voneinander lernen. Es geht dabei um Sehnsüchte und ihre Erfüllung, Konflikte und die Beziehung zwischen Schwester und Bruder.

Stichworte: Behinderte Menschen, Geschwister, Außenseiter, Träume; *Eignung:* ab 10 Jahren

☐ Willi will's wissen: Was heißt hier eigentlich behindert?

Ralph Wege, Deutschland 2003 (FWU); 25 Min., f., Dokumentation

Willi besucht zwei Einrichtungen in und um Ravensburg, die Stiftung Liebenau und die Zieglerschen Anstalten, in denen Menschen mit geistiger und körperlicher Behinderung leben, lernen und arbeiten. Vorhandene Talente und Fähigkeiten sollen gefördert werden, um den Bewohnern ein möglichst eigenständiges Leben zu ermöglichen. Kinder mit Behinderung können in die Schule gehen und Erwachsene zur Arbeit. Vor allem aber lernt Willi, dass man zu Menschen mit Behinderung genau so unkompliziert Kontakt haben kann wie zu Menschen ohne Behinderung, indem man ganz normal mit ihnen redet.

(In derselben Serie u.a. auch: **Willi will's wissen: Wie sieht die Welt für Blinde aus?**)

Stichworte: Behinderte Menschen, Zivildienst; *Eignung:* ab 6 Jahren

☐ Muted Music

Haukur Hauksson, Island 2004 (FWU); 18 Min., f., Kurzspielfilm

Hanna ist mit ihren acht Jahren schon eine virtuose Geigenspielerin. Gemeinsam mit ihrem Freund, dem Nachbarjungen Tommi, der ebenfalls Geige spielt, ist sie der Star der Schulaufführung. Doch ein plötzlicher Hörverlust ändert alles für Hanna. Sie muss sich völlig neu zurechtfinden: in der Schule, ohne die geliebte Musik und mit ihrem Freund Tommi, der nun alleine Geige übt. Zunächst fühlt sie sich ziemlich verzweifelt und isoliert, kämpft dann aber tatkräftig dafür, ganz normal zu sein und von den anderen so akzeptiert zu werden, wie sie ist.

Der Film besticht durch eine starke Bildsprache und die darstellerische Kraft der kleinen Protagonistin. Er kommt ohne Dialoge aus und bietet einen hohen Anreiz, sich mit der schwierigen Situation von Hanna zu identifizieren.

Stichworte: Behinderte Menschen, Außenseiter, Freundschaft, Kommunikation; *Eignung:* ab 8 Jahren

□ **ALLES AUßER HÖREN**
Peter Hecker, Deutschland 2008; 16 Min., f., Dokumentarfilm
Porträt einer gehörlosen Familie, das deren Kompetenzen im Alltag zeigt. Gemeinsam frühstücken, in die Schule gehen, arbeiten, sonntägliche Zoobesuche, Geschichten erzählen, miteinander diskutieren und Geburtstage feiern – der Film gibt Einblick in die für Hörende weitgehend unbekannte Welt der Gehörlosen. Zu sehen ist ihre einzigartige Kommunikation über die Gebärdensprache, die der Sprache der Hörenden in mancher Hinsicht überlegen ist.

Stichworte: Behinderte Menschen, Gehörlose, Familie, Kommunikation, Gebärdensprache
Eignung: ab 8 Jahren

6.4 Dokumentationsfilme zum gemeinsamen Lernen für LuL (Margit Metzger)

Die folgenden Dokumentarfilme zeigen (mit einer Ausnahme) gelungenes inklusives Lernen an Schulen, die neue Wege gehen. Empfehlenswert ist aber auch auf die Dokumentation »Der Die Das«, die Kinder zeigt, für die das erste Schuljahr eine große Herausforderung bedeutet.

□ **DAS KÖNNEN WIR DOCH AUCH! – WIE SCHULEN IN DEUTSCHLAND MIT HETEROGENITÄT UMGEHEN**
Paul Schwarz, Deutschland 2005; 52 Min., f., Dokumentarfilm
Der Film zeigt zahlreiche Beispiele eines produktiven Umgangs mit Heterogenität in Unterricht und Schulalltag. Die Filmkapitel: »Altersmischung« (7 Min.) zeigt u. a. frühkindliche Sprachförderung in einem Kindergarten und jahrgangsübergreifendes Lernen in einer Gesamtschule. – »Leistungsunterschiede« (15 Min.) zeigt Modelle in einer Berufsbildenden Schule in Ludwigshafen sowie in einer Hauptschule in Berlin. Gemeinsamen Unterricht für Haupt- und Realschüler gibt es in Thüringen. – »Fördern statt ausgrenzen« (7 Min.) präsentiert gemischten Unterricht für Behinderte und Nichtbehinderte an der Gesamtschule Köln-Holweide. – »Kulturelle Vielfalt als Chance« (12 Min.) zeigt eine internationale Förderklasse. – In dem Beitrag »Fördern statt sitzen bleiben« (8 Min.) werden die individuellen Förderpläne einer Hauptschule vorgestellt, in der niemand mehr ein Schuljahr wiederholen muss.

□ **EINE SCHULE FÜR ALLE KINDER – DIE INTEGRIERTE GESAMTSCHULE BONN-BEUL**
Paul Schwarz, Deutschland 2004, 48 Min., f., Dokumentarfilm
Sie ist eine lernende Schule, deren Charakteristikum die Partizipation aller an Schule Beteiligten ist. Community education wird genauso groß geschrieben wie die Integration der 70 behinderten Kinder und der Migrationskinder aus 25 Nationen. Wie man mit heterogenen Gruppen umgehen und individuell fördern kann, zeigt der Film. Gefördert werden ebenso leistungsstarke wie leistungsschwache Kinder.

□ **KLASSENLEBEN**
Hubertus Siegert, Deutschland 2005; 90 Min., f., Dokumentarfilm
Februar 2004. Luca, Marwin, Dennis, Johanna, Christian und 15 andere Kinder treffen sich zum Halbjahresbeginn in der Berliner Fläming-Schule. Sie gehören zur Klasse 5d, der Förderklasse der Schule, in der Schüler extrem unterschiedlicher Fähigkeiten zusammen lernen. Vier der Kinder sind als behindert eingestuft, von lernschwach bis schwerbehindert, und werden nicht benotet. Die Klasse hat zwei Betreuerinnen, einige Fachlehrer und die Klassenlehrerin, Frau Haase.
Auf Augenhöhe mit den Kindern nimmt der Regisseur Hubertus Siegert teil am Klassenleben eines Schulhalbjahrs. Am Ende feiern die Kinder den Geburtstag einer Klassenkameradin. Sie leidet an einer unheilbaren Krankheit, kann sich nicht mehr bewegen und nicht sprechen und ist doch lebendiger Teil dieser Klassengemeinschaft.

Ein ausführliches Filmheft ist bei der Bundeszentrale für politische Bildung zu erhalten: http://www.bpb.de/publikationen/2N2D6R,0,Klassenleben.html (Download oder Bestellung).

□ Treibhäuser der Zukunft – Wie in Deutschland Schulen gelingen

Reinhard Kahl, Deutschland 2004; 115 Min., f., Dokumentarfilm

Gezeigt werden die Bodensee-Schule in Friedrichshafen, die Jena-Plan-Schule in Jena, das Gymnasium Klosterschule in Hamburg und viele andere zwischen Herten, Potsdam und Bremen. Diese haben Raum und Zeit des Lernens neu vermessen. Sie sind »Treibhäuser der Zukunft« geworden.

Im Mittelpunkt steht die Bodensee-Schule, eine katholische Schule, die seit 1971 Ganztagsschule ist. Die ersten drei Jahre sind die Kinder in Familienklassen zusammen. Die Altersmischung soll gar nicht erst die Illusion aufkommen lassen, die Kinder ließen sich alle auf den gleichen Stand bringen, um dann im Gleichschritt voran zu marschieren. Individualisierung und die Förderung von Kooperation sind das »Yin und Yang« dieser und anderer erfolgreicher Schulen. Sie riskieren das eigentlich Selbstverständliche: Lernen ist eine Aktivität der SuS.

Der Film ist Bestandteil einer Dreifach-DVD, sie enthält u.a.: eine 115-minütige Dokumentation und Kurzfassungen, »Seminare« zu Themen wie »Raum und Zeit«, »Ganztagsschulen« und »Lehrer«, insgesamt fast 13 Stunden Filmmaterial und ein ausführliches Booklet.

□ Spitze! Schulen am Wendekreis der Pädagogik. Warum Schulen in Skandinavien gelingen

Reinhard Kahl, Deutschland 2003, 12/55 Min., f., Dokumentarfilm

Die drei Lektionen: 1. Förderung der Breite und Steigerung der Leistungsspitze schließen sich nicht aus. – 2. Lust und Leistung sind in der Wissensgesellschaft nicht mehr wie Feuer und Wasser. – 3. Auf den Anfang kommt es an. – Die entscheidende Inspiration dabei ist, die Kinder nicht zu beschämen, die Selbstständigkeit von Jugendlichen nicht zu unterschätzen und LuL zu achten (240 Stunden Filmmaterial).

□ Schule in Finnland. Individualisierendes Lernen in heterogenen Lerngruppen

Herausgeber: Fernuniversität Hagen, Deutschland 2005; 53 Min., f., Dokumentarfilm

Der Film ist entstanden im Rahmen des EU-Mail-Projekts. In diesem internationalen Comenius-Projekt wird untersucht, wie Schulen mit Heterogenität umgehen.

□ Der Die Das

Sophie Narr, Deutschland 2008; 92 Min., f., Dokumentarfilm

Bright, Sanita, Laethicia und Fuat leben in Berlin und haben das gleiche Problem – sie sind Schulanfänger an der Anna-Lindh-Grundschule in Wedding. Denn egal ob nigerianisch, bosnisch, deutsch oder türkisch, zur Schule gehen heißt für die 6 bis 8-Jährigen die tägliche Konfrontation mit dem Gefühl, anders zu sein. Aber für Emotionen gibt es im vollen Klassenzimmer keinen Platz. Alltag ist ein einsamer Kampf um Anpassung und Leistung, der seine Ventile sucht.

Der Film zeigt radikal und respektvoll beobachtend die Perspektive der Kinder, zumeist in der Schule. Die Dokumentation zeigt Mädchen und Jungen, die versuchen, den Leistungserwartungen zu entsprechen, was ihnen aber nur schwer gelingt. Der Film widmet sich dem Erleben der Kinder und eignet sich nicht zur Analyse der darin gezeigten jeweils sehr kurzen Unterrichtssequenzen. Er zeigt aber den Bedarf an individuellen, die einzelnen Kinder in ihrer individuellen Situation unterstützenden Lern- und Begleitungsangeboten eindringlich.

Stichworte: Schule, Lernen. Leistung/Leistungsdruck, Migration, Kinder, Träume, Wünsche, Illusionen; *Eignung:* ab 12 Jahren

6.5 Hilfreiche Links

Links zu Internetportalen für den RU

- www.rpi-virtuell.net
- www.reliweb.de/
- www.religionsunterricht.net/
- www.rk-relimaterial.de
- www.anderssohn.info/reliforum (Schwerpunkt: Geistigbehindertenpädagogik)
- http://alephino-fel-opac.elk-wue.de (Unterrichtsmodelldatei Birkach: Dokumentation aller Unterrichtshilfen für den RU in Deutschland mit Stichwort Suchfunktionen)
- http://db.kmk.org/lehrplan/ (Lehrplandatenbank)

Links zu zentralen Fachstellen für den RU

- www.ci-muenster.de (Comenius-Institut; evangelisch)
- http://www.relinet.de/adressen.html (Religionspädagogische Institute der EKD)
- www.katecheten-Verein.de (Deutscher Katechetenverein; katholisch)

Links zu Kommunikationsunterstützung und -hilfen

- www.barrierefrei-kommunizieren.de
- www.schau-doch-meine-haende-an.de/index.html (Lautsprachbegleitende Gebärden)
- www.leichtesprache.org
- http://www.isar-projekt.de/_files/mehrfachbehinderung_21_20080228153134.pdf(Beispiel für einen individueller Kommunikationspass)
- www.rehavista.de (Symbolsammlungen, Boardmaker, Kommunikationshilfen)
- www.activecommunication.ch (Symbolsammlungen, Boardmaker, Kommunikationshilfen)
- www.vowiki.at/index.php?title=Minspeak (Minspeak)

Links zu Fachportalen und Bundesverbänden der Behindertenhilfe

- http://www.behindertlinkdatenbank.de.vu (Datenbank Selbsthilfegruppen)
- http://www.lebenshilfe.de (Bundesvereinigung Lebenshilfe e.V.. Ein Selbsthilfe-, Fach- und Trägerverband für Menschen mit geistiger Behinderung und ihre Familien)
- www.bsk-ev.org (Bundesverband Selbsthilfe Körperbehinderter e.V. [BSK])
- www.dbsv.org (Deutscher Blinden- und Sehbehindertenverband e.V. [DBSV])
- www.afet-ev.de (Bundesverband für Erziehungshilfe e.V. [AFET])
- www.erev.de (Evangelischer Erziehungsverband e.V. [EREV])
- http://www.dfgs.org (Deutscher Fachverband für Gehörlosen- und Schwerhörigenpädagogik e.V.)
- www.lernen-foerdern.de (Bundesverband zur Förderung von Menschen mit Lernbehinderungen e.V.)
- www.dgs-ev.de (Deutsche Gesellschaft für Sprachheilpädagogik e.V. [DGS])
- www.beb-ev.de (Bundesverband evangelische Behindertenhilfe e.V. [BeB])
- Bei spezifischen Behinderungsformen wie z. B. Down-Syndrom, Spina bifida etc. finden Sie die Fachvereinigungen über die entsprechenden Stichworte und Suchmaschinen.

Links zu Netzwerken inklusiver Schulen

- Archiv der Zukunft – Netzwerk von Reinhard Kahl: http://www.archiv-der-zukunft.de/
- Deutscher Schulpreis: www.deutscher-schulpreis.de
- Eine Schule für alle: http://www.eine-schule-fuer-alle.info/
- Evangelische Schule in Deutschland: www.evangelische-schule-in-Deutschland.de
- Informationen zum evangelischen Schulwesen sowie ein bundesweites Verzeichnis von Schulen in evangelischer Trägerschaft: http://schulen.evangelischer-bildungsserver.de
- Jakob Muth-Preis für inklusive Schule: http://www.bertelsmann-stiftung.de/cps/rde/xchg/bst/hs.xsl/prj_91621.htm

Links zu inklusiven Schulen

Über die Internetauftritte dieser Schulen lassen sich (z. T.) die pädagogischen Konzeptionen und didaktische Modelle abrufen:

- Evangelische Gesamtschule Gelsenkirchen-Bismarck: http://www.e-g-g.de/rahmen/Start.html
- Evangelische Schule Berlin Zentrum: http://www.ev-schule-zentrum.de/
- Fläming Schule, Berlin: www.fl aeming-gs.cidsnet.de/
- Gesamtschule Scharnhorst, Dortmund: http://www.gesamtschule-scharnhorst.de,
- Grundschule Berg Fidel, Münster (integrativ, altersgemischt): http://www.ggs-bergfi del.de/
- Integrative Montessori-Schule, Münster: http://www.montessori-muenster.de/schulkonzept.pdf
- Integrative Schule Frankfurt: http://www.integrative-schule-frankfurt.de/
- Integrierte Gesamtschule, Bonn-Beuel: http://www.gebonn.de/
- Max-Brauer-Schule, Hamburg; Inklusive Gesamtschule (Ethnische/ kulturelle Vielfalt): http://www.maxbrauerschule.de
- Offene Schule Kassel-Waldau: http://www.osw-online.de/
- Peter-Petersen-Schule (GS), Köln (Ethnische/ kulturelle Vielfalt): http://www.zhf.koelnhoehenhaus.de/zhf_Peter-Petersen.htm
- Torwiesenschule, Stuttgart-Heslach (GS integrativ): http://www.torwiesenschule.de/
- Waldschule Flensburg (GS: Ethnische/ kulturelle Vielfalt): http://waldschule.lernenetz.de/
- Waldhofschule Templin: http://www.waldhofschule.de/
- Wartburg-Grundschule, Münster: http://www.wartburg-grundschule.de/

Links zu Inklusionsportalen

- Integrations/Inklusionsportal Köln: www.inkoe.de
- Inklusionspädagogik: www.inklusionspaedagogik.de/
- Schulische Integration bei Sehschädigung: www.isar-projekt.de
- Verbund reformpädagogisch orientierter Schulen: http://www.blickueberdenzaun.de
- Bundesarbeitsgemeinschaft Gemeinsam Lernen und Leben: www.gemeinsamlebengemeinsamlernen.de
- Onlinezeitschrift Inklusion: www.inklusion-online.net
- Sammlung von Volltexten zu Integration / Inklusion: http://bidok.uibk.ac.at
- Sammlung der Datenbank von Prof. Hans Wocken: www.erzwiss.uni-hamburg.de/SoDa/default.asp

6.6 Literatur

Adam, Gottfried / Pithan, Annebelle (Hg.): Integration als Aufgabe religionspädagogischen und pastoraltheologischen Handelns: Dokumentationsband des dritten Würzburger religionspädagogischen Symposiums. Münster: Comenius-Institut 1993.

Anderssohn, Stefan: »Gott ist die bunte Vielfalt für mich«: Einblicke in die Religiosität von Menschen mit geistiger Behinderung: Perspektiven für die integrative Religionspädagogik. Neukirchen-Vluyn: Neukirchener Verlag 2007.

Arnold, Karl-Heinz / Graumann, Olga / Rakhkochkine, Anatoli (Hg.): Handbuch Förderung: Grundlagen, Bereiche und Methoden der individuellen Förderung von Schülern. Weinheim / Basel: Beltz Verlag 2008.

Bayer, Sylvia / Ehrenfeuchter, Gerlinde / Rinklin, Jutta: Sara und Abraham gehen ihren Weg im Vertrauen auf Gott: Angebote für einen offenen Unterricht im Fach Religion. Materialien. Hg. Religionspädagogische Projektentwicklung in Baden-Württemberg, Stuttgart: Calwer Verlag 2000.

Bayrisches Staatsministerium: Einsatz von Integrationshelfer/innen an Grund- und Hauptschulen bei der Beschulung von Schülerinnen und Schülern mit sonderpädagogischem Förderbedarf im Förderschwerpunkt geistige Entwicklung. Eine gemeinsame Empfehlung des Staatministerium und des Verbandes der bayrischen Bezirke vom 01.12.2008.

Beauftragter der Bundesregierung für die Belange behinderter Menschen (Hg.): Alle inklusive! Die neue UN-Konvention. Übereinkommen über die Rechte von Menschen mit Behinderung (amtliche deutsche Übersetzung, Schattenübersetzung, englisches Originaldokument, in leichter Sprache). Berlin: Enno Hurlin 2010.

Berryman, Jerome W. (2006) Godly Play. Das Konzept zum spielerischen Entdecken von Bibel und Glauben. Hrg. von Martin Steinhäuser. Evangelische Verlagsanstalt: Leipzig. Bd. 1: Einführung in Theorie und Praxis; Bd. 2: Glaubensgeschichten; Bd. 3: Weihnachtsfestzeit und Gleichnisse; Bd. 4: Osterfestkreis (2007). Bd. 5: Reflektieren, experimentieren und entwickeln (2008).

Bienstein, Christel / Fröhlich, Andreas: Basale Stimulation in der Pflege: Die Grundlagen. Seelze-Velber: Kallmeyer'sche Verlagsbuchhandlung 2003.

Biewer, Gottfried: Grundlagen der Heilpädagogik und der inklusiven Pädagogik. Bad Heilbrunn: Verlag Julius Klinkhardt 2009.

Bildungsbericht des Bundesministerium für Bildung und Forschung / Kultusministerkonferenz (Hg.): Bildung in Deutschland: Ein indikatorengestützter Bericht mit einer Analyse zu Perspektiven des Bildungswesens im demografischen Wandel 2010. In: www.bildungsbericht.de/daten 2010/bb_2010.pdf

Bildungsplan Grundschule. Hg. von Ministerium für Kultus; Jugend und Sport, Baden-Württemberg. Stuttgart: Neckar Verlag 2004.

Bildungsplan Schule für Geistigbehinderte. Hg. von Ministerium für Kultus; Jugend und Sport, Baden-Württemberg. Stuttgart 2009.

Booth, Tony / Ainscow, Mel: Index für Inklusion: Lernen und Teilhabe in der Schule der Vielfalt entwickeln. Übersetzt, für deutschsprachige Verhältnisse bearbeitet und herausgegeben von Ines Boban und Andreas Hinz. Halle-Wittenberg 2003 (Bezug: hinz@paedagogik.uni-halle.de)

Bundesverband evangelische Behindertenhilfe e.V. (BeB): Von der Integration zu Bildungseinrichtungen, für die Inklusion selbstverständlich ist Ein Positionspapier des BeB, Berlin 2008. Im Internet unter: http://www.beb-ev.de/files/pdf/stellungnahmen/2008-10-14_Positionspapier_InklusionSchule.pdf, Stand: 17.12.09

Bundesverband für Körper- und Mehrfachbehinderte e. V. (Hg.): Handbuch der BLISS-Symbole. Heidelberg: Julius Groos Verlag 1995

Bürli, Alois: Internationale Tendenzen in der Sonderpädagogik – Vergleichende Betrachtung mit Schwerpunkt auf dem europäischen Raum (FernUniversität, Kurseinheit 4098-1-01-51). Hagen 1997.

Carle, Ursula: Kind-Umfeld-Analyse als Werkzeug für die Unterrichtsplanung: http://download.bildung.hessen.de/lakk/stsem_ghrf/wetzlar/modul/dfb-1/texte/Carle__Kind-Umfeld-Analyse.pdf. Analysebogen unter *christina.reichenbach.phil.uni-hannover.de/ ... /1_glossar_zu_bogen_1.pdf*

Cramer, Collin: Verantwortung lernen: Selbstevaluation und Verantwortungskompetenz in der Schule (Sekundarstufe I). Stuttgart 2007. Unter: www.rpi-baden.de/images/Verantwortung_lernen.pdf.

Deister, Marion / Horn, Reinhard: Streichelwiese. Ganzheitliche Körpererfahrung für Kinder: Geschichte, die mit den Fingern erzählt werden. Kontakte Musikverlag 1999 (mit CD).

Deutscher Bildungsrat: Zur pädagogischen Förderung behinderter und von Behinderung bedrohter Kinder und Jugendlicher. Stuttgart 1974.

Eberwein, Hans / Mand, Johannes (Hg.): Integration konkret: Begründung, didaktische Konzepte, inklusive Praxis. Bad Heilbrunn: Verlag Julius Klinkhardt 2008.

Eberwein, Hans / Knauer, Sabine (Hg.): Integrationspädagogik: Kinder mit und ohne Beeinträchtigung lernen gemeinsam: Ein Handbuch. Weinheim und Basel: Beltz Verlag 2002, 458–470 (in gleicher Fassung überarb. Aufl. 2009).

Eberwein, Hans / Knauer, Sabine: Integrationspädagogik als Ansatz zur Überwindung pädagogischer Kategorisierungen und schulischer Systeme. In: Eberwein / Knauer 2002, 17–35.

Ehrenfeuchter, Gerlinde et al.: Wasser. Angebote für einen offenen Unterricht im Fach Religion. Hg. Religionspädagogische Projektentwicklung in Baden-Württemberg, Stuttgart: Calwer Verlag 2002.

EKD (Hg.): »Niemand darf verloren gehen!«: Evangelisches Plädoyer für mehr Bildungsgerechtigkeit. 3. Tagung der 11. Synode der Ev. Kirche in Deutschland 7. bis 10. November in Hannover. Hannover 2010.

EKD Denkschrift: Christen und Juden III: Schritte der Erneuerung im Verhältnis zum Judentum, 2000. In: www.ekd.de/EKD-Texte/44597.html

EKD Denkschrift: Identität und Verständigung. Standort und Perspektiven des Religionsunterrichts in der Pluralität, 1994. In: www.ekd.de/download/identitaet_und_verstaendigung.pdf

EKD Texte 77: Christlicher Glaube und nichtchristliche Religionen: Theologische Leitlinien, 2003. In: www.ekd.de/download/Texte_77.pdf

Evangelische Landeskirche in Baden / Evangelische Landeskirche in Württemberg (Hg.): Freiheit, Gerechtigkeit und Verantwortung: Perspektiven der Evangelischen Landeskirchen für die aktuelle Bildungs- und Schulpolitik in Baden-Württemberg. Karlsruhe / Stuttgart 2009.

Evangelische Landeskirchen in Nordrhein-Westfalen (Hg.): Bildungsgerechtigkeit und Schule: Eine Stellungnahme auf der Grundlage des evangelischen Bildungsverständnisses (6. März 2009). In: http://bildungsklick.de/datei-archiv/50683/stellungnahmebildungsgerechtigkeit.pdfhttp://bildungs klick.de/datei-archiv/50683/stellungnahmebildungsgerechtigkeit.pdf/: Beschlossen von der Kirchenleitung der Evangelischen Kirche im Rheinland am 6. März 2009.

Feuser, Georg: Behinderte Kinder und Jugendliche: Zwischen Integration und Aussonderung. Darmstadt: Wiss. Buchgesellschaft (1995), 2. Aufl. 2005.

Feuser, Georg: Momente entwicklungslogischer Didaktik einer Allgemeinen (integrativen) Pädagogik. In: Eberwein / Knauer 2002, 280–294.

Fischer, Dietlind / Elsenbast, Volker (Hg.): Grundlegende Kompetenzen religiöser Bildung: Zur Entwicklung eines evangelischen Religionsunterrichts durch Bildungsstandards für den Abschluss der Sekundarstufe I. Münster: Comenius-Institut 2006.

Fleig, Martina / Schweiker, Wolfhard: Sonderschulen: Godly Play in unterschiedlichen Förderschwerpunkten. In: Steinhäuser, Martin (Hg.): Godly Play: Das Konzept zum spielerischen Entdecken von Bibel und Glaube. Bd. 5: Analysen, Handlungsfelder, Praxis. Leipzig: Evangelische Verlagsanstalt 2008, 176–181.

Fowler, James W.: Stufen des Glaubens: Die Psychologie der menschlichen Entwicklung und die Suche nach Sinn. Gütersloh: Verlagshaus G. Mohn, 1991.

Goßmann, Klaus / Scheilke, Christoph (Hg.): Jan Amos Comenius 1592–1992: Theologische und pädagogische Deutungen. Gütersloh: Gütersloher Verlagshaus 1992.

Gronbach, Reinhart: Diakonisch-soziales Lernen: Ein Curriculum (Das Michelbacher Modell). In: Pithan, Annebelle / Adam, Gottfried / Kollmann, Roland (Hg.): Handbuch Integrative Religionspädagogik. Gütersloh: Gütersloher Verl.-Haus, 2002, 386–396.

Gugel, Günther: Handbuch Gewaltprävention für die Grundschule und die Arbeit mit Kindern: Grundlagen – Lernfelder – Handlungsmöglichkeiten. 2. Aufl., Tübingen 2009.

Gugel, Günther: Handbuch Gewaltprävention II: Für die Sekundarstufe und die Arbeit mit Jugendlichen: Grundlagen – Lernfelder – Handlungsmöglichkeiten. Tübingen 2010.

Halbfas, Hubertus: Das dritte Auge: Religionsdidaktische Anstöße. Düsseldorf: Patmos Verlag 1982.

Hartmut Rupp, Hartmut: Kompetenzorientiertes Unterrichten. In: Ders. / Christoph Th. Scheilke (Hg.): Arbeitshilfe Religion Grundschule NEU. Stuttgart: Calwer Verlag 2009, 10–13.

Hinz, Andreas / Körner, Ingrid / Niehoff, Ulrich (Hg.): Auf dem Weg zur Schule für alle: Barrieren überwinden – inklusive Pädagogik entwickeln. Marburg: Lebenshilfe-Verlag 2010.

Hinz, Andreas: Heterogenität in der Schule. Integration – Interkulturelle Erziehung – Koedukation. Hamburg 1993.
Hinz, Andreas: Von der Integration zur Inklusion – terminologisches Spiel oder konzeptionelle Weiterentwicklung? Zeitschrift für Heilpädagogik 9/ 2002, 354–361.
Hirsch, Elke: Kommt, singt und tanzt: Materialien für Schule und Gemeinde. Düsseldorf: Patmos 2002 (mit CD).
Husmann, Bärbel / Klie, Thomas: Gestalteter Glaube: Liturgisches Lernen in Schule und Gemeinde. Hannover: Vandenhoeck & Ruprecht 2005.
Institut für Religionspädagogik der Erzdiözese Freiburg durch Michael Wolf (Hg.): Handreichung für den katholischen Religionsunterricht an Sonderschulen: Schulpastoral: Projekte, Ideen, Ansätze. Freiburg 2010.
Jocher, Sabine / Schweiker, Wolfhard: Drinnen oder draußen? Mobbing und die »Gemeinschaft der Heiligen«. In: Anknüpfen – update 3: Praxisideen für die Konfirmandenarbeit. Stuttgart: Pädagogisch-Theologisches Zentrum 2008, 58–68.
Jugendseelsorge Solothurn (Hg.): Volkstanz-CD-Reihe 1–7: »rockig, traditionell, meditativ« (Bezug unter www.juseso.ch).
Kalloch, Christina / Leimgruber, Stephan / Schwab, Ulrich: Lehrbuch der Religionsdidaktik: Für Studium und Praxis in ökumenischer Perspektive. Freiburg: Herder 2009.
Kett, Franz / Koczy, Robert: Die Religionspädagogische Praxis: Ein Weg der Menschenbildung. Landshut: RPA-Verlag 2009.
Klippert, Heinz: Heterogene Lerngruppen unterrichten – Anregungen für den Schulalltag. In: Ev. Kirche im Rheinland (Hg.): Schule und Kirche: Integrative / inklusive Bildung behinderter Kinder und Jugendlicher, 2/2009, 17–26.
Klippert, Heinz: Heterogenität im Klassenzimmer: Wie Lehrkräfte effektiv und zeitsparend damit umgehen können. Weinheim / Basel: Beltz Verlag 2010.
Kultusministerkonferenz: Empfehlung zur sonderpädagogischen Förderung in den Schulen der Bundesrepublik Deutschland. Beschluss 06.05.1994. In: www.kmk.org/fileadmin/veroeffentlichungen_beschluesse/1994/1994_05_06-Empfehl-Sonderpaedagogische-Foerderung.pdf
Liederbuch für die Jugend: Geistliche Lieder für Schule und Kindergottesdienst. Hg. von Hartenstein, Markus / Mohr, Gottfried. 21. Aufl., Stuttgart: Quell-Verlag 2001.
Liedke, Ulf: Gegebenheit – Gabe – Begabung? Systematisch-theologische Notizen zum Diskurs über »Behinderung« und zu einer inklusiven Anthropologie für alle Menschen, in: Pastoraltheologie 98/ 2009, 466–482.
Mensch zuerst – Netzwerk People First Deutschland e.V. (Hg.): Das Wörterbuch für Leichte Sprache. Kassel 2008.
Metz, Johann Baptist / Kuld, Lothar / Weißbrod, Adolf (Hg.): Compassion: Weltprogramm des Christentums. Soziale Verantwortung lernen. Freiburg et al. 2000.
Meyer-Mintel, Günter: Religion greifbar: 22 Lernmodelle für Schule, Kirche und Familie. Neukirchen-Vluyn: Neukirchener Verlagshaus 2008.
Mühl, Heinz: Handlungsbezogener Unterricht mit Geistigbehinderten: Materialien zur Planung und Organisation des Unterrichts. 5. Aufl., Bonn-Bad Godesberg 1979.
Müller-Friese, Anita / Leimgruber, Stephan: Religionspädagogische Aspekte eines integrativen Religionsunterrichts. In: Pithan, Annebelle / Adam, Gottfried / Kollmann, Roland (Hg.): Handbuch Integrative Religionspädagogik: Reflexionen und Impulse für Gesellschaft, Schule und Gemeinde, Gütersloh: Gütersloher Verlagshaus, 2002, 356–374.
Müller-Friese, Anita: Ein großes Geschenk. Kinder erleben die Geschichte von der Schöpfung mit »Godly Play«. In: entwurf 39 (2008), H. 4, S. 22–26.
Müller-Friese, Anita: Miteinander der Verschiedenen: Theologische Überlegungen zu einem integrativen Bildungsverständnis. Weinheim: Deutscher Studienverlag, 1996.
Müller-Friese, Anita: Miteinander leben lernen: Gemeinsamer Religionsunterricht an Grundschulen mit behinderten und nichtbehinderten Kindern. Unterrichtsbausteine zu den Themen: Weihnachten, sich selbst und andere wahrnehmen, Angst und Geborgenheit. Hg. RPZ der EKHN, Schönberger Hefte, Folge 17, Sonderband 1997.
Müller-Friese, Anita: Vom Rand in die Mitte: Erfahrungsorientierter Religionsunterricht an der Schule für Lernbehinderte. Stuttgart: Calwer Verlag 2001.
Nestor, Ingrid (Hg.): Evangelische Schulseelsorge – Positionen und Perspektiven – Ein Mutmachbuch. Stuttgart: Pädagogisch-Theologisches Zentrum 2009.

Nipkow, Karl Ernst: Elementarisierung. In: Bittner, Gottfried et al. (Hg.): Neues Handbuch religionspädagogischer Grundbegriffe. München 2002, 451–456.
Nipkow, Karl Ernst: Menschen mit Behinderung nicht ausgrenzen! Zur theologischen Begründung und pädagogischen Verwirklichung einer »Inklusiven Pädagogik«. Zeitschrift für Heilpädagogik 4/ 2005, 122–131.
Opp, Günther / Theunissen, Georg (Hg.): Handbuch für schulische Sonderpädagogik. Bad Heilbrunn: Verlag Julius Klinkhardt 2009.
Pädagogisch-Theologisches Institut der Evangelischen Kirche im Rheinland (Hg.): Inklusiver Religionsunterricht: Heilige Orte. Düsseldorf: Medienverband der EKiR 2009.
Peter Biehl / Georg Baudler: Erfahrung – Symbol – Glaube: Grundfragen des Religionsunterrichts. Frankfurt a.M. 1980.
Pithan, Annebelle / Adam, Gottfried / Kollmann, Roland (Hg.): Handbuch Integrative Religionspädagogik. Gütersloh: Gütersloher Verl.-Haus, 2002.
Pithan, Annebelle / Schweiker, Wolfhard (Hg.): Evangelische Bildungsverantwortung Inklusion: Ein Lesebuch. Münster: Comenius-Institut 2011.
Platte, Andrea: Schulische Lebens- und Lernwelten gestalten: Didaktische Fundierung inklusiver Bildungsprozesse. Münster: MV-Verlag 2005.
Positionspapier der ALPIKA-AG »Sonderpädagogik in Schule und Gemeinde« zur inklusiven evangelischen Bildungsverantwortung. Heilsbronn 2009. http://ci-muenster.de/themen/sonderpaeda gogik/alpika-positionspapier.php/.
Prengel, Annedore, Pädagogik der Vielfalt. Verschiedenheit und Gleichberechtigung in Interkultureller, Feministischer und Integrativer Pädagogik, 3. Aufl., Opladen 2006.
Preuss-Lausitz, Ulf: Die Kinder des Jahrhunderts. Zur Pädagogik der Vielfalt im Jahr 2000. Weinheim 1993.
Preuss-Lausitz, Ulf: Integrationsforschung: Ansätze, Ergebnisse und Perspektiven. In: Eberwein/ Knauer 2002, 458–470.
Religionspädagogischen Zentrum Heilsbronn (Hg.): Tanzen mit Leib und Seele: Impulse für Religionsunterricht und Gemeindearbeit, 2003 (mit CD).
Rendle, Ludwig (Hg.): Ganzheitliche Methoden im Religionsunterricht. München: Kösel-Verlag, 2. Aufl. 2008.
Roose, Hanna: Performativer Religionsunterricht zwischen Performance und Performativität. o.J. In: www.rpi-loccum.de/roose.html
Rupp, Hartmut (Hg.): Handbuch der Kirchenpädagogik: Kirchenräume wahrnehmen, deuten und erschließen. Stuttgart: Calwer Verlag 2006.
Sander, Alfred: Kind-Umfeld-Analyse: Diagnostik bei Schülern und Schülerinnen mit besonderem Förderbedarf. In: Wolfgang Mutzeck (Hg.): Förderdiagnostik: Konzepte und Methoden. 3. überarb. Aufl., Weinheim / Basel 2002, 12–24.
Sander, Alfred: Konzepte einer Inklusiven Pädagogik. Zeitschrift für Heilpädagogik 5/ 2004, 240–244.
Satzung des Bundesverband Kirchenpädagogik in: http://www.bvkirchenpaedagogik.de/fileadmin/ download/SatzungBVKirchenpaedagogik.pdf.
Schaller, Klaus: Johann Amos Comenius: Ein pädagogisches Porträt. Weinheim et al.: UTB 2004.
Scheilke, Christoph Th.: Gute Gründe für RU: Argumente für einen konfessionellen Religionsunterricht gem. GG Art. 7. Abs. 3 für alle Religionsgemeinschaften 2009a. In: www.ptz-stuttgart.de/ fileadmin/ptz/pdf/Das_Institut/Aktuelles/2009-05-Gute_Gruende_fuer_RU.pdf
Scheilke, Christoph Th.: Schulseelsorge – ein Angebot für Schülerinnen und Schüler, für Schulen und ihre MitarbeiterInnen. In: Nestor, Ingrid (Hg.): Evangelische Schulseelsorge. Positionen und Perspektiven. Ein Mutmachbuch. Stuttgart: Pädagogisch-Theologisches Zentrum 2009b, 10–14.
Schnell, Irmtraud: Geschichte schulischer Integration: Gemeinsames Lernen von SchülerInnen mit und ohne Behinderung in der BRD seit 1970. Weinheim und München: Juventa Verlag: 2003.
Schnell, Irmtraud / Sander, Alfred: Inklusive Pädagogik. Bas Heibrunn: Klinkhardt 2004.
Schnitzler, Manfred: Elementarisierung – Bedeutung eines Unterrichtsprinzips. Neukirchen-Vluyn: Neukirchner Verlag 2007.
Schumann, Brigitte: »Ich schäme mich ja so!« Die Sonderschule für Lernbehinderte als »Schonraumfalle«. Bad Heilbrunn: Verlag Julius Klinkhardt 2007.
Schweiker, Wolfhard: Bei Leibe gebildet. Auf dem Weg zu einer körpernahen Religionspädagogik.

In: Rupp, Hartmut / Scheilke, Christoph Th. (Hg.): Bildung und Familie. Jahrbuch für kirchliche Bildungsarbeit 2008/2009, Bd. 3. Stuttgart 2009, 131–142.
Schweiker, Wolfhard: Mit Handicaps begabt – ein Erfahrungsparcours. In: Anknüpfen – update 3: Praxisideen für die Konfirmandenarbeit. Stuttgart: Pädagogisch-Theologisches Zentrum 2008, 43–47.
Schweiker, Wolfhard: Sensibilisierung für Verletzlichkeit: Liturgisch-basaler Religionsunterricht bei Schülerinnen und Schülern mit mehrfachem Förderbedarf. In: Pithan, Annebelle, Leimgruber, Stephan, Spieckermann, Martin (Hg.): Verletzlichkeit und Gewalt: Ambivalenz wahrnehmen und gestalten. Forum für Heil- und Religionspädagogik, Bd. 3. Münster: Comenius-Institut 2005, 119–144.
Schweiker, Wolfhard: Verstehende Krisenbegleitung im Kontext einer integrativen Seelsorge. In: Pithan, Annebelle / Adam, Gottfried / Kollmann, Roland (Hg.): Handbuch Integrative Religionspädagogik. Gütersloh: Gütersloher Verl.-Haus, 2002, 518–526.
Schweiker, Wolfhard: Wie Finnland eine Schule für alle ermöglicht: Das dreifach integrierte Förder- und Unterstützungssystem. In: Pithan, Annebelle / Ders. 2011, 61–68.
Schweitzer, Friedrich (Hg.): Elementarisierung im Religionsunterricht: Erfahrungen, Perspektiven, Beispiele. Neukirchen-Vluyn: Neukirchner Verlag 2003.
Sebastian, Lilo: Hallo, tanz mit mir. Ettringen: Fidula-Verlag 1997 (mit CD).
Seidl-Hofbauer, Marion: Jeux Dramatiques in der Grundschule: Soziales Lernen durch das Ausdrucksspiel. Augsburg: Brigg Pädagogik Verlag 2009.
Speck, Otto: Schulische Inklusion aus heilpädagogischer Sicht: Rhetorik und Realität. München: Ernst Reinhardt 2010.
Stein, Roland / Orthmann-Bless, Dagmar (Hg.): Schulische Förderung bei Behinderung und Benachteiligung. Baltmannsweiler: Schneider Verlag 2009.
Vereinbarungen der Deutschen Bischofskonferenz und der Evangelischen Kirche in Deutschland sowie der Kirchen in Baden-Württemberg: Zur Kooperation von evangelischem und katholischem Religionsunterricht, 2005/2009. In: http://www.drs.de/fileadmin/HAIX/Koko-Broschuere-Nov09 web.pdf.
Zeeh-Silva, Brigitte: Arbeitshilfe Religion Grundschule NEU. 1./2. Schuljahr, 1. Halbband. Stuttgart: Calwer Verlag 2009a.
Zeeh-Silva, Brigitte: Arbeitshilfe Religion Grundschule NEU: Anfangsunterricht und Basisbeiträge für die Klassen 1–4. Stuttgart: Stuttgart: Calwer Verlag 2009b.
Ziener, Gerhard: Bildungsstandards in der Praxis: Kompetenzorientiert unterrichten. Seeze-Velber: Kallmeyer 2006 (2. Aufl. 2008).

6.7 Stichwortverzeichnis Methodensammlung

Methode					Seite
Gebärdensprache (DGS)			X	X	77
Gemeinsam balancieren	X	X	X		73
Gemeinsam den Gordischen Knoten lösen	X	X	X	X	73
Gemeinsam eine Pipeline bauen	X	X	X	X	72
Gemeinsam etwas bewegen	X	X	X	X	72
Gemeinschafts-Kunstwerk	X	X	X	X	53
Gemeinschafts-Porträt		X	X		52
Gestützte Kommunikation (FC)	X	X	X		76
Individueller Kommunikationsspass			**X**	**X**	74
Interaktives Rollenspiel		X	X	X	73
Kognitive Aneignungs- und Bearbeitungsformen				X	86
Komplimenten-Dusche		X		X	56
Konkret-handelnde Erzähl- und Aneignungsformen		X			86
Kooperations- und Interaktionsspiele	X	X	X		72
Körper- und Raumklänge	X	X	X		69
Körperarbeit	**X**	**X**	**X**	**X**	63
Körperumriss: Meine Stärken und Schwächen	X	X	X	X	54
Körperworte	X	X	X	X	64
Kreative Ausdrucksformen		**X**	**X**		83
Kreatives Gestalten		X	X		83
Kreisfangen	X	X	X		60
Kreuz zeichnen	X	X	X	X	71
Lebenslinien			X	X	55
Leichte Sprache				X	76
Leiten und leiten lassen	X	X	X		61
Lied und Gesang		X	X	X	68
Liturgischer und freier Tanz		**X**	**X**		83
Liturgisches Lernen	**X**	**X**	**X**	**X**	67
Lormen	X		X	X	78
Mindmap		X	X	X	87
Musik	X	X	X		69
Namen-Gestenkreis	X	X	X	X	51
Objekt-Impuls / Stiller Impuls	X		X	X	62
Objektschachtel	X	X	X	X	86
Ötzi-Übung	X	X	X		64
Piktogramm-Methode			X	X	87
Planspiel		X	X	X	73
Projektarbeit		X	X	X	74
Projekte und Aktionen		**X**	**X**	**X**	73
Regelvertrag				X	56
Rituale der Berührung	**X**	**X**	**X**	**X**	69
RU Raum und Raumpädagogik	**X**	**X**	**X**	**X**	84
Salben	X	X	X	X	71
Samtpfote	X	X	X	X	70
Sechs-Farben-Methode			X	X	87
Segnen und Hand auflegen	X	X	X	X	70
Sekundenbild / Expressbild		X	X		84
Sich in die Hände fallen lassen	X	X	X	X	60
Simulationsübung: behindert sein	X	X	X	X	65

Methode					Seite
Soziometrieübung / Stimmungsbarometer		X	X	X	56
Spiel mit dem imaginären Ball		X	X		51
Standbild / Klickbild	X	X	X	X	66
Stille und Meditation	**X**	**X**	**X**	**X**	62
Stopp-Sagen		X	X	X	63
Text- und Themenarbeit				**X**	86
Texterschließung				X	87
Unterstützende Kommunikation (UK)	**X**	**X**	**X**		74
Västeras-Methode			X	X	87
Vertrauensübungen und -spiele	**X**	**X**	**X**	**X**	58